アジアのコングロマリット

―新興国市場と超多角化戦略―

澤田貴之［著］

創成社

◆ はしがき ◆

　本書の主題である『アジアのコングロマリット』は，コングロマリットそのものに対する著者の非常に素朴な疑問から始まった。アジア新興国市場では食品飲料，日用品などの一般消費財，あるいは小売りの大手事業会社が多角化し，複数のコア事業を持つというコングロマリット化現象がなぜ起きるのかということである。類似の現象は欧米日の先進国市場ではほとんど見られることがないからである。

　食品系企業において，垂直統合・関連多角化への志向が強い場合，規模の利益を生みやすく，このことはインスタントラーメン業界に端的にあらわれている。売上高で日清食品を上回るインドネシアのインドフードは，中間製品である大手製粉会社もグループ内に抱えているため，規模の面で国際的に競争優位を確保しているだけでなく，規模に見合った内外のシェアも獲得している。さながら日清製粉と日清食品（ちなみにこの二社は名前が似ているが，全くの別会社である）が統合したようなイメージを思い浮かべていただければわかりやすいかもしれない。

　しかもインドフードをグループ企業として擁するサリム・グループは，製粉・インスタントラーメン以外に携帯通信・インフラなど複数の異業種コア事業を持っているコングロマリットなのである。こうしたコングロマリットの例は，本書で取り上げている韓国ロッテ，CPグループ（タイ），JGサミットグループ（フィリピン），ITC（インド）など数多く見受けられる。

　新興国市場ではビスケットやクッキー，チョコレート，清涼飲料，アルコールなどを製造販売している大手事業会社が，副業規模の多角化ではなく，相当規模の異業種も含めて事業展開しているケースはさほど珍しいことではない。そして，こうした回転の速いFMCG（First-Moving Consumer Goods）事業だけに限らず，新興国市場の大手企業は―本書で呼ぶような先進国市場の多角化と区

別する意味で―「超多角化」(Super-Diversification) の道を歩むケースも多い。

　こうしたビジネスグループのほとんどが「財閥」であることでも共通しており，ファミリービジネスの拡大に伴い，複数の後継者候補，ファミリーメンバーが M&A を含めて新たなビジネスを起こすケースも多い。ただし，新事業の増加はファミリーメンバーのためにあるのではなく，拡大してきた事業グループに対応して，増加してきた専門経営者層をも取り込んだ新興国市場の特性に対応した経営者（オーナー経営者＋専門経営者）による戦略的な意思決定によるものである。

　新興国市場の特性とは，国内において資本面でアドバンテージを確立した既存の財閥・ビジネスグループが新規事業参入や合弁事業においても優位に立っていることである。したがって経営者が多角化の意思決定を行えば，先進国市場よりも多角化は進みやすい傾向がある。

　持株会社などの制度的要因は，日本においても多角化を推進する要因の一つになっているが，そうした要因も加わって，アジアのコングロマリットでは，事業ポートフォリオ全体のパフォーマンスに焦点を絞った事業投資会社としての性格をますます強めているようである。これは単に多角化が一方的に進展するということではなく，買収とともに不振事業の売却も含めて，事業ポートフォリオ内部の入れ替え（新陳代謝）も容易にしているということである。

　本書の最大の特徴は，「なぜアジアの企業はコングロマリット化するのか」「コングロマリットは真に戦略的なのか」という共通した問題提起の下で，台湾，韓国，フィリピン，タイ，インドネシア，シンガポール，マレーシア，インドというように検討対象国の幅を広く設定していることである。通例，分析・検討の対象国が多数である場合，各々の地域の専門研究者による「論文集」の形をとることが多いが，本書ではあえて共通テーマを重視して単著で臨むこととした。それゆえ各章の検討対象国の記述については門外漢の苦労を伴うことも少なくなかった。

　著者から読者サイドに望む本書の一つの利用方法は，検討対象企業・コングロマリットの多くが公開企業であるために，常に動いている対象を捉えるためにも読後も最新決算，M&A 関連情報などに留意し続けてほしいということで

ある。アジアのコングロマリットはまだまだ変貌を遂げていく可能性が高いからである。

　最後に，今回『アジアのビジネスグループ』(2011年)に引き続き，出版の要請を快諾していただいた塚田尚寛氏をはじめとした創成社の方々にはこの場を借りて心より感謝の意を申し上げたい。

　2017年　初秋

澤田貴之

◆ 目　　次 ◆

はしがき

第1章　アジアのコングロマリットと超多角化戦略 ——— 1
　　第1節　新しいステージに立ったアジアの財閥……………………1
　　第2節　新興国市場のコングロマリットと事業多角化……………10
　　第3節　新興国市場とFMCG型コングロマリット…………………20
　　第4節　食品メーカーからコングロマリットへ
　　　　　　台湾統一企業グループ……………………………………24
　　第5節　本書の課題と検討範囲………………………………………30

第2章　韓国の食品飲料系コングロマリット
　　　　　—ロッテ・グループの事例を中心にして— ——— 33
　　第1節　食品飲料事業会社のコングロマリット化…………………33
　　第2節　ロッテ以外の食品飲料系コングロマリット………………38
　　第3節　コングロマリットとしてのロッテ財閥の形成と発展……45
　　第4節　ロッテの全社戦略とその帰趨………………………………49
　　第5節　コングロマリットをめぐる残された研究課題……………56

第3章　フィリピンのコングロマリットと多角化戦略
　　　　　—JGサミット・グループとサンミゲル・グループを
　　　　　　中心にして— ————————————————— 59
　　第1節　フィリピンにおける財閥の概要と事業多角化……………59
　　第2節　フィリピンの食品飲料系コングロマリット　その1……65
　　第3節　フィリピンの食品飲料系コングロマリット　その2……77

第4章 タイの食品飲料系コングロマリットの形成と発展 —— 91

- 第1節　NAIC型経済構造と財閥 91
- 第2節　FMCG型コングロマリットの分類　4類型 93
- 第3節　サハ・グループの食品系事業グループの要
  タイ・プレジデント・フーズ（TPF） 98
- 第4節　外需の掘り起こしへ向かうセントラル・グループ 102
- 第5節　「第2類型」のビール・アルコール飲料事業のケース 104
- 第6節　「第1類型」ミトポン・グループ，TUF 111
- 第7節　NAIC型経済を体現したCPグループ 116
- 第8節　結　論 126

第5章 インドネシアのコングロマリット
―サリム・グループとウィングス・グループを中心にして― 129

- 第1節　インドネシア経済と財閥 129
- 第2節　コングロマリットの概要と多角化戦略をめぐって 131
- 第3節　コングロマリットとしてのセカンドステージに入った
  サリム・グループ 139
- 第4節　サリム・グループの中核事業会社　インドフード
  （Indofood Sukses Makmur） 141
- 第5節　FMCGの雄ウィングス・グループ 152
- 第6節　結　論 156

第6章 シンガポール・マレーシアのコングロマリット
―財閥の多角化戦略と継承をめぐって― 158

- 第1節　マレー半島の経済と財閥 158
- 第2節　不動産事業主導型コングロマリット 162

第3節　食品系コングロマリットとしての
　　　　　　クオック・グループ（マレーシア）……………………171
　　　第4節　シンガポール・マレーシアの南アジア系コングロマリット
　　　　　　……………………………………………………………178
　　　第5節　結　論………………………………………………………186

第7章　インド　FMCG型コングロマリットと財閥の分裂・継承
　　　―財閥の多角化戦略と継承をめぐって― ──── 190
　　　第1節　コングロマリット・FMCG・多角化，そして財閥………190
　　　第2節　FMCG型コングロマリットの4事例……………………196
　　　第3節　FMCGからコングロマリットへ…………………………209
　　　第4節　財閥の次のステージは？……………………………………213
　　　第5節　結　論………………………………………………………221

参考文献　225
索　　引　235

◆第1章◆
アジアのコングロマリットと超多角化戦略

第1節 新しいステージに立ったアジアの財閥

▍ファミリービジネスの強靭性

　財閥の定義については，第2次大戦前まで日本においても三井・三菱をはじめとした財閥の高度かつ広範な発達が見られたこともあって，経営史研究の領域においては厚い蓄積がある。すべてをここで鳥瞰することはできないが，財閥の定義として代表的な森川(1980)の「家族ないし同族の封鎖的な所有・支配下に成り立つ多角的事業経営体」に従うことにする。つまりファミリービジネスと多角化が結合したものが財閥であるということになる。またコングロマリット（複合企業）の定義は確定しておらず曖昧であるが，多角化が相当程度進展し企業グループの規模がかなり巨大化したものをここでは指している。したがって巨大もしくは上位財閥はほぼ例外なくこのコングロマリットという形態をとっていることが多い。

　ファミリービジネスという分野は学術研究だけに限らず，実践的な意味においてもアジアでは広く浸透したものとなっているのが現状である。ファミリービジネスに関する内外の専門的な学会・機関・コンサルタントも存在する。ファミリービジネスそのものが研究対象としてこのように広く定着しているのは中小企業を中心にして企業の多くが実際にファミリービジネスだからである。アジア新興諸国・地域の中には韓国を除けば，相続税がないか，税率そのものが低率な場合が多く，こうした制度的要因も世襲的継承を容易にしている

と考えられる。

　戦後の日本においても上場企業の30％以上はファミリー企業であり，ドイツやフランスの上場企業においても半分もしくは過半数はファミリー企業である。ファミリーの持株分と比率が低下してもファミリーが経営に参加ないし影響力を保持するケースは多い。こうした現状を背景にして欧米ではファミリー企業の研究が盛んである。Landes (2006) は「フォーチュン500」企業の3分の1はファミリー経営か創業者の家族が経営に参加しているとして，これらファミリー企業は非同族系のライバル企業をはるかにしのいで，能力を最大限に発揮する傾向があるという。

　サンプルが取れる公開企業については，ファミリー企業の収益面での優位性が多くの研究によって指摘されてきた[1]。これについては創業者世代がそもそもイノベーター的な役割を持って起業していることと，経営者としての資質・能力が優れていること，次世代以降については所有と経営の一致による経営オペレーションへの強い動機づけなどの存在が考えられる。他方で世代を経て創業者の子孫が経営能力を欠いたり，経営への情熱を失うことも少なくない。また会社を売却したり，他企業に吸収されることもあるため，最終的にファミリー企業がファミリー企業たるゆえんは―あるいは財閥と読み替えても同じだが―その子孫が経営する「意思」を持っているか否かにかかることになる。

　ファミリービジネスを規模の大きさから見直してみると，Berle and Means (1933) の定説通り，規模すなわち時価総額を拡大してきた米国の上場企業は，オーナー（投資家）と経営者が見事な「分離」を示してきた。ここでいう経営者は今日の米国における専門経営者のことであり，四半期ごとの当該企業の収益，特に株主のための利益（一株当たりの利益率など）に目を配り，短期間に実績を積み上げまた別の企業に移って実績を積み上げるCEOたちのことである。

　こうしたCEOたちの中には年俸数10億円を得るものも珍しくなく，自社株価に連動したストックオプションも報酬に含まれることが通例であるため，CEOによる短期的な経営パフォーマンスの向上が目指されやすい。この点は生えぬきサラリーマン社長（またはCEO）が多い日本の企業とはかなり様相が異なっている。それでも今日の日本企業の中にはこうした米国型といってよい

CEO を採用するケースが増えつつある。

　過去の事例としてはサントリーホールディングスにおける新浪剛史 CEO の誕生（2014 年 10 月），ソフトバンクによる元グーグル，バイスプレジデントのニケシュ・アローラ（Nikesh Arora）の副社長への任用（2014 年 7 月）などが代表的なものであろう。ここで注目するべきことはサントリーホールディングスが非上場の巨大化したファミリー企業であり，ソフトバンクは孫正義創業者の第 1 世代企業グループだということである。

　ソフトバンクの場合，アローラ氏の副社長任命は事実上孫氏の後継指名であったことから当時の世間を賑わせた。またアローラ氏の半年間の報酬が 165 億円以上であったことも世間を驚かせた。その後孫氏が経営トップにとどまることを表明したため，2016 年 6 月にアローラ氏はソフトバンクを退職した（この時の退職金は 65 億円にのぼった）。サントリーホールディングスのケースも佐治信忠会長によるヘッドハンティングだったようで，ここに巨大化したファミリー企業，創業者世代企業が外部から経営トップを招へいし戦略的なグループの発展を図るという共通項が見いだされる。

　ファミリー自体が完全に経営から撤退するのではなく，ファミリーと専門経営者が合体してファミリービジネスが事実上継続することは日本の大手企業にも比較的多く見られることである。巨大なファミリー企業（財閥）が長期間持続してきたアジア諸国ではこうした世襲制の断絶はいつか訪れるものであるが，そうした場合でもサントリーのように血族は代表権のある会長職，専門経営者は CEO というような経営組織内での機能的分業構造が敷かれやすい。

　日本の場合，戦後の財閥解体が進展したことで，戦前から存在した老舗大手企業においては米国と同様に所有と経営の分離が実現され，かつての財閥はない。それでも創業者一族の影響力が強い企業は残っており，専門経営者をトップとして据えてきたことで「創業者一族対専門経営者集団」という新たな内紛が生まれるケースもある。この段階になるとアジアの財閥，ファミリー企業で頻発してきたファミリー内の内紛とは異なるステージになってくるが，こうした内紛の場合はグループ経営にネガティブに作用する可能性が高い。したがってファミリーと専門経営者間の調和に基づいた経営は，次期ステージへの発展

にとって不可欠のものとなる。

　第2次大戦後，日本を除くアジア諸国，あるいは新興諸国と言い換えてもかまわないが，財閥の持続性と展望という意味では，その歴史の長さからインドの経験を挙げることができよう。また東アジアに広く見られる華人系財閥の中にも長い歴史を誇るものが少なくない。ただし政府との関係ひとつとっても国によって程度の差があり，一般化できない部分もある。インドのように独立後，政府がパブリックセクター企業を優遇したため，財閥は政府の許認可を得て独占を享受することが長らく困難だった。他方，韓国やインドネシアなどの東南アジア諸国では政府からの許認可を得ることは，その後の財閥の発展を左右することになった。これら財閥が初期の段階で多角化しコングロマリットになる傾向が強い理由として，国家政策との関係が指摘されることが多い[2]。

　戦後の新興諸国では多くの独占企業が公有企業（国営・国有企業）として確固たる地位を築き上げてきたが，韓国やインドに見られるように，1990年代からの民営化の流れに伴う通信企業などの財閥への売却，アジア通貨金融危機以降の事業ポートフォリオの絞り込みを通じて，上位財閥はより規模と範囲の大きなコングロマリットとして新たな発展段階に入っている。そして現在においてもファミリービジネスの範疇を脱してはいない。

　もし日本を除かなければ，戦前の日本の財閥の発展はより示唆的である。戦後財閥が解体される以前に日本の代表的な財閥である三井と三菱は世襲制やコーポレートガバナンスにおいて既に異なった進路を歩みつつあった。三菱の創業家岩崎家は経営への執着が強かったが，三井は創業家が既に本家と複数の分家に分かれており，かなり早い段階から「番頭経営」を取り入れていた。血盟団事件で知られるように暗殺された団琢磨は持株会社三井合名のトップだが三井家の一員ではない。三井と三菱の違いは最終的には創業家の戦略的な意思決定の違いである。

　この場合においても三井と三菱に共通していることは規模が拡大し系列会社が増え巨大コングロマリットへ向かうことで，相当の専門経営者層を取り入れなければならなかった。すなわち日本を財閥の先例・プロトタイプとするならば，世襲制は創業家もしくはグループ本体の「意思」にかかっているのだが，

創業家が後退し専門経営者がトップになり所有と経営の分離が見込まれるような状況にあった三井のケースであれ，創業家一族が最後まで経営層に関与した場合でもファミリーと専門経営者との調和が必要とされるステージが訪れることを避けることはできないということである。

現在のアジアはそうした意味での過渡期にあると考えられるが，その反面，創業家一族の経営権への執着は強く，一族自身も所有者でありながら，専門経営者であることに強い意思を持ち続けているのが現状である。

▍世襲の永続性を目指して？

すべての民間大企業は中小企業からスタートしているため，創業者の世代において発起人や経営幹部が親族，友人で固められることはとりたてて奇妙なことではなく，むしろ見慣れた風景といってよい。ただしエレクトロニクスやIT関連など技術志向の強い会社は技術者同士でスタートアップするケースも多く，このことは新興国にも当てはまる。この場合，世襲的な経営を目指さないこともありうる。

それでも，やがて公開企業となり，事業多角化を経てコングロマリットが形成されるような段階になっても世襲的な経営は放棄されるどころか，ますますその維持が希求されるようになる。誰よりも創業者，現職トップが「血の継承」を望むことで世襲は続くことになる。究極的には現トップの判断・意思ということになるが，単純に「所有と経営の分離」に基づいて創業家が「王朝」のオペレーションから退くことは，アジアの上位財閥においては現在までにタタ・グループ（インド）やSMグループ（フィリピン）など，ごく一部の事例を除けば生じたことがない。ありえるとすれば破たんの危機に見舞われたとき，創業家一族が責任を取らされるか，身売りという形で他の財閥に吸収されるか切り売りの憂き目に遭うときぐらいであろう。

アジアの財閥において数年前からリスク要因として指摘されはじめたこととして，「王朝」に君臨する創業者，現職会長の長期政権化という問題がある。これらトップは伝説の経営者として知られているだけでなく，一様にして長寿であることで共通している。たとえば2011年にイギリスのエコノミスト誌は，

皮肉を込めて「創業者たちの黄昏」という特集記事を掲載し，アジアの財閥の長（おさ）たちが一様に長命であり，その多くがオクトジェネリアン（Octogenarian）と呼ばれる80歳代に突入していることで，これら財閥系企業の進路が世襲問題も含めて過渡期に来ていることに警鐘を鳴らしていた。

　記事では香港の財閥創業者たちを取り上げており，長江実業グループを率いる李嘉誠をはじめ，スタンレー・ホー（カジノ王），ロバート・クオック，ゴードン・ウー（不動産）などを事例として挙げ，さらに香港，台湾，シンガポールの財閥ファミリーの公開企業の1980年代から2000年代にかけての250社の株式価値の推移を追ったジョセフ・ファン教授（Joseph Fan：香港中文大学）の研究を紹介し，それによれば世襲問題の起きた過渡期には当該企業の株式価値が損なわれやすい傾向があるとしている[3]。

　もっとも例外もあるようだが，創業者から2代目への移行期において市場はある種のリスクを織り込んでいくことが考えられよう。誰が継承するかという場合の最大の問題の1つはタイクーン（大物実力者）のトップ経営者としての在位期間が長く，特に華人系大財閥においてオクトジェネリアンの高齢のトップ経営者が2010年代に入っても存在し続けていることである。

　オペレーションそのものを次世代の継承候補者に実質的に引き継いでいる場合でも，彼らのトップとしての在位期間が長い場合，子供，孫たちなどの結婚などを通じ，また親戚も多いということからファミリーの輪（サークル）は姻戚・外縁を含め拡大し，サークル内の中心部内で後継をめぐる係争の種が既に蒔かれた状態になっていることがある。仮にスムーズに継承が進んだかのように見えても，その後も争いの種は残ったままになっていることもある。

　図表1-1はそうしたファミリー・姻戚・外戚の拡大をあらわしたものである。ファミリーの中核円が拡大していくことは確かであるが，同時にそれを囲む専門経営者たちの外円部も事業の規模と範囲の拡大に伴ってやはり拡大していく。すなわち分裂の可能性をはらみながらも，オーナー一族と専門経営者間の協調と調和が実現されている限りでは，財閥コングロマリットは持続的発展が可能であることを意味している。

第1章　アジアのコングロマリットと超多角化戦略　7

図表1-1　規模の拡大に伴う財閥における後継者層と専門経営者層の拡大

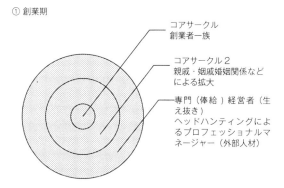

① 創業期

コアサークル
創業者一族

コアサークル2
親戚・姻戚婚姻関係など
による拡大

専門（俸給）経営者（生え抜き）
ヘッドハンティングによるプロフェッショナルマネージャー（外部人材）

② 規模と範囲の拡大期

コアサークル
創業者一族

コアサークル2
親戚・姻戚

専門（俸給）経営者
ヘッドハンティングによるプロフェッショナルマネージャー（外部人材）

出所：筆者作成。

■オーナーシップ型経営の未来：インドの財閥が示唆するもの

韓国を除いた場合，東・東南アジアの上位財閥の中には依然として創業者が長寿で存命中に加えて，実質的な経営実権や次期後継者の指名権を握っていることも珍しくない。2世代以降についても同じ傾向があり，東アジアの上位財閥は老舗クラスでも創業が20世紀，とりわけ20世紀半ば前後に集中しているケースが多いため，その時間経過の短さから財閥の世襲型経営，所有と経営の分離状況について未だその帰趨を見いだすことはできない。

これら上位財閥にとってはスムーズな経営トップの交代は第2，第3創業期に向けた財閥グループのさらなる成長発展期につながる反面，後継者をめぐる争いや相続によるグループ分割によって，規模と範囲が狭まりグループは分割・縮小されたものとなる。そうした現象は早ければ2世代目のところで現れることになる。韓国の現代グループは創業者の死によって，2000年代に入ってから4つのグループに分裂したし，サムスンも2世代目のところで分家的なCJグループが独立している。インドにおいても現代と同様にリライアンス・グループは兄弟間で2つのグループに分裂している。こうした分裂は対立を内包していることが多く，多くは分裂した状態のままとなっている。

もう1つの分裂要因は事業ポートフォリオ全体の不振である。コングロマリットである以上，グループ内の周辺事業だけでなく，中核事業が不振になった場合，連結事業としてグループの成長拡大および安定性を損なう状況から逃れることは現状のままでは困難である。これに対する最も合理的な対症法は不振事業の売却である。また必要に応じて分社化という方策も選択肢として存在しており，基本的にコングロマリットの持続的発展のためには，事業ポートフォリオ内の戦略的な新陳代謝が前提になっている。そこで新興諸国の中で歴史の古い財閥を擁しているインドの状況に焦点を当ててみることにしよう。

インドにおいても企業の95％がファミリービジネスといわれるため，経営研究という点ではインド財閥の世襲制の持続に関心が集中してきた。ファミリービジネスであることが企業経営の歴史・特徴として取り上げられることが多かったが，近年においてタタ・グループやインフォシスなどの代表的な企業に見られる専門経営者の台頭から，世襲制の持続に疑問符が付くように論調が

変わりつつある。老舗財閥のビルラ・グループの分裂によって血縁トップのいない傍系グループが形成されたことやグループ企業トップには専門経営者が不可欠であることからも，「王朝」は自身の規模と範囲の拡大によって旧来のオーナーシップ型経営の変化に直面している。

インドのファミリービジネス一般ということであるならば，世襲制の直系後継者は世代を経ることで1世代目の創業者直系から2世代目は兄弟姉妹とのパートナーシップ，3世代目で3親等付近の姻戚の範囲内にまで拡大するという段階的発展がSapovadia (2012) によって提示されており，3世代目のところでファミリービジネスという特徴が血族内の多様性を通じて非ファミリービジネスに接近するとしている。ただし，ここには規模の大きさ・事業多角化という観点から専門経営者の役割は入っていない。インドのファミリービジネス研究の泰斗Ramachandran (2005) は，企業経営の実践上から5つの財閥のケース（ムルガッパ，ダブール，ワディア，ゴドレジ，キルロスカ）を見ながら3世代以上の存続に課題が発生することを指摘しつつも，総じてファミリーメンバーと専門経営者の調和，多様な事業ポートフォリオの構築，ファミリーのリーダーシップの発揮がなされてきたと説く。

いずれにしても所有と経営の分離，コーポレートガバナンスの観点からすれば，財閥の分裂は世襲制に対する固執のネガティブな側面が露出していることを示しているのにすぎない。財閥は破たんするか，外部資本によって吸収されない限り世襲制を終焉することができないのであろうか。

本書では第7章後半で分裂による代表的な事例としてリライアンス・グループを，逆に継承面での進化についてタタ・グループを取り上げることにする。分裂を経験しなかったタタ・グループは，2017年初頭に150年の歴史の中で初めて「完全な非血縁者」をトップとして選出した。この意味するところは老舗財閥によって形成されてきた経営組織は，世襲を度外視してトップ選出を行うオートノーマスな能力を備えている可能性を持っていることである。この点から巨大財閥のオーナーシップ型経営の未来について第7章で触れることにする。

ただし，本書の問題関心は財閥の所有構造やコーポレートガバナンスではな

く—それらをあくまでも付帯的な要素として取り扱うものにすぎず—，先進諸国市場と異なった新興国市場でのコングロマリットの形成と戦略性そのものに検証を加えることにある。各章のケーススタディはそうした関心事によって構成されていることをあらかじめ断っておきたい。

第2節　新興国市場のコングロマリットと事業多角化

先進国市場と新興国市場の多角化

　本書で取り上げるアジアの財閥について各国の上位財閥を鳥瞰した場合，そのほとんどがコングロマリットであるといってよい。むろんコングロマリット化せず，先進諸国と同様，専業化志向か限定された関連多角化の範囲内におさまっている場合もある。つまり財閥＝コングロマリットというわけではない。にもかかわらず新興諸国において上位財閥はコングロマリット化へ向かうケースが多く，その志向は非常に強い。戦前期の日本の財閥や高度成長を通じて，今日に至るまで形成されてきた韓国のチェボルはそうしたプロトタイプと見なすことができよう。

　それではそもそもコングロマリットとは何なのか，これは先の財閥の定義以上に不明瞭であるのが実情である。そのまま複合企業と訳されているが，一般的な使用方法・慣例に基づけば，かなりの規模と範囲の大きなビジネスグループに用いられている。また特定の産業・業種に限定して「金融コングロマリット」などとして用いられることも多い。財閥の定義とも共通しているが，多角化が相当程度進行した複合企業体・ビジネスグループのことをコングロマリットと呼ぶならば，多角化がどの程度進行したらコングロマリットになるのか，という疑問も出てこよう。

　Chandler（1990）がその重厚な研究で示してきたように，歴史的に見て20世紀前半にアメリカの大規模企業は事業規模と範囲を拡大させてきた。同じことはドイツや日本のケースにも当てはまるが，現在ではかつてブームでもあった多角化や垂直的統合への動きはすっかり影を潜めたようになっている。それどころか，過度に多角化志向の強い企業に対しては，後述するように投資家と市

場は高い評価を与えないようになっている。

　先進国市場を中心としたこれまでの多角化に関する先行研究を鳥瞰すると，米国企業を対象とした多角化については Rumelt（1974）が，日本については業種も含めた分析として吉原他（1981），石井他（1996）などが代表的なものであるが，MBA ビジネススクールのテキスト的な位置づけとなった Barney（2002）は非関連多角化の限界を明確に示すことで，それまでの先行研究の分析結果を追認する結論を出している。これは経営戦略的に非関連多角化，すなわちコングロマリットへ進むことには合理的な根拠がないということ，すなわちコングロマリットそのものの否定でもあった[4]。

　こうしたことから生じる新興国市場での限度を超えた多角化をあえて「超多角化」（Super-Diversification）（澤田（2013））と呼ぶならば，新興国市場のコングロマリットはパフォーマンスを無視した非戦略性から免れることはできないのであろうか？　実際，新興国市場においても先進国市場の研究を応用し 1995 年時点での 7 つの新興国市場（香港，タイ，インドネシア，マレーシア，シンガポール，韓国，インド）での一千社以上をサンプルとして取り上げ，多角化企業は専業企業に比較して，より収益性が低くディスカウントが見られるという Lins and Henri（2002）のような研究もその後発表されている。彼らは，こうした多角化によるディスカウントはオーナー経営者への所有と経営への集中度が一定程度高いビジネスグループに顕著で，オーナー経営者の権利が自らコントロールできるキャッシュフローの権利を超え，資本市場の不完全さに対して内部金融市場が効率的に作用していないことを示したものであると結論付けている。

　しかしながら，上述の研究などに示されるように，新興国市場における資本市場の未成熟性やエージェンシー問題などを含むコーポレートガバナンスの不全をめぐる発展段階差から，パフォーマンスにネガティブな戦略性を新興国市場のコングロマリットは構造的に備えているかのような議論には危険がつきまとっている。両市場の多角化とパフォーマンスに関する先行研究をレビューした Purkayastha, Manolova and Edelman（2012）によれば，先進国市場では関連多角化，特定資源をベースにし，新興国市場では非関連多角化や包括的資源をベースにすることは理にかなっており，個別産業ごとの関係や多角化を成功

させるのに必要とされる組織メカニズムや，現在のグローバル経済に見られる不安定かつダイナミックな状況を念頭において多角化とパフォーマンスの関係が検証されなければならないとしている。

　Hoskisson, Johnson, Tihanyi and White（2005）は，同様に経済制度などの環境改善が進み市場志向型への転換期にある新興国市場では，多くのビッグビジネスグループのパフォーマンスは低下する傾向があるため，これらグループはパフォーマンス改善のため取引コストとグループ特有の組織維持コストとのバランス問題に直面することになるという。そして転換期の環境に対応するために関連多角化へ進むのか，それとも非関連多角化へ進むのか，という再考が必要になっているという。また彼らは新興国ごとにビジネスグループの対応が異なる可能性についても言及している。

　こうしたビッグビジネスグループ（それらのほとんどは財閥）の多角化とパフォーマンスが相克することは避けられないという先行研究の潮流に対して，KURTOVIĆ, SILJKOVIĆ and DAŠIĆ（2013）は3世代，4世代目になるコングロマリット型企業は幅広い多角化を戦略の要として新興国市場で競争力を強化しているという。この幅広い多角化が「戦略的」であるという指摘については本書では首肯的な立場に立つことになろう。

▌なぜ多角化するのか？

　先進諸国が既に経験してきたこととして，1980年代までには異業種も含めて事業多角化を推し進めていくと破たんするケースが数多く見られ，人材・技術などの経営資源，投資のグループ事業への非効率な配分が行われ，むしろコングロマリット化を通じた規模と範囲の拡大は合理的ではないと見られるようになった。このようなコングロマリット・ディスカウントの下で，現在の新興国市場のコングロマリットは，Achi and others（1998）がかつて指摘したように，「虎か，（絶滅寸前の）恐竜なのか」，評価が分かれたままとなっていた。

　1980年代以降は多角化へいそしむことではなく，「選択と集中」が大企業の発する合言葉となっていた。これは同時に今日の先進諸国ではコングロマリットへの志向を示す企業に対して，市場と投資家は先にディスカウントの判断，

すなわち株価の下落などを通じて経営側の事業戦略の可否に判断をくだす傾向が強くなったからである。大手企業Ａ社が異業種のＢ社に対してM&Aを行う場合，しばしば買収者であるＡ社の株価が下落するケースが見られ，逆に吸収されるＢ社側の株式は上昇するケースが多い。これは買収コストに見合うシナジー効果への疑念も含めてコングロマリット・ディスカウントへの投資家の懸念があるからである。

米国の大企業だけでなく，日本の大企業においてもこの趨勢は変わっていない。しかしながら現在の先進諸国の企業が経験してきたように，過去に関連多角化の場合，垂直的統合を進め，そこから枝分かれして異業種へも参入するというケースは少なくともある一定の時期においては正当な事業拡大と考えられていた。

コングロマリット・ディスカウントとは，あくまでも多角化から選択と集中を経た1980年代以降の先進国市場に対して適用されるもので，発展途上・新興国市場にはあてはまるものではない。つまり一国の発展段階・市場の成熟度の問題が絡んでいるということである。コングロマリットが大企業の主流形態となりえる段階・時期が依然として現在の新興国市場に存在しているということである。そして，これは市場の発展段階面から見た中心産業の推移と関係している。

第2次大戦後，現在の新興諸国の大半は自国の幼稚産業を保護するために輸入代替戦略を採用した。初期の発展段階期において，基本的には内需向け産業が代替の対象となった。そして消費財から素材に至るまでその対象はかなり幅広いものであった。砂糖，小麦粉からセメント，鉄鋼などに至るまで，そうした産業の担い手を民間に見いだす場合，それらの担い手は既に一定規模に達した企業であり，許認可権や技術導入などに伴う外資のパートナー選びの権限はしばしば当該政府側にあった。したがってこの段階ですでに国内的には既に大規模な企業であるとともに，政府サイドにコネクションを持つ財閥が新たな産業興隆の担い手となった。

セメント，化学肥料，素材，石油化学，通信など重化学工業分野を含むこれらの多くは当初から財閥が担うか，国営（公営）として経営されるかのいずれ

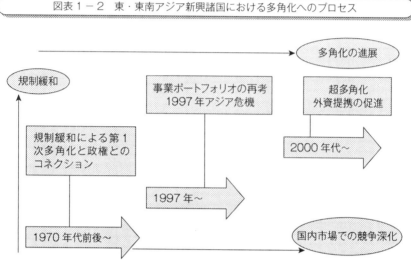

図表1-2 東・東南アジア新興諸国における多角化へのプロセス

出所：筆者作成。

かであった。当初からこうした分野をスタートアップの中核事業とした企業は，その後巨大なビジネスグループを形成している。財閥ではないが，1930年代に創業した王族系のサイアムセメント（タイ），東南アジア随一の財閥サリム・グループなどは，いずれもセメント製造がスタートアップの中核事業の1つであった（現在では前者は化学が中核，後者は通貨金融危機後，インドセメントをドイツ系企業に売却している）。

　図表1-2は，東・東南アジア新興諸国の多角化の進展を3段階のステージに分けてイメージ化したものである。ここでは規制緩和，市場経済が進展し競争が深化することで，多角化が新たな段階へ進んでいくことを示している。外資の参入が促進され事業提携も進むことで，それまでのビジネスグループは事業ポートフォリオの見直しと組み換えを行いながらも，規模と範囲を拡大させていることを示している。

　図表1-3に見られるように，先進国・市場ではコングロマリットは失敗するものとして関連多角化への回帰を示しているが，他方で新興国・市場ではコ

図表 1 − 3　多角化の進展をめぐる先進国と新興国の違い

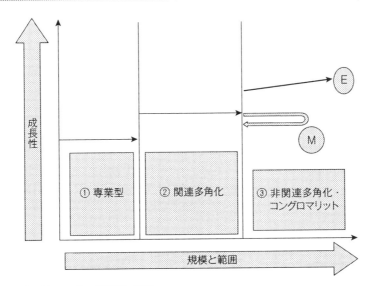

E=Emerging Economies 新興国・市場
M=Matured Economies　先進国・成熟市場
(注) 専業型は垂直的統合型を含む。関連型は集約型・拡散型を含む。
出所：石井（1996）による多角化の分類を参考にして筆者作成。

ングロマリットはむしろ多角化の最終形態として常態化していることを表したものである。コングロマリット・ディスカウントとはあくまでも，多角化から「選択と集中」を経た1980年代以降の先進国市場に対して適用されるもので，発展途上・新興国市場に適用されるものではない。

　いずれにしても新興諸国では1990年代以降，国営企業は民営化への道を辿り，財閥へ売却されるケースが相次いだ。特にこの時期については規模の利益と許認可による参入障壁を持つ通信事業について顕著であり，韓国では国営の通信企業がSKグループに売却され，SKは通信キャリアとしてSKテレコムを中核としたコングロマリットへと拡大発展を遂げていった。インドでは国営通信会社VSNLがタタ・グループに売却されタタ・コミュニケーションズに

なっており，どちらもその後，携帯通信キャリアの事業会社へと成長し国内の新市場への参入機会を得るに至った。

　軽工業を中心とした繊維や食品関連，消費財輸入代替型の産業の多くは「内需型産業」と言い換えることもでき，当初からこれら産業をスタートアップ事業として起業したケースも多い。SKグループも通信事業をコアとしたコングロマリットになる以前のスタートアップ事業は織物製造で，鮮京グループが今日のSKグループへと改称されたものである。

　サムスングループもサムスン電子を中核事業会社とする前のスタートアップのコア事業は三星物産の輸出入事業，グループの老舗企業である第一毛織による毛織物製造，製糖，麺製造など幅広い内需向け消費財製造だった。インドの老舗財閥ビルラやタタも綿紡織をはじめとした繊維関連事業がスタートアップの中核事業の1つであり，東南アジアの財閥にも消費財からスタートした事例は数多く見いだされる。

　未成熟な市場においては輸入代替産業のすべてに事業機会が存在しており，新興国においてはGerschenkron (1962) の「後発性の利益」で示されたような「軽工業・消費財産業 → 重化学工業・生産財産業，高度な第三次産業」へという時系列的な発展が，既存の先進諸国がこれまで経験してきた移行までの時間よりはるかに短くなっているため，消費財から高度な第3次産業（ICTなど）までさまざまな産業が共時的に開花しやすいのである。

　世界経済と国内における産業推移とともに，なぜ新興国市場の財閥・ビジネスグループが多角化へ向かうのかについては，Khanna and Palepu (1997) が『ハーバード・ビジネス・レビュー』誌において，新興国市場特有の制度上の問題があることを明らかにしている。具体的には資本市場の未成熟，情報・物的インフラの不足，労働・製品市場の未成熟，政府による規制，契約履行に関する法的拘束力の弱さなどに起因して，多くの事業の内部化（多角化）が進む原因になるとしている。またインドのタタ・グループに典型的に示されるように，既に国内で信用とブランドを獲得したビジネスグループは新規事業参入においても新しい付加価値を付けることに対して優位なポジションにある。

　先の図表1－2の多角化の第3ステージでの規制緩和，外資との提携増は，

外資側からしても既存のビッグビジネスグループ・上位財閥は好ましいパートナーとして映ろう。こうしたことが背景となって，既存のビッグビジネスグループ・上位財閥は多くの事業オプションを前にして既存の事業ポートフォリオを勘案しつつ，市場成長率と期待収益などを眺めながら参入事業を決定することになる。

　むろん個別コングロマリットのレベルでパフォーマンスが分かれるのは当然のことであり，戦略やM&Aの成功は容易ではない。絶滅寸前の大きくなりすぎた図体をもった恐竜になるのか，環境に適応した俊敏な虎になるのかは，事業ポートフォリオの戦略性とその管理運営能力にかかっているのが現実であろう。

■シナジーを追求したコングロマリットの例　マヒンドラ・グループ（インド）

　インドの自動車メーカーは新興国の中でも歴史の古い企業が少なくなく，マヒンドラ＆マヒンドラ（M&M）もその1つである。1945年に鋼材を取り扱う商社としてマヒンドラ＆モハメッドが設立され，創業者はケンブリッジ大で学んだパンジャブ出身のK・C・マヒンドラとM・C・モハメッドだった。1947年印パ分離独立によってM・C・モハメッドはパキスタンに移住したため（モハメッドはパキスタンの初代財務大臣となった），マヒンドラ兄弟による経営に代わり，自動車製造へ乗り出し1948年に現社名になった[5]。

　2016年現在，グループを率いているのは3世代目にあたるM&M会長のアーナンド・マヒンドラ（Arnand Mahindra：ハーバード・ビジネス・スクールMBA）である。グループの総売上高は2兆円超（178億ドル）にのぼり，コングロマリットとして自動車，航空機製造，アグリビジネス，部品製造，農業機械，金融保険，ITサービスなど幅広い事業分野に進出しており，それぞれの事業部門のシナジーを追求するためにグループ企業各社のトップから構成されるグループ・エグゼクティブ・ボードも設けられている。傘下主要企業はM&Mフィナンシャル・サービシーズ，マヒンドラ・フォージングス（自動車のOEM），マヒンドラ・ホリデーズ・リゾート・インディア，マヒンドラ・サティヤム（IT），Techマヒンドラ（IT），マヒンドラ・ライフスペース・デベ

ロッパー（不動産），マヒンドラ・ユージン・スチール（鉄鋼）などである。

　マヒンドラはトラクター生産とジープのライセンス生産からスタートし，特にトラクター分野においては世界4位の規模を誇っている。自動車の生産車種の領域もMUV（多用途車），LCV（小型商用車），オート三輪，トラクターと幅広い。オート三輪製造などでは中堅財閥のバジャージと競合している。2005年にルノーと合弁でマヒンドラ・ルノーを設立しルノーの低価格車ロガンを製造販売したが，販売不振によって2008年に合弁が解消された。その後マヒンドラとルノーは単独で事業展開をすることになり，マヒンドラが合弁会社を100％子会社としてロガンの生産販売権を継承して，2011年4月ベリートとして販売を開始している。なお農機では2015年以降三菱重工と業務提携している。

　コア事業としてのトラクター生産と販売を中心にして，米国，英国，イタリア，南アフリカに海外現地法人を擁しており，特に中国の現地法人マヒンドラ・トラクターはM&Mの米国向け生産と輸出のハブとなっている。国内では農村市場に対して，種子や苗，肥料，農薬の購入，農業機器のレンタル，市場や農作物に関する情報提供とアドバイザリー・サービスを，グループ企業のマヒンドラ・シャブラブ・サービシーズが250ヵ所の農村部にあるサービスセンターを通して提供している。さらにコタック・マヒンドラ銀行が農村部に金融サービスも提供するというように徹底してシナジー効果を狙った事業構築を行っている。同様のことは自動車事業において，国内一の中古車ディーラーであるグループ企業オートマート・インディアにもあてはまる。中古車ディーラーの店舗増は部品需要の拡大に対応したものであるからだ。

　また2010年には，上海汽車が買収し労使関係の悪化などで手放すことになった韓国の双竜自動車買収に名乗りをあげたことでも話題になった。2010年11月に5,000億ウォン超での買収が成立，マヒンドラは双竜株の70％を保有するに至った。上海汽車の買収によって経営再建が一度失敗しているだけに，マヒンドラ側の経営管理能力が試されているといってよい。国内外のM&Aについては非常に積極的で，現在タタ・モーターズの傘下にあるジャガー，ランドローバーの入札時にはタタ・モーターズと争った。また2009年

にTCS, インフォシス, ウィプロに次ぐ国内ITサービスの大手サティヤム・コンピュータ・サービシーズが粉飾決算の不祥事を起こしたとき，子会社のTechマヒンドラが複数の応札企業を出し抜いてこれを買収し，グループ企業のマヒンドラ・サティヤムとして一躍インドの大手ITサービス企業の仲間入りを果たしている。

　トラクター製造をスタートアップ・コア事業として，一見すると多くの異業種を組み合わせたマヒンドラ・グループの事業ポートフォリオではあるが，農村市場関連ということで農村向け金融・信用供与などに示されるように，シナジーを追求する一方でインドが比較優位を持つITサービス，市場成長が見込まれる中古車事業，物流など隙のない構成となっている。図表1－4は高度に進行したコングロマリットの典型的な姿をあらわしているといえよう。

　マヒンドラ・グループの業種は約20種におよんでおり，コアビジネス（農機，自動車）とは特性の異なる業種を組み込むことで，グループ全体としての収益を極大化するものではなく，むしろ大きくなったコアビジネスを取り囲むようにして，結果的にボラティリティとリスクを減殺する分散事業投資になっている。たとえば専門経営者のP・K・ゴエンカ社長（Pawan Kumar Goenka）に率いられている旗艦企業M&Mは，2016年に約1.37兆円の売上規模を記録したが，中心的な事業の自動車部門が不振のため，利益マージン（売上高利益率）はわずか4.41％だった。これに対してコタック・マヒンドラ・バンク（銀行業）の業績は安定しており，利益マージンは14.5％だった。またテック・マヒンドラのROE（自己資本利益率）は23.4％で利益マージンは11.76％だった。このようにリスク分散と中核事業の不振をカバーできるような事業特性の異なる2社が事業ポートフォリオに組み込まれている。

　これがすべて関連多角化もしくは垂直統合型であったならば，全体としてのパフォーマンスは連鎖的に負の影響を受けることになる。こうした点から言えば運用面では金融ポートフォリオの構築に近い部分があるが，事業投資とオペレーションを行っているという点ではこうしたコングロマリットは総合的な事業投資会社により近いのかもしれない。

図表1－4　典型的なコングロマリットのイメージ　マヒンドラ・グループ（インド）の例

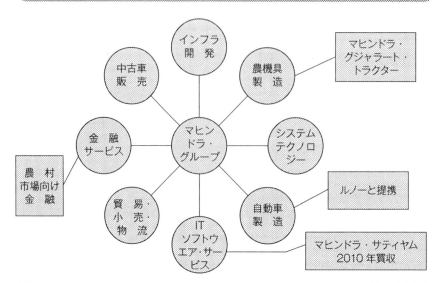

出所：Finding a Higher Gear, *Harvard Business Review*, 2008, July-August. 同社開示資料を参考にして筆者作成。

第3節　新興国市場とFMCG型コングロマリット

　FMCG（First- Moving Consumer Goods）とは回転率の高い消費財を指す言葉で，これらの商品範囲は嗜好品，食品，飲料，日用品，市販薬，健康関連品，アパレル，化粧品，文具，家電など非常に幅広い。これらの商品について日本を思い浮かべるならば，内需型産業として位置づけられよう。後に海外進出するにしても事業のスタート時は国内需要を目当てにしたものである。特に欧米の食品飲料系企業のケースとして，巨大な規模に達しているコカ・コーラやネスレなどのような多国籍企業をまず念頭に浮かべてほしい。この二社を見てコングロマリットだという経営学者やジャーナリストはいないであろう。

　日本を振り返ってみよう。日清食品やグリコ，森永をコングロマリットとい

う者はいないであろう。またキリンやサントリーのようにかなりの程度関連多角化を進めてきた企業についてもコングロマリットという名称を用いることはあるまい。日本だけに限らず欧米の食品飲料系企業は核となる単一事業に専業化していることがエクセレントカンパニーたるゆえんであり，もしコカ・コーラが通信，IT，金融など複数の中核事業を営んでいたら，著名な投資家として知られるウォーレン・バフェットはその伝説を築くきっかけとなったコカ・コーラ株への投資を見送っていたであろう。

　FMCG 型の中でも食品飲料系コングロマリットの事例については，先進諸国を除く新興諸国で広く観察されるものである。食品や菓子メーカーがコングロマリット化に向かうか否かは，経営主体による戦略的意思決定に依存するが，そうした意思には新興国市場特有の条件も関係している。この市場条件はコングロマリットが形成される初期の動因となっている。市場経済が未成熟の場合，Coase（1937）が論じたように，取引コストが発生する。たとえば未成熟な市場経済で特定の完成品メーカーである A 企業が必要な中間製品を製造してくれる企業を探し出すことには非常な困難を伴うだけでなく，仮にそのような B 企業が国内に存在したとしても取引上の信用や実績を担保するものは見当たらずリスクが常につきまとうことになる。つまりこの企業との取引コストが A 企業の負担となる。

　この他にも中間財や原材料などの安定供給もそうした取引において継続の保証はない。Chandler（1990）が米国で関連事業の自社への統合が進展していったことで，20 世紀はじめに巨大企業が形成されていったことを明らかにしたように，いわゆる内部化が大企業の間で進展したのである。先ほどの A 企業は B 企業の代わりにその事業を自社で立ち上げればよいということになる。これを繰り返せば多角化が進展することになる。しかしながら先進諸国では市場が成熟化していくことで，取引コストが下がり，多角化や垂直統合に対して市場は前向きな評価を否定するようになっていった。

　ネスレの食品飲料製品とブランドは世界各国で定着したものとなっているが，こうした多国籍企業が重視するのは現地市場に対応した製品投入やマーケティングである。ネスレは本社所在地（スイス）においても現地市場において

も，事業多角化よりもローカル製品を含む製品開発と製品レンジの拡大に注力してきた。もしネスレが本国で発電事業や小売事業を営んでいたとしたらどうであろうか。広い意味でのFMCG産業に含まれるP&Gやユニリーバについても同様のことがいえる。これら多国籍企業はコングロマリット・ディスカウントを回避しているというよりは，専業に従事することで競争優位を強化維持しているのであって，これも経営者による戦略的意思決定である。

ところが新興国市場のFMCG大企業ではこのような戦略的意思決定に対する誘惑は小さく，むしろ「多角化せよ」という意思が働くことが多い。ここではFMCGを取り上げているが，それは先進諸国市場ではコングロマリットにまで至る超多角化を最もイメージしにくい産業・事業群だからである。むろん新興国市場においてはFMCGに限ったことではない。他の産業分野に属す企業においてもそうした多角化は生じているのである。

たとえばタイの自動車部品メーカー最大手のサミット・グループは自動車部品以外にゴルフクラブ製造，ホテル，ロジスティクスなどにも進出している。同グループは非公開企業であるが，コングロマリットとなっている。また新興国の多くの重化学関連企業も非関連多角化を行っているケースは多い。日本においてもブラザーや中部ガスなど多角化を志向する企業の例は多い。ただこれらも便宜的に複合企業と呼ばれることはあるかもしれないが，コングロマリットと呼ばれることはほとんどない。組織的には「グループ経営」と呼ぶ方が適切であるケースが多い。また新興国市場では実際に中堅クラスの企業であっても多角化意欲の強い企業は多い。中堅クラスをコングロマリットに含めるか否かについては，既に言及したように要はコングロマリットの定義次第である。

2種類以上の上場規模以上かそれに相当するコア事業とさらに複数の事業を擁する企業体を典型的なコングロマリットと呼ぶならば，一般に想像されるように財閥と重なることになる。ただし，コングロマリット＝財閥という関係は多くの場合成立しているが，元国営企業や非財閥（ノンファミリー）企業がコングロマリットの場合もあるので注意が必要となる。

さらに中堅クラスの企業でもコア事業1種類でも相当数の関連多角化業種もしくは非関連多角化業種，あるいは両方の業種を相当数事業ポートフォリオに

組み込んでいる場合，これもコングロマリットと本書では定義する。コングロマリットと非コングロマリットの境界線を引くことはあくまでも暫定的な行為にすぎず，新興国市場では非コングロマリットもコングロマリット化する可能性を常に残している。

　コングロマリットと非コングロマリットの境界線を理解するために，具体的な企業グループ名を挙げるとすれば，ともに『ハーバード・ビジネス・レビュー』やビジネススクールのケーススタディによく登場する中国のハイアールと韓国の化粧品大手アモーレ・パシフィックが適切かもしれない。ハイアールは（白物）家電専業のイメージが強いが，実際は製薬，工業用ロボット，金融，ホテル，小売りなどの事業を傘下に有するコングロマリットである。これに対して財閥であるアモーレ・パシフィックはアジア通貨金融危機（1997年）前までは一定の事業多角化に関心を示していたことはあったものの，ごく一部の製薬事業を除けば，基本的に化粧品とそれに関連したトイレタリー事業のみである。緑茶栽培などの事業部門もあるが，これは化粧品への原料供給を目的としたもので専業志向が極めて強いといえる。財閥というイメージからコングロマリットと思いがちであるが，実際は異なるのである。

　コングロマリットへ向かうか否かは経営者の意思決定によるところが1つであるが，もう1つはそうした意思を実現させるのは新興国市場という先進国市場と異なる市場特性にある。高いGDP成長率を実現し，所得・消費の右肩上がりの成長へ向かう市場では，消費財，耐久消費財，中間財，不動産，小売り，金融，ICT，様々なサービスなどの参入すべき事業オプションが多数存在し，スタートアップ・コア事業から，さほど時間を置かずほぼ共時的に期待収益とリスクを天秤にかけつつ参入し，その後リスク分散も図りつつ事業ポートフォリオを構築することは企業行動として妥当性を有している。

　このことは多国籍企業の場合，新興国市場でローカル企業のように多角化することはないが，現地市場で外国人が起業したローカル企業でもコングロマリット化する可能性が高いことを示唆している。古くは香港を拠点にして東・東南アジア市場で貿易事業に従事してきたジャーディン・マセソンが事業投資型のコングロマリットとなっている事例から，より身近な事例として1970年

代前半からマレーシアで日本人の小西史彦によって創業されたテクスケム・グループの成功譚がある。

　小西現会長はマレーシアで殺虫剤（フマキラー）の製造販売を契機にして，ポリマー製造，マリンフーズ，電子機器向けプラスチック製品，外食などのさまざまな企業を擁するコングロマリットを一代で築き上げた。東南アジアを中心に海外事業展開も行っており，中核事業会社のテクスケム・リソーシーズ（1993年クアラルンプール証券取引所上場）は，年間2,640億円（2016年）の売上規模を誇っている。キンチョーブランドで有名な日本の大日本除虫菊やフマキラーの売上規模が300億円を上回る程度であることを考えれば，驚くべき成功であろう[6]。これは経営者の意思と新興市場の特性が結びついた典型的な例である。

　最初の成功をもたらした殺虫剤・蚊取り線香はマレーシアでは季節に関係なく1年中売れる製品であったが，小西会長は専業型企業に安住せず次々と異業種への参入を遂げていった。スタートアップ・コア事業の収益環境が良好な場合，早い段階での多角化は未上場であることも関係して，コングロマリット・ディスカウントの洗礼を受けにくいという面もある。

第4節　食品メーカーからコングロマリットへ
　　　　　台湾統一企業グループ

　当初，シナジーを活かしてビジネスグループが多角化へ向かうとしたら，既存のコア事業によって多角化の規模や範囲も変わってくる可能性がある。川上へ向かうのか，川下に向かうのか，川中の産業の場合，どのような選択肢があるのか，この場合，多角化戦略を採用する当該企業はコア産業が全体の関連産業全体の中でどこに位置しているのかに加えて，特に新興国市場の場合，その全体産業の構造に規定されやすい。関連産業の川上や川下においてリーダー的企業が存在せず零細な構造を呈しているか，当該産業の成長性と市場の開発の余地が非常に大きい場合がそうである。

　これは言い換えれば，進出する事業ドメイン（領域）が未成熟であり，先進

国市場の場合，川上から川下までの事業ドメインにリーダー企業，チャレンジャー企業（2番手企業），フォロワー企業などが存在し，大手企業を中心に事業ドメインや関連業界が既に組織化されているために，あえて多角化しようとする当該企業は大型のM&Aを敢行する必要がある。この場合，高いリスクに直面するであろう。これに対して新興国市場の当該企業の場合，先に見た初期の多角化のステージにおいては，一から関連事業ドメイン・業界の組織化を行うグリーンフィールド型の参入になることが多い。関連事業ドメインそのものが未開拓のブルーオーシャン型市場といえるので，立ち上げにエネルギーを費やすにしても高いシナジー効果を見込めよう。

　その典型的なケースは食品メーカーによる多角化である。台湾の統一企業グループは統一食品によるインスタントラーメン，加工食品，飲料をコア事業としてセブンイレブン，百貨店，ショッピングモール，外食，物流などの流通全般を掌握している。日本で言えば日清食品や雪印乳業などの大手食品飲料メーカーが流通全般に進出し，流通業においても最大のシェアを誇るなどということは考え難い。ところが台湾に限らず，東・東南アジア諸国では養鶏業をコア事業とするタイのCPグループや製菓業をコア事業とする韓国ロッテなどのように広範に観察することができる。

　統一企業グループ（ユニ・プレジデント）は1967年創業の台湾最大の食品メーカーであるとともに，コンビニのセブンイレブンを擁する最大の小売流通業者（統一超商）でもある（1978年アメリカのサウスランド社からフランチャイズ権を獲得）。1980年代までに統一企業は食品最大手となっていたが，創業後，インスタントラーメンから製品レンジを広げ製造規模を拡大していくにあたって，台湾の卸売り・流通構造が非常に零細なため，また物流も十分ではないことが成長のボトルネックになっていた。そこで統一企業は自ら流通・物流の組織化とその掌握に乗り出すことになる[7]。

　その理由は台湾の場合，日本のように大手卸売り，総合商社などによって食品流通が組織化されていなかったからである。統一企業は当初は既存の卸売り店と特約店契約を結び徐々に流通を組織化していったが，最終的には物流（運送会社の経営），配送センターの設置，セブンイレブン店舗の急拡大にまで至り，

今日のリーダー企業としての地位を築き上げた。統一企業は川下にコンビニを置くことでPOSシステムによる物流を含むグループ全体に情報の共有化をもたらし，同時にコンビニとして国内最大のシェアを持つセブンイレブンが傘下にあることで，マーケティングにおける格段の競争優位と巨大な購買力 (buying power) を手に入れたことになる。

すなわち，Kotler, Keller (2005) の市場ポジションを参考にするならば，ここでリーダー企業の市場ポジションが大きな変化を遂げることになる。むろんこれは他の食品メーカーにとって大きな脅威となる。リーダー企業の製販統合によって，2番手企業（チャレンジャー）はフォロワー（3番手以下）になりかねない。フォロワーにとっても状況は同じである。

そこでチャレンジャー（頂新グループ）はリーダーと同じ製販統合へと動き，傘下にファミリーマートを擁して同じ競争優位を目指すことになる。しかし，先発者の市場におけるポジションを揺るがすことは容易ではない。このため，チャレンジャーである頂新グループは統一企業よりいち早く，これも台湾同様に零細な流通構造を持っていた中国市場の開拓に乗り出し，台湾で統一企業がやってのけた市場統合を見事に再現してみせたのである。これは2000年代に実際に生じた食品製造を起点とした製販統合型の超多角化である。こうしたタイプの多角化が同じ流通構造を持つ海外へ移転された場合，その多角化は地域的・空間的広がりを持つことになる。また同じ流通構造を持つ新興国では，タイやインドネシアのようにローカル企業のリーダーが多角化を推進している。

ただし，こうしたタイプの多角化では，韓国のロッテ・グループ（ロッテ・マート）と新世界グループ（Eマート）の角逐に示されるように，国内において財閥系企業グループの流通小売部門への浸透が極端に進んだ場合，財閥に対する既存小売業者の反発を招き，社会問題化するという事態も起きている。韓国のケースは過度の多角化に対するアジアのビジネスグループにとって，今後の事業展開における零細・中小企業との共生という方向と警鐘も示唆している。

自国市場が未成熟の中で次々と関連業種・異業種を自社グループに取り込む，いわゆる内部化以外に，市場が一定程度の成熟を示すようになるとJV（合弁）を含む積極的な外資との提携が推進されてきたことも多角化進展の大きな

要因の1つであった。食品飲料系メーカーの場合，早い段階から外資製品のライセンス生産などを通じて製品ラインナップを強化することが多いから，提携そのものについては元々経営戦略の一環として根づきやすいという背景がある。

台湾の食品関連コングロマリットとして統一企業グループと頂新グループという2つの巨大企業グループはともに日本企業を中心とした外資との提携に熱心であり，「日本ブランド」を自社グループに取り込むことに成功している。統一企業グループは高清愿（KAO, CHIN-YEN）によって創業され，最初の会社が設立されたのは1967年で小麦製粉事業がスタート時の主要事業であった。その後日本を含む外資系企業と次々と提携を行い，外部のブランドを自社内に取り込んでいくことになった。

統一企業グループは外資，とりわけ日本企業との提携を軸にしつつ，さらにそれらの提携で築き上げられたインフラ基盤を利用しながら，川下までに至る食品関連事業とシナジーを活かしたサービス事業で成長発展を遂げてきたコングロマリットである。日本の食品メーカーほど流通インフラが発達していなかったため，自前で運輸・物流業を構築し「製販統合」を目指し「内部化」を推進せざるをえないという台湾独自の事情があったわけだが[8]，外資ブランドの吸収を通じた多角化は，統一側の主導性，台湾市場での一種の現地化を通じて，経営効率性を強めるための統一企業グループの「基本的なビジネス戦略」[9]となっている。

提携の際，統一側が主導性を発揮できたのは事業内容とその市場特性を日本側よりよく理解していたということに尽きるといってよい。その典型例は宅配便事業の提携である。1990年10月統一企業グループとヤマト運輸は，業務提携に合意し翌年1月出資はすべて統一側から行われ5億台湾ドル（約17億5,000万円）で統一速達を設立している。このとき，台湾の道路法による外資規制のためにヤマト運輸は資本参加せず，10年間のライセンス供与と人材派遣という形で協力を進めていった。当初から統一側が初期投資のかかるクール便の比率を高めたことにヤマト側は懸念を抱いたが，蓋を開けてみると市場特性として贈答用需要が大きく，統一側の読みが正しかったことが後に証明されること

になった[10]。

　この事例で注目すべき点は統一速達が既存の運送業者に依存していなかったことと，セブンイレブンを展開する統一超商とのネットワーク連携である。特に後者においてはセブンイレブンの店舗経営要員を日本のヤマト運輸で研修させ各集配エリアの拠点に配置し，CVS（コンビニ）としてのセブンイレブンを取扱店とするなどグループ内のネットワークサービスを十二分に活かした事業展開を行ったことである[11]。この事例を見る限り，資本面では言うまでもなく，事業運営面でも主導権は完全に統一側にあった。こうした体制はさらに中国市場への進出においても続いていくことになるのである。

　外部（日本）から製品・サービス・ビジネス（モデル）を取り入れるこうした背景の1つには，統一や頂新，旺旺グループ（製菓大手）のような食品関連メーカーによる事業多角化を指摘することができる[12]。そして流通・物流なども内部化してきた事業プロセスは中国市場にも適用されてきた。それゆえに日本企業にとっては，こうした事業範囲の広いグループ・シナジーを活かせる提携は魅力的であるということになる。

　グループ企業を統括するユニ・プレジデント・エンタープライズの2014－2016年の年間平均売上規模は約1.5兆円でこの規模に近い日本の食品飲料メーカーでは，アサヒグループホールディングス，サントリー食品がある。子会社，関係会社の数は実に230社（相当部分中国の子会社なども含む）にも達するものとなっている。図表1－5は統一企業グループの中核企業ユニ・プレジデント・エンタープライズの売上高に占める事業別割合である。食品とコンビニを含む流通の二大事業部門で売上の85％を占めていることから，業種としてはFMCGに入るため，コングロマリットの実態が見えにくいものとなっている。

　マヒンドラのようにスタートアップ・コア事業を中心に多彩な事業群を配置しているのとは対照的に，統一企業グループの場合は関連多角化に絞り込んでおり，製造から流通への川下への進出を特徴としている。本書におけるコングロマリットの定義として，2つの異業種コア事業である食品飲料製造と流通を擁していることから，統一企業グループがFMCG型コングロマリットの範疇に入ることは言うまでもない。ライバルグループである頂新グループについて

も，統一企業グループとは逆に流通から食品製造へ向かったFMCG型コングロマリットとしてここでは捉えられよう。

2016年4月台湾で創業者高清愿の死去が伝えられると馬英九総統（当時）はその功績を称える談話を発表した。肝心の後継者については2013年に実質的に娘婿の羅智先（Chih-Hsien Lo）に継承を済ませていた。統一企業グループは，対中ビジネスとその関係においては日系企業との提携を通じて飲料食品などのラインナップ強化によって，流通資本をスタートアップとする台湾の頂新グループに属し，中国ではインスタントラーメンで首位を走る食品飲料メーカーの康師傅（カンシーフー）と近年熾烈な市場シェア争いを演じてきた。台湾系企業にとっては対中関係に政治リスクがあるため，グローバル展開の一環として

図表1-5 統一企業の売上高に占める事業別割合

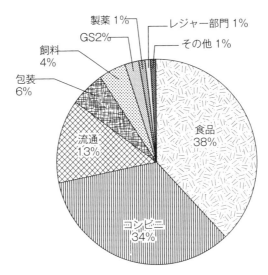

（注）GS＝ガスステーション，国内市場シェアではインスタントラーメン，ミルク，茶飲料は45％前後を占める。流通にはドラッグ，化粧品などの販売を含む。レジャー事業はショッピングモール，ホテル，外食，球団運営を含む。2016年の売上高は約1.4兆円，本書における決算データの日本円換算は1ドル＝110円をベースにしている。
出所：Uni-President Enterprises Corporation, *Annual Report* (2016) p.97 より作成。

東南アジア市場での事業展開にも力を注いできた。

　今後，海外事業展開も含めて，事業ポートフォリオの大きな部分を占める食品・流通事業以外の異業種コア事業の取り込みがあるのか大いに注目されるところである。

第5節　本書の課題と検討範囲

　上位財閥がコングロマリットを目指すことは財閥の定義上，それほど違和感のないところであろうが，必ずしも財閥＝コングロマリットというわけではない。またコングロマリットも必ずしも財閥とは限らない。財閥自体はファミリービジネスの高度な発展形態にすぎず，ファミリービジネスそのものが主流の中で，専門経営者支配による非財閥も新興国市場ではコングロマリットを目指す場合もある。つまりコングロマリットへ向かうか否かを決定する要因は，多くの事業参入オプションが備わっている「新興市場の特性」とオーナーシップ型か専門経営者型に関係なく「経営者の意思決定」そのものということになる。

　「新興国市場の特性」とは，先進国市場では専業・関連多角化までに限定された企業間競争が繰り広げられるのに対して，フロンティア市場としてより多くの事業参入オプションが存在していることである。そうした市場では既に成長の初期段階から当該新興国の経済成長を担いある程度多角化していた上位財閥・ビジネスグループは，資本規模で絶対的，相対的に優位に立っていることが多い。結果的に資本調達，内外の信用度，グループが有するサプライチェーンなどを含む既存のビジネスネットワークの存在などの観点から，先進国市場発信，もしくは規制緩和に伴う新しいビジネス・事業の導入，外資との提携，内外でのM&Aなどの規模と範囲の拡大活動に最もアプローチできる市場ポジションに常に立っていることになる。言い換えれば多角化と参入事業の選択に最も有利な位置にある。

　本章ではFMCG型コングロマリットして台湾の統一企業グループを取り上げたが，次章以降で取り上げる韓国，東南アジア，インドのFMCG型コング

ロマリットは事業配置において市場（国）別に一定の特徴を持ち非常に多彩である。これら財閥・ビジネスグループがどのような事業選択を行い、事業ポートフォリオを構築してきたのかを明らかにしていきたいと思う。

◇注◇

1) こうしたサンプル分析を伴った研究は数多く見られる。たとえば海外については Stewart and Hitt（2015）、日本については斎藤（2006）などが参考になろう。
2) たとえば韓国の事例については、Cf. Amsden（1980）
3) Dusk for the patriarchs, *The Economist*, Feb 3, 2011. 95歳のスタンレー・ホーは2017年6月に信徳ホールディングス（Shun Tak Holdings）会長の退任を発表し後任には娘のパンジー・ホーが指名された。なお退任発表後、香港市場では信徳ホールディングスの株価が上昇した。Tycoon Stanley Ho's retirement lifts Shun Tak shares, Nikkei Asian Review, June 26, 2017.
4) バーニーは関連多角化と非関連多角化のもたらす経済価値についての膨大な実証研究の結果を踏まえ、「これらの研究は関連多角化が非関連多角化よりも高いパフォーマンスを生み出すことを示している」として、「非関連多角化が企業のパフォーマンスにマイナスの影響を与えた事例は、実に数多く存在する」と結論づけている。Barney（2002）邦訳版101-104ページ。
5) マヒンドラ・グループの沿革、データなどを含む企業情報については、M&Mウェブサイト、ブルームバーグ・ビジネス・ウィーク（オンライン）、strategy.com, socialpulse.com, Stewart, Raman（2008）、BSE（ボンベイ証券取引所）ウェブサイト、Forbes.com, Nikkei Asian Review 各企業データによる。
6) 小西（2017）、テクスケム・リソーシーズ、ウェブサイト開示資料、年次報告書など（texchemgroup.com）。
7) 以下 Uni-President Enterprise、ウェブサイト、IR資料、鍾（2005）（2009a）（2009b）による。
8) Cf. 鍾（2005）（2009a）（2009b）。
9) 増田、馬場（2013）pp.16-17.
10) 湊（2015）p.13.
11) *Ibid*, pp.13-14.
12) 頂新グループは味全食品工業、松青超市（スーパー）を中核事業会社として、中国ファ

ミリーマート，4G通信事業の台湾スターテレコム，台湾101ビルへの投資（民間最大株主）など製販統合を超えたコングロマリットを形成している。なお同グループでは，2014年に味全食品が廃油ラードを調達していた不祥事が明らかになると魏オーナー一族とグループへの社会的批判が高まった。旺旺グループも日本の岩塚製菓との提携を経て中国市場での製菓業の成功以後，ホテル，保険，メディア，旅行業など多角化傾向を強め，コングロマリットになっている。旺旺グループの事例については，Cf. 澤田 (2017b)。

◆第2章◆
韓国の食品飲料系コングロマリット
―ロッテ・グループの事例を中心にして―

第1節　食品飲料系事業会社のコングロマリット化

　欧米日先進諸国において一般的に消費財の製造販売事業会社が多角化を推し進め，コングロマリットを形成し発展していくことを観察する機会はほとんどなく，そうした方向性は経営戦略的にも正しいことではないということで一笑に付されやすい。たとえば食品・飲料事業で大規模化したネスレやコカ・コーラは多国籍企業であるものの，コングロマリットの範疇にはない。しかしながら新興国では事情はまったく異なったものとなっており，この傾向に対する適切な説明は「多角化」や「内部化」を論じた先行研究が成熟した市場である先進諸国を対象としたものであることから，新興国市場での現象は例外的なものとしてこれまで取り扱われてきた[1]。

　このことは事業多角化の深化に関する先行研究に如実に示されてきた。日本，米国の事業多角化について企業はどの程度まで戦略的に多角化を推し進め，多角化の進展のどの時点までが当該企業全体の成長と収益の限界となるかについて研究の関心が集中した。研究者によって多角化の進度に関する分類は若干異なっているが，概ね専業化（垂直的統合も含む），関連多角化，非関連多角化の3つに分類されそれぞれの分類の中にさらに進度によって小分類されている。そして経営戦略的な観点から多角化の進度は関連多角化の範囲が限界であるとされている。

　日本を除く東・東南・南アジア諸国の財閥を鳥瞰した場合，売上高・資産規

模で上位にあるビジネスグループのほとんどがコングロマリットであるといってよい。むろんコングロマリット化せず，先進諸国と同様，専業化志向か限定された関連多角化の範囲内におさまっている場合もある。必ずしも財閥＝コングロマリットというわけではないが，新興諸国において上位財閥はコングロマリット化へ向かうケースが多く，その志向は非常に強い。韓国のチェボル（財閥）はそうしたプロトタイプと見なすことができよう。

コングロマリット・プレミアムとは市場拡大期において，内需に関連する非常に裾野の広い産業領域に進出すると同時に，事業ポートフォリオの運営—事業の規模と範囲が拡大しつつ，「選択と集中」も行われること—が適切になされるならば，事業収益の機会獲得とグループ全体の売上と収益の増大が実現されるというものである。時に「選択と集中」の極端なケースはスタートアップ・コア事業（ここでは食品飲料系事業）の売却を伴う大胆な事業転換をも含むものとなる。

それゆえビジネスグループとしてのグループ・マネジメントの能力が求められることになり，それは持株会社などのトップ組織の運営能力，外部コンサルティングファームとの契約を通じた協調などを通じて形成されることになろう[2]。唯一，新興諸国のコングロマリット化を正統的なものとして説明した先行研究として，Ramachandran, Manikandan, Pant（2013）によってインドのコングロマリットと系列会社を束ねるグループセンターの組織的な卓越性が指摘されている。こうした組織的能力を前提とするならば，新興諸国のコングロマリットにはディスカウントではなくプレミアムが付与される可能性がある。

図表2-1には次節以下で取り上げる韓国を除いた東・東南・南アジアの食品飲料，他の内需型事業（一般消費財など）をスタートアップ・コア事業とするコングロマリットを示したものであるが，いずれも各国を代表する財閥もしくはビジネスグループである。これらコングロマリットの事業ポートフォリオの特徴については一部国ごとの特徴が備わっているが—例えばフィリピンでは銀行，同じくフィリピン，インドネシア，マレーシアではプランテーションが，韓国では建設業が組み込まれているなど—，最川下の小売り，不動産などの異業種を組み込むという共通の特徴を持っている。また小売りから食品，日用品

figure 2-1 アジアの食品飲料系, 小売, 一般消費財系コングロマリットの例

グループ名 （国）	スタートアップ・コア事業【中核事業会社】	その後のコア事業【中核事業会社】
ユニ・プレジデント（統一企業）（台湾）	インスタント麺, 食品【統一企業】	小売（セブンイレブンなど）【統一超商】, 宅配【統一速達】
CPグループ（タイ）	養鶏, 飼料生産【CPF】	通信【True】セブンイレブン【CP All】など
シンハー・グループ（タイ）	ビール【シンハー・コーポレーション】	不動産【シンハー・エステート】, 小売【ESTカンパニー】など
TCCグループ（タイ）	ビール, ウィスキー製造【タイ・ビバレッジPCL】	不動産【フレーザー・センターポイント・リミテッド】, 金融【サウスイースト・インシュランス・パブリックカンパニー・リミテッド】消費財【ベーリー・ユッカー】
サハ・グループ（タイ）	日用品【サハ・パタナピブン】	食品【タイ・プレジデントフーズ】, 不動産【サハ・パタナ・インターホールディングス】
サリム・グループ（インドネシア）	インスタント麺, 食品【インドフード・サクセス・マクムール】	通信【PLDT, フィリピン】, インフラ事業【メトロ・パシフィック・インベストメント】
ウィングス・グループ（インドネシア）	日用品【ウィングス・コーポレーション】	不動産【グランド・インドネシア・プロガドゥン・トレードセンター】化学【エコグリーン・オレオケミカル】
SMグループ（フィリピン）	小売り【SMインベストメント・コープ】	銀行【BDOユニバンク】, 不動産【SMプライムホールディングス】
JGサミット・グループ（フィリピン）	食品【ユニバーサル・ロビーナ】	不動産【ユナイテッド・インダストリアル・コープ】, 航空【セブ航空】
サンミゲル・グループ（フィリピン）	ビール醸造【サンミゲル・ブリュワリー】	石油精製【ペトロン・コーポレーション】, インフラ運営【ターラック・バンガシナンラ・ユニオン・エクスプレスウェイ】
クオック・グループ（マレーシア）	製糖【マラヤン・シュガー, PPBグループ】※製糖事業は政府系会社に売却	不動産【ケリー・プロパティーズ】, ホテル【シャングリア・アジア】
ITC（インド, 元国営会社）	煙草【ITC】	食品【アシャバードなど】紙製品【ITC-PSPD】, ホテル【ITCホテルズ】

(注) スタートアップ・コア事業会社, 次期コア事業会社には持株会社を含む。グループの代表的な事業会社・事業のみ抜粋・掲載した。
出所：各社開示資料, 桂木 (2015) を参考にして筆者作成。

製造へ向かうケースも珍しくはなく，特に食品飲料系事業をスタートアップとするビジネスグループは次期の中核事業として，ICT，重化学，インフラ関連事業，不動産事業，高度な第３次産業などへ向かうケースが多い。

　こうしたマクロ経済構造への対応とともに，ロッテ・グループのように製菓業をスタートアップ・コア事業としてコングロマリット・多国籍化した企業グループは世界的にも稀なケースであり，欧米の大手コンフェクショナリーメーカーは専業化もしくはせいぜい関連型多角化までの形をとっているにすぎない。日本の場合も同様で森永，グリコ，カルビーなどは専業メーカーに属する。日本市場という前提であるからこそ日本のロッテも関連多角化の傾向は同業他社より見られるものの，基本的には製菓業（非上場）を中軸に据えている。これはロッテ・グループが隣接の先進国市場（日本）とホームカントリー（韓国）での事業内容と投資方針を明確に区別していたことの結果であろう。

　新興国市場で食品飲料会社が多角化へ向かうのは，多角化の最初のステージ（第１章図表１－２参照）を経て，既にコングロマリットとなった後の事業ポートフォリオの見直し，再構築を経た2000年代以降の内需型事業の限界に１つの理由を見いだすことができる。内需の壁を破るには海外事業展開が求められ，これは日本の同業他社についても当てはまる。

　韓国の食品飲料会社のROEは欧米同業他社に比較して高くなく，日本の企業についてもいえることではあるが，図表２－２に示すように東南アジアの同業他社と比較しても概ね低くなっている。このことの１つの要因としてCPフーズやユニバーサル・ロビーナ，インドフードの場合，ASEAN市場への近接性と製品の浸透が進んでいるということが考えられる。その結果として，ロッテ製菓・食品ともに規模の面ではこれら東南アジアの大手企業との間に大きな開きがある。内需の壁に阻まれている韓国の食品飲料会社は収益指標の相対的な低さに起因して，後述するように異なる特性を持つ異業種を含めた事業ポートフォリオの構築を目指すと考えられる。

　逆にタイやフィリピンの収益指標の高い食品飲料会社についても，キャッシュ―フローや資本調達環境などが恵まれているならば，高い市場成長率が見込まれる異業種も積極的に事業ポートフォリオに取り込んでいく強い姿勢がう

図表2-2 アジアの食品飲料会社の収益指標比較

会社名	売上高 100万米ドル	ROA	ROE	売上高営業利益率
ロッテ製菓（韓国）	1,938	1.67	2.77	5.56
ロッテ食品（韓国）	1,519	4.36	6.33	4.52
CJ Cheil（韓国）	12,552	1.86	8.42	5.79
ハイテ眞露（韓国）	1,629	1.11	2.93	6.56
農心（韓国）	1,910	8.13	11.63	4.26
ユニ・プレジデント・エンタープライズ（台湾）	12,817	3.37	15.23	5.10
CPフーズ（タイ）	13,164	2.73	11.75	5.98
タイ・ベバレッジ（タイ）	5,242	13.74	22.34	14.03
タイ・ユニオン・フローズン（タイ）（タイ・ユニオン・グループ）	3,809	4.36	12.49	5.20
ユニバーサル・ロビーナ（フィリピン）	2,379	11.98	21.87	14.90
サンミゲル・ピュアフーズ（フィリピン）	2,350	8.87	14.45	7.95
サンミゲル・コーポレーション（フィリピン）持株会社	14,431	1.37	6.76	14.54
インドフード・サクセス（インドネシア）	5,019	4.36	13.51	12.42
PPB（マレーシア）	1,010	4.68	5.11	6.30
タタ・グローバル・ビバレッジ（インド）	1,219	3.16	5.81	4.96
日清食品ホールディングス（日本）	4,578	4.32	6.69	5.77
アサヒグループ・ホールディングス（日本）	15,709	4.58	10.97	8.69
東洋水産（日本）	3,534	5.89	7.91	7.62
ベトナム・デーリー・プロダクト（ベナミルク）（ベトナム）※国営	2,092	29.63	39.31	22.51

出所：Nikkei Asian Review，各企業データより作成。

かがわれる。韓国企業の場合も収益指標が高くても多角化へ向かうと考えられるが，基本的に食品飲料事業の内需の壁を越えていくことが困難な場合，グローバルな事業展開が可能な異業種を取り込むことになり，規模の面からそれが可能な財閥はロッテのように限られることになる。

本章では以上のアジア地域における内需型事業の中でも特に食品飲料系事業会社に的を絞り，そうした類型に属するコングロマリットのプロトタイプとして韓国のケースを取り上げていく。ここで取り上げる事例はロッテ・グループが中心になるが，本題のロッテ・グループに入る前に，これ以外の韓国の食品飲料系コングロマリットにまず触れておくことにする。なおここで用いる財務データと各グループの概要は限界があるものの，上場している場合は2016年までの年次報告書，IRプレゼンテーション資料などが主なものである。財閥特有の所有構造やアップデートな内紛などについてはここでは深く触れないこととする。本章ではロッテ・グループについてのコングロマリットとしての形成と発展に焦点を当てていくことにする。

第2節　ロッテ以外の食品飲料系コングロマリット

農心グループ

　食品・飲料事業をスタートアップ事業として，その後コングロマリットを形成した財閥は，専業化へ戻った眞露（現ハイト眞露）を除けば，農心，CJグループ，ロッテを挙げることができる。四大財閥（サムスン，現代，LG，SK）に匹敵するロッテについては次節で取り上げることにして，ここでは農心とCJの2つのコングロマリットに焦点を当ててみることにしたい[3]。

　ただし，農心はロッテから独立した辛（重光）一族の傍流，CJグループはサムスンから独立した李一族の分家ないし傍流的な位置づけとして見られることが多いが，ここでは独立したグループ・財閥として取り上げていくことにする。食品飲料事業をスタートアップないし中核事業とする韓国財閥の概要は図表2－3に示すとおりである。

　農心（NongShim）の設立は1965年で当初の社名はロッテ工業株式会社であった。その名称からもわかるように，日本のロッテがコンフェクショナリー事業（チョコレート，ガムなどの菓子類）で成功を収め，1960年代後半以降の韓国ロッテが形成されていく過程で，ロッテ・グループの創業者辛格浩（シン・キョクホ，重光武雄）の弟である辛春浩（シン・チュンホ）によって設立されたも

図表2-3 食品飲料製造を中核事業とする財閥の概要

グループ名と創業者	中核事業会社	グループ会社
眞露 張学燁（1924年創業）	ハイト眞露（2011年～）	かつては多角化を志向, 現在は専業化
斗山グループ 朴承稷	OBビール（1998年にABIへ売却） 他酒類事業はロッテへ売却	斗山重工業, 斗山建設, 斗山インフラコア, 斗山フィード＆ライブストック（飼料）, 斗山エンジン, ネオプラックス（投資会社）, オリコム（広告）
農心グループ 辛春浩	農心	メガマート（小売り）, 秦耕農産, NDS（ICTサービスなど）, 農心企画（広告）, 栗村化学（包装材）, ホテル農心, 農心開発など
CJグループ 李孟熙	CJ第一製糖	CJ E&M（エンタティメント）, CJフレッシュウェイ（外食・給食）, CJホームショッピング, CJライオン（JV）, CJ建設, CJ大韓通運など
東遠（Dongwon）グループ 金有哲	東遠インダストリー（ツナ缶, 水産加工など）	東遠エンタープライズ（持株会社）, 東遠F&B（食品）, 東遠システムズ（包装）, 東遠ホームフード（食堂委託経営など）, 東遠デーリーフード（乳製品製造）, 東遠コールドプラザ（冷蔵・冷凍物流）, Samjo Colltech（調味料製造）, 東遠ファームズ（飼料）, 東遠HRD（人材派遣）など
ロッテ・グループ 辛格浩	ロッテ・ホールディングス（日本）	ロッテ製菓（韓国）, ロッテ・ホテル, ロッテ百貨店, ロッテ・ワールド, ロッテ七星飲料, ロッテ酒類（以上ロッテ・ホールディングス傘下）, ロッテ・ショッピング, ロッテ物産, ロッテ・マート, ロッテ製薬, ロッテ・ドットコム, ロッテ・ロジスティクス, ロッテ駅舎, ロッテリア, ロッテ・フード, ロッテ製菓, ロッテ建設, ロッテ・レンタカー, ロッテ・アルミニウム, ロッテ・カード, ロッテ損害保険, ハイマート, ロッテ・キャピタル, ロッテ商事, ロッテ・フードなど

（注）ロッテのグループ企業は韓国法人のみ, 合弁企業は除外している。
出所：各社開示資料などから筆者作成。

のである。そしてスタートアップ事業はインスタントラーメンの製造販売であった。いわばロッテの「分家」的な存在ではあるが，より重要な点は台湾の統一企業グループ，タイのサハ・グループ（タイ・プレジデント・フーズ），インドネシアのサリム・グループ（インドフード）がスタートアップもしくは中核事業の1つとしてインスタントラーメンの製造で成功し，やがてコングロマリットを形成していったという点で共通していることである。新興国市場を顧みると，内需としてシェア1位となったインスタントラーメンのメーカーはその後食品の製品レンジを広げながら，関連多角化，非関連多角化へ進むことも多い。

　ロッテ工業は1976年に株式上場した後，1978年に現在の社名である農心になった。ロッテ・グループやCJグループのように食品事業を中核企業に持つ財閥は外資との合弁・提携に積極的で，他のアジアの財閥にも共通して見られる事業戦略の中枢となっている。新興国市場の場合，消費水準の向上，ライフスタイルの変化に伴って食品・飲料の商品レンジを広げていくことは事業機会とその拡大につながるわけだが，自社ブランドだけでレンジを拡大するには限界がある。そこで先進国市場で浸透し国際的ブランドとなった商品を投入することで，資源としてのブランドが多様化しJV（合弁）を含むことでグループの事業全体も拡大していくことになる。1981年の米国ケロッグ社とのJV農心ケロッグ設立は，そうしたグループの事業戦略の一環であるとともに，数多くの国際的ブランドとの提携の本格的なスタートを示すものであった。

　外資ブランドとの提携はケロッグのようにJVの形をとるものもあるが，主流はライセンス契約もしくは輸入販売権の獲得である。自社ブランド製品にこれら多岐にわたった外資ブランド製品を合わせた商品ラインナップは，食卓に供される製品の多くを網羅し総合食品メーカーへと向かう起点となった。同時に農心ホールディングスの傘下にあるグループ企業には異業種も含まれており，ロッテ・グループのミニチュア的なコングロマリットと表現することが可能である。

　コングロマリットとしてはミニチュア的と表現したが，2016年現在，中核事業会社である農心（農心ホールディングスではない）の売上規模は日本円換算で

年間約 2,000 億円（営業利益約 90 億円），ROE11.6％なので，売上規模で見た便宜的な比較上，日本の同業他社ではサンヨー食品を上回り，日清食品ホールディングス，東洋食品に次ぐ規模に相当する。インスタントラーメンメーカーは日本，台湾，中国，インドネシア，タイなどの東アジアに集中しており，世界的に見ても農心は大手に属していることがわかる。主力の輸出ブランドは日本でも知られている辛ラーメンである。製品別の売上はインスタントラーメンが60％以上，スナック菓子が約16％で残りが飲料などであるが，売上のほとんどは約84％を占める国内市場からで残りが海外市場となっている。直近では中国，米国などの海外での売上も伸びつつある[4]。

グループ企業を一瞥する限り，関連多角化としては「内製化」に近いパッケージングの栗村化学，関連工場の物流向けを含む自動化装置製造などを行う農心エンジニアリング，グループ事業のソフトウェア，ハードウェアの開発からICT関連サービスとコンサルティングを行うNDS，さらに垂直的統合として最川上では農水産物原料を供給する秦耕農産，最川下には小売りのメガマートを擁している。

これらに加えてホテル農心，ゴルフクラブ（農心開発）などの異業種企業も含まれており，関連多角化と非関連多角化の混合というコングロマリットとしての定石を踏まえたものとなっている。アジア通貨金融危機以降，専業化路線を採らなかったことから，明確なコングロマリットへの戦略的志向がうかがわれる。

CJグループ

次にやはり同じ分家に近い形態としてサムスンから派生したCJ（第一製糖）グループのケースを取り上げてみよう。サムスン・グループ自体がグローバルカンパニーとしてエレクトロニクス・半導体事業をグループのコアとする以前に，複数の事業を起こしており，それらは韓国のアントレプルナーの歴史の一環を形成していると言ってもよかろう。サムスンの創業者李秉喆（イ・ビョンチョル）は当初は貿易商社（現在のサムスン物産），製麺，毛織業（第一毛織），メディア，百貨店などさまざまな事業をスタートさせ，すでにエレクトロニクス

事業以前にコングロマリットとしての財閥を成立させていた。

　いわばサムスン電子を中核事業会社としてグローバルブランドを築き上げていくのがサムスン・グループの第2創業期に相当するが，他方でビョンチョルの長男メンヒ（李孟熙）は1953年に第一製糖を設立し，以後製粉，調味料，だしの素製造に着手し，1980～90年代にかけては製薬事業，日用品製造などを行っていた。1997年までには完全にサムスン・グループからの分離手続きを終え，2002年以降社名として現在のCJ（チェイル・ジェダン，第一製糖のラテン語表記）を用いるようになった。

　サムスン・グループとの分離を開始した1990年代にCJグループは既にコングロマリットになっており，アジア通貨金融危機後は従来の映画館と異なったシネマコンプレックス事業をスタートさせていた。この頃からCJグループといえば，エンターテイメント事業というイメージが定着するようになった。現在のグループの構造は持株会社CJ株式会社および事業会社CJ第一製糖を頂点として，エンターテイメント事業，オンラインゲーム事業，外食・給食事業，通販など幅広い事業領域に進出している。韓国の得意とするエンターテイメント性の高い事業をグループの中枢事業に据えていることを特徴としており，日用品では日本のライオンと合弁企業を展開している。

　グループの規模については中核事業会社であるCJ第一製糖を通じて，日本の同業他社と比較すると，まずその規模の大きさに驚かされよう。むろん事業も主力の食品以外に物流，バイオテクノロジー，ヘルスケア，飼料などの事業を含んでおり，中核事業会社一社だけでコングロマリットに近い形であることを考慮しなければならないが，2016年の売上規模は日本円換算で約1.3兆円規模，営業利益700億円規模，ROE8.42%である。食品メーカーとしてのコア製品は調味料などであることから，これを単純に日本の同業他社と比較すると同じ1兆円規模の味の素に相当する。つまり日本の食品系企業でいえばトップクラスということになる。

　CJグループのコングロマリットとしてのシナジーの追求は，たとえば物流事業の買収に典型的にあらわれている。グループ企業であるCJ大韓通運（CJ Korea Express）は2011年以降グループ入りした比較的新しい系列会社といって

よい。大韓通運自体は1930年に設立された老舗物流会社である。2016年現在で売上規模は日本円換算では40億円規模で営業利益の規模も1億円規模であるが，グループ編入後は着実に売上を伸ばしてきた。財務面では次に見るCJ E&M同様負債に引きずられる格好でパフォーマンスは良好と言い切れない。他方で大韓通運は物流インフラ・ネットワークでは韓国トップクラスで，12ヵ国78ヵ所の海外拠点を保有しており，食品，飼料，通販などとのシナジーの高さを見込んだうえでの先行投資だったと考えられる。

　ロジステックスを押さえておくことは戦略的に重要であることは言うまでもない。大韓通運はコントラクト・ロジスティクスと呼ばれる原材料の調達から完成品に至るまでのSCM（サプライチェーンマネジメント）の全体もしくは一部委託のオペレーションを行っており，こうしたオペレーションはグループ内だけでなく，現在隆盛となっている3PLとして他企業からの委託を通じてさらなる事業拡張とシナジー効果を発揮することが見込まれる。コントラクト以外にも海運，国際宅配・宅配，港湾荷役，燃油販売など事業範囲も広いが，海運市況の影響も被りやすい点では常にリスクも背負う事業部門である。

　食品メーカーとしてのCJ第一製糖の規模の大きさは，調理のベースとなる調味料と出汁の素の国内市場シェアが非常に高いことがその理由の1つとして挙げられる。出汁の素のブランド製品「ダシダ」の市場占有率は80％近くあり，調味料，加工食品である缶詰（ハム，サーモン類），なども50％以上，冷凍麺なども30％以上のシェアを維持している。2番目の理由としては物流（大韓通運），バイオテクノロジー，飼料生産間の事業間シナジーを挙げることができる。また飼料の海外売上高比率は70％近い。

　サムスンの初期の製造事業をスタートアップとしてそこから巨大な総合食品メーカーに発展したCJグループであるが，もう1つの顔は韓国特有のポップカルチャーを発信するエンターテイメント事業である。エンターテイメント事業の中核企業CJ E&Mは国内だけでなく主にアジア市場を中心として，グローバル市場に向けて放送，映画，音楽，パフォーマンスなどのさまざまな韓国発のポップカルチュアを発信供給している。

　CJ E&Mの2016年の売上規模は日本円換算で約1,300億円，営業利益は約

20億円,ROE4.01％だが,税引き前利益で見ると2014年以降赤字を出しており,売上高の大きさに比して収益性という観点からはパフォーマンスは決して良好とは言えないのが現状である。売上の大半は7割前後を占めるメディア事業であるが,PPM（Product Portfolio Management）として位置づけるならば「花形」（Star）として,オリオン・グループから2010年にCJグループ入りしたCJ E&Mだったが,2016年現在においてグループの「広告塔」的な役割を果たしているものの,キャッシュを生み出すまでには至っておらず財務的にも負債償還コストが経営の足を引っ張っているのが現状である。

ただし,CJ E&MはKOSDAQ（新興企業向け取引所）に上場しており,複数の専門チャンネルを擁し,放送事業を通じ「韓流」を発信できる韓国最大手のエンターテイメント・メディア事業者であることを考えれば,内外市場におけるグループ事業の目に見えないマーケティング効果というものがグループに編入されたときに戦略的意図としてあったのかもしれない。海外では日本や中国などの隣国市場および東南アジア市場は重要な韓流市場であり,2012年には日本法人も設立されている。

上述の2つのコングロマリットはロッテ,サムスンという最上位財閥からスピンオフした,あるいは細胞分裂したと言い換えることもできるが,当時,国内市場では相対的に資本・経営資源面での優位性を持っていたことを付け加えておく必要があろう。そのため外資などとの提携同様,食品飲料事業については国内同業他社を吸収しやすい位置にあった。

農心,CJグループ以外では,たとえばコンフェクショナリー事業で知られるヘテ・グループのヘテ製菓は1997年の通貨金融危機前に製菓メーカーでは2番手に位置していたが,下位のクラウン・グループに吸収されている。グループのヘテ飲料はいったん日本のアサヒビールの飲料事業会社に売却された後,LG生活健康に売却されている。ちなみにLGグループもエレクトロニクスや化学事業だけでなく,幅広い消費財関連事業を擁しており,こうした買収によりたとえばソフトドリンク市場では国内のトップグループ入りを果たしている。このように韓国に限らず飲料食品事業は内外からのM&Aのターゲットもしくは出資対象になりやすく,これは飲料食品事業そのものが事業転換や

他業種への投資を行う源泉にもなりうることを示している。

第3節　コングロマリットとしてのロッテ財閥の形成と発展

　ロッテと言えば「お口の恋人ロッテ」という広告スローガンに代表されるように，戦後世代以降にとっては，ガムをはじめとしたアメリカ的な菓子文化をもたらした企業の1つとしての印象が強い。また最近では韓国ロッテと日本のロッテ間で生じた兄弟間の後継争いや数々の資金スキャンダルを通じて日韓双方のメディアを大いに賑わせたことでも記憶に新しい。

　日本だけでなく欧米メディア側にとっても内紛劇を含めロッテ・グループは非常にユニークな存在として映っているようである。英エコノミスト誌は「創業者によって運営されている韓国最後の財閥」と表現しており（2015年現在），ウォールストリートジャーナルは「韓国と日本の変種的なハイブリッド」財閥）（an odd Korean-Japanese hybrid）と紹介している[5]。世界の経営史上においてもロッテ・グループは異彩を放っていることは間違いないが，注目されることは日韓にまたがる財閥・企業グループでありながら，韓国においてのみ高度なコングロマリットへと発展を遂げた点であろう。

　韓国のロッテ財閥が戦後，在日韓国人の重光武雄（シン・キョクホ）によって設立された日本のロッテに端を発していることに今さらながら多くの説明を必要としないかもしれないが，その足跡だけは簡単ではあるが辿っておくことにしよう。重光は敗戦の年の1945年に東京で「ひかり特殊化学研究所」を設立しており，当初はポマードなどの生産販売を行っていた。その後1947年からチューインガムが市場でのヒット商品となり，翌1948年に株式会社ロッテが設立された。なおロッテの社名はゲーテの「若きウェルテルの悩み」の中に登場するヒロイン，シャルロッテに由来するものとされている。戦後の日本人にとっては子供だけなく大人も含めてチューインガムやチョコレートはアメリカ的な文化への憧憬であるとともに，手ごろな値段で入手しやすかった。特に，チューインガムは大衆受けする下地があり，日本のロッテはこうした手ごろな西洋菓子類であるコンフェクショナリーの製造販売に主として従事し会社は高

度経済成長とともに発展を遂げていくことになる。

　しかしながら，戦後のチューインガムに目を付けた企業の多くが零細企業で数百社が乱立しているという有様だった。ロッテはその商品企画力において画期的な製品を市場に投入してリーディングカンパニーになっていったのである。当時最大のシェアを持っていたのはハリス製菓で原料は酢酸ビニル樹脂を主として用いていた。これに対してロッテは欧米メーカーと同じ原料である天然チクルを用い，後に原料の直接調達を行うようになり，1954年以降「スペアミントガム」「グリーンガム」などヒット商品を次々に世に送り出した。

　その後，チョコレート，キャンデーなど商品領域を広げていき，「雪見だいふく」「コアラのマーチ」（1980年代），「キシリトールガム」（1990年代）など数多くのヒット商品を生み出してきた。現在でもヒット商品の多くはスーパー，コンビニなど小売店の陳列棚の常連組となっている。創業以来，ロッテは優れた商品企画力，さまざまな広報，ロッテ商事（1959年設立）を通じた販売強化，製品差別化を通じたマーケティングの力によって日本の製菓業界でリーディングカンパニーへとなっていく。なお1960年代初頭までチューインガムで覇を競ったライバル社ハリスは1964年にカネボウに吸収され消滅している。既に業界で地歩を固めつつあったロッテにとって，翌年には日韓基本条約の締結と日韓国交回復という隣接国への絶好の投資機会が訪れたのである。

　当時のパク・チョンヒ政権の下で1960年代後半は高度経済成長期のスタート時期でもあった。多くの事業・業種で新興国市場の成長のスタートラインにおいては潜在的な成長性が備わっており，韓国はまさしくそうした市場であった。他方で外貨，融資資金は希少であり，特定の財閥を除けば参入・ビジネス機会は限られていた。そうした未成熟市場にロッテは日本で得た資金と商品ブランド，事業ノウハウを注ぎ込んだのである。1967年に韓国で設立した最初の事業会社は日本と同じ菓子メーカーでロッテ製菓だった。注目されるべきは翌年にロッテ・アルミニウムを設立していることで，既に最初のコア事業のスタートアップ期に早くも非鉄金属という異業種に参入を遂げていることである。

　以下図表2-4に沿って，韓国ロッテ・グループの事業会社設立の推移を見

図表2-4　ロッテ・グループの系列会社設立の軌跡

1960年代	第Ⅰ期事業多角化 食品産業の近代化の時期 創業者による最初の韓国への投資
1967	ロッテ製菓設立
1968	ロッテ・アルミニウム設立
1970年代	第Ⅱ期　食品ビジネスの拡大と事業多角化の加速期
1973	ロッテ・ホテル設立，ロッテ機械工業とロッテ・パイオニア設立
1974	ロッテ・インターナショナル設立，飲料メーカーのチルスン・ハンミ・ベバレッジ買収（現ロッテ・チルスン・ベバレッジ）
1976	ホナム石油化学買収（現ロッテ・ケミカル）
1978	サムカン・インダストリアル買収（現ロッテ・フーズ），ロッテ・ハム・ミルク設立（現ロッテフーズ），ピョンワ・エンジニアリング・建設買収（現ロッテ・エンジニアリング・建設）
1979	ロッテリア（ハンバーガーチェーン）設立，ロッテ・ショッピング（ロッテ・デパート運営）設立
1980年代	第Ⅲ期事業多角化　成長期　韓国10大ビジネスグループの一つへ
1980	ロッテ・フローズン設立，JV 韓国富士フィルム
1982	デホン・コミュニケーションズ設立，ロッテ・ジャイアンツ設立（球団），ロッテ・コーポレーション設立
1983	ロッテ中央リサーチ研究所（Central Research Institute），ロッテ流通事業本部設立
1984	ロッテ・ホテル釜山設立
1985	ロッテ・キャノン設立（現キャノン・コリア・ビジネスソリューション）
1989	ロッテ・ワールド（屋内遊園地）事業本部設立
1990年代	第Ⅳ期事業多角化　グローバル経営へ向かう基礎固めの時期
1991	ロッテ・ステーション・ビルディング設立
1994	コリアセブン（セブンイレブン）JV 設立
1995	ロッテ・キャピタル設立
1996	ロッテ・ロジスティクス，ロッテ・データコミュニケーション設立
1998	ロッテ・マート設立
1999	ロッテ・シネマ設立
2000年代	第Ⅴ期事業多角化　グローバルビジネスへの前進とコア・ケイパビリティの集中化
2000	Lotte.com，ロッテ・ブーランジェリィ，ロッテ・スーパー設立，JV ロッテ・アサヒ
2002	ドンヤンカード買収（現ロッテカード）
2004	ロッテ・ショッピング KKD 部門設立（現ロッテリア KKD 部門），KP ケミカル買収，
2006	ウーリホームショッピング買収（現ロッテ・ホームショッピング）
2007	韓国火災海上保険買収（現ロッテ保険）
2008	KI バンク（電子金融サービス）買収（現ロッテ PS ネット）
2009	斗山アルコール飲料 BG 買収（現ロッテ・チルスン・アルコール飲料部門），Mybi（電子金融・カード）グループ入り，キリンと JV
2010年代	第Ⅵ期事業多角化　グローバルビジネスのさらなる強化
2010	ロッテ・セブンによる Buy The Way（コンビニチェーン）買収，英国アルテニウス PTA/PET 買収，GS リテールストア・ディスカウトスーパー買収，EB カード買収，中国ラッキーパイ（TV 通販大手）買収，フィリピン・ベブシ買収，パスチュアダイアリ（ミルク，ベビーフード），現代情報技術買収，マレーシアのタイタン・ケミカル買収（現ロッテ・ケミカル・タイタン），パキスタンのコルソン（食品加工）買収，サムスン BP 化学への出資
2012	ハイ・マート買収（現ロッテハイマート）
2013	カザフスタンのラクハット（製菓）買収
2015	ロッテ・メンバーズ（電子決済サービス）設立，米国ニューヨークパレスホテル買収，KT レンタル買収（現ロッテレンタル）
2016	サムスン・ファイン・ケミカルズとサムスン BP ケミカルズ買収（現ロッテ・ファイン・ケミカルズとロッテ BP）

（注）主要な企業の設立，買収，JV についての年表である。
出所：Lotte オフィシャルウェブサイト　開示資料を参考にして筆者作成。

ていくと,第Ⅱ期の1970年代には中核会社の1つであるロッテ・ホテルが設立されており,これ自体政府によるホテル事業への参入要請があったといわれるが,食品に関連した会社設立と関連多角化も進めていたことがわかる。年表においてはロッテ製菓が最初の事業会社であったが,実際には1958年にロッテ・フーズが設立されており,第Ⅱ期にロッテフーズを中心とした食品事業の多角化と強化が図られている。これとともにデパートなど小売業への本格的参入と並行して機械,石油化学などの重化学工業部門への参入も行われた。

　基本的に第Ⅲ期も事業多角化の特徴は連続しており,M&Aや日本企業とのJVを伴いつつグループはさらなる拡大を遂げていった。1970~80年代は韓国が重化学工業化を成し遂げた時期で,ロッテの多角化もこれに呼応したものであった。第Ⅳ期は小売部門でもコンビニ（セブンイレブン）やロジスティクスなどグループ内のシナジー効果が発揮されやすい事業が発足している。同時期の後半にはアジア通貨金融危機が勃発しており,事業多角化は持続しているものの国内的にはやや動きが鈍くなっていた。その反面,1992年には中韓国交が正常化されており,ロッテをはじめ韓国の財閥は中国市場を睨みつつ,グローバルな事業展開を模索した時期でもあった。

　このように系列会社設立の軌跡を追っていけばわかるように,グループのコングロマリット化へ向かう主要な手段はM&Aであった。これは韓国の他の主要な財閥とも共通しており,また韓国の財閥だけに限ったことではない。そうしたM&Aの経緯の一部は年表が示すとおりであるが,とりわけ非関連多角化へ進むステージではSchlothauer Manuel, Wilhaus Denise（2016）が指摘しているように,グループ全体の拡大発展に重要な役割を果たした[6]。これに加えて日本との関係の深さから日本企業を含めた外資系企業とのJV,提携なども関連・非関連多角化を進展させた手段の1つであった。

　第Ⅴ期以降についてはグローバルな事業展開がさらに強まっていくとともに,後継候補であった創業者の次男シン・ドンビンの戦略的な特徴が色濃くなった時期である。日本での球団経営における経営手腕は高く評価されており,野村證券勤務というキャリアもあったためか,先行的な電子決済・金融関係への事業進出とその強化が図られている。とりわけ2010年には海外事業展

開も含め攻めの姿勢が強く示された年でもあった。

　このような強い攻めの姿勢が示された背景には，2009年にドンビン副会長（当時）を中心にグループの系列企業の役員約400名が3月4日ロッテホテルに集い，今後の成長戦略をめぐる議論とともに系列企業ごとに10年後の売上高目標を報告したことがあった。ボストンコンサルティング（BCG）も加わり，合算された系列企業の目標売上高はドンビン副会長によってさらに上乗せされ日本円換算で約15兆円という野心的な数字が打ち出された。同年はリーマンショックによる世界不況の影が韓国経済にも暗い影を落としていたために，グループ全体を鼓舞する必要もあったが，不況をばねにしてグローバル市場での地位を上昇させたいというドンビン副会長の強い願望が反映されていた。

　実際，これまでもグループ内でグローバルな事業展開は打ち出されていたものの，前年のグループ全体の売上高は約4兆円で海外売上高比率は意外にもわずか4.5％しかなかったことである。これを目標年の2018年には20~30％の比率に高める予定であった。国外市場としてはベトナム，ロシア，インド，中国の4カ国の他に中東，中央アジアなどをターゲットとしており，これまでのサムスンやLGなど韓国の代表的な財閥のターゲット市場と重なっている[7]。

　なお意外であると断ったのは一般にサムスン，LG，現代のような財閥は韓国の輸出志向型経済の担い手であるはずが，ロッテについては比較的早くからグローバル市場に狙いを定めていたように見えるが，実際は内需依存が強いという経営上の特徴を持っていることである。

第4節　ロッテの全社戦略とその帰趨

　製菓を含めた加工食品関連事業を中心としている以上，内需型事業であることは否定できないが，海外売上高比率は少なくとも2009年以前には遅々として進まなかったことを上述のプランは物語っている。また得意とする免税店事業について元々インバウンドに依存したものであり，グループ内の異業種のいくつかについても内需依存の性格を持っており，国内JVのいくつかもコンビニや旅行業のような内需依存型である。

そしてもう1つ内需依存型から抜け出せなかった要因として，海外現地法人の貢献度の低さを挙げることができよう。現地法人としては製菓業を中心としてアメリカでも最も早く1978年に現地法人のロッテU.S.Aを設立しており，タイには1989年に，インドネシアには1993年にそれぞれタイ・ロッテ，ロッテ・インドネシアを設立している。また中国には1994年に楽天食品（楽天はロッテの意）を，2007年には楽天投資も設立しており，不動産開発など食品関連以外の事業も手掛けていた。ただし日本以外の現地法人はベトナム，マレーシア，フィリピンなども基本的には製菓事業であるため，海外現地法人の事業規模と範囲からすれば，自ずと限界が見えていた。

　2018年に至るまでの経過としてロッテ側は新規市場と系列会社間の同伴進出が功を奏して，海外売上高は1兆円に迫る勢いであると自社ウェブサイトで発表しており，2013年までの事業計画の経過報告を掲載している。それによれば，流通・観光部門ではロッテ・デパートの中国での複数運営，ロッテ・マートの中国，ベトナム，インドネシアなどでの店舗増，デジタルパーク（家電量販店），トイザらスなどの新事業の追加，そして小売りのハイマートの傘下入りがあったことに加えて，シンガポール，インドネシアでの免税店運営などが発表されていた。食品部門ではロッテ製菓が現在進出している中国，インド，ベトナム，ロシアでの営業・生産ラインの強化，ロッテ七星飲料の海外開設を進めていくこととしている。

　もう一方のコア事業として，石油化学・建設部門では国内でエチレン生産1位のロッテ・ケミカルが海外事業を強化しアジア一を目指しており，ロッテ建設もプラント・発電設備建設に注力しながらアフリカ市場開拓を目指すとしている。またよりグループ内のシナジー効果を高めるためにベトナムのハノイにベトナム・ハノイ・ロッテセンターが完成しており，中国瀋陽でも2017年に同様の複合タウンプロジェクト（デパート，ショッピングモール，ホテル，オフィスビルなどの複合施設）完成が予定されているという。

　2014年度にロッテははじめて世界連結を開示しており，こうした発表はグループの2009年プランから続く並々ならぬ決意を示している一方で，連結対象企業は202社もあるのに，上場企業は韓国内のロッテ・ショッピング，ロッ

テ・ケミカルなど9社のみで海外事業を含めた全体の概要を把握しにくい状況であった。内部取引を相殺しない合計の売上高は日本円換算にすると約10兆円で，内部取引を相殺した売上高は6.5兆円で売上規模では日本の東京電力に匹敵するものとなっている。地域別では韓国が80％超を占めており，日本は約3,000億円となっており，日韓で約90％を占めていた。業種別では流通4割，重化学・建設3割となっている[8]。

先の数字から海外売上高比率を見ると，単純合計での比率は10％に近づいていることになる。しかしながら，この時点で2018年までに海外売上高比率を20％以上に引き上げることはかなり困難であると思われる。その理由は中核の製菓・食品関連事業については中国経済の減速に伴う中国市場での消費減退を指摘することができる。グループ内のシナジーを得るための複合タウンプロジェクトは内部取引を高めるためにグループの中核事業を集結させた代表的なものである。ここで発生するような内部取引を含めれば全体の売上高を伸ばせるが，内部取引を控除した場合，個々の中核グループ企業の売上高と収益を本質的に向上させていくことにはつながらない。

短期的に小売部門を中心に海外売上高比率を引き上げることを難しくする出来事も2017年に生じている。中国市場にはグループ企業20社以上が進出しており，2017年には韓国が米軍の高高度迎撃ミサイルシステム（THAAD：サード）の配備を進め，ロッテがそのための用地を提供したことで，中国国内では反韓感情が高まり，特にロッテ・グループに対しての風当たりは強いものとなった。ロッテ・マートをはじめとする小売部門が影響を受けることは必至であるため，中国市場以外の海外ターゲット市場へのシフトを迫られることになっている。

中期的にロッテが重視している中核事業部門は重化学工業部門であることは明らかである。海外事業も含めて流通以上にこの事業部門は資本構成比率が高い巨大装置産業であり，M&Aを通じた連結によって最も売上高・海外売上高の増加に貢献しやすいと見なされているようである。

2010年10月にサムスンはロッテ側に傘下のサムスンBP化学（サムスン精密化学と英BPとの合弁）の保有株式すべてを売却するとともに，電池メーカーの

サムスンSDIの化学品事業もロッテ側に売却した。これらの株式を買い取ったのはロッテ・ケミカルで，これで従来のエチレン生産に加えて，家電・自動車用内装材用のABS樹脂，半導体用電子部品素材など製品ラインナップが拡大したことになる[9]。実はロッテ・ケミカルは2009年のグループ全体の事業プランを公表した後，積極的に海外M&Aを行ってきた。

　2010年にロッテはマレーシアの大手タイタンケミカルを買収し，ウズベキスタンでは2016年から自動車用樹脂生産を軌道に乗せてきた。こうした石油化学事業部門でのロッテ・ケミカルによる事業強化は，2016年6月の米国の化学メーカー，アクシオールへの買収提案にまで至っている。買収の狙いは，ロッテがエチレンなどオレフィン系の原料に強みがあるのに対して北米のメーカーは苛性ソーダなどクロル・アルカリ系の原料に強く，従来のアジア市場中心から北米市場も加わることで化学事業の厚みが増すということを期待してのことである。なお買収の成否に関係なく，アクシオールとは北米で合弁事業を手掛けており，2015年時点でロッテ・ケミカルのグループ全体での売上比率は14％で，「規模の追求で勝ち残りを目指す。グループ内で化学事業を流通に並ぶ柱に育てる戦略は実を結ぶか」(『日本経済新聞』)は，今後のM&AやJVの成否にかかっているといえよう[10]。

　図表2－5からロッテ・グループの中核事業会社(公開企業)の売上高営業利益率の推移と売上高を見る限り，不動の中核事業会社はロッテ・ショッピングで連結決算ではデパートとハイパーマーケットで56％以上，残りは家電小売り，コンビニ，スーパーなどである。ここからわかるように名実ともにロッテがリテールジャイアントであることに間違いはない。ただし事業ポートフォリオという視点ではロッテ製菓は流通とのシナジーを持ち個人消費と相関性を持っているのに対して，石油化学は資源価格や世界的需要との相関性が高く，異なった特性を有している。このポートフォリオの組成は営業利益率の比較推移に明瞭に示されている。営業利益の絶対額で2014年後半以降ロッテ・ケミカルがロッテ・ショッピングを大きく抜いており，その結果，他の2事業が保守的な数字にとどまっているのに対して，ロッテ・ケミカルのROEや営業利益率に示される収益性は非常に高いものとなっている。

図表2-5 ロッテ中核3事業会社の営業利益の推移(100万米ドル)

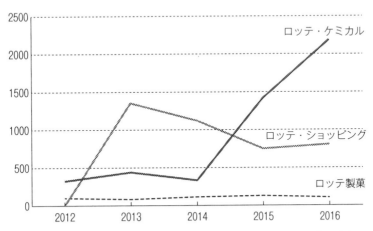

(注) ロッテ・ショッピング　売上高 25,449.64　ROE 0.97%　売上高営業利益率 3.16%
　　　（2016年）
　　ロッテ・ケミカル　　　売上高 11,397.74　ROE 21.74%　売上高営業利益率 19.25%
　　　（2016年）
　　ロッテ製菓　　　　　　売上高 1,937.84　※ロッテ製菓の収益率については図表2-2参照。
出所：Nikkei Asian Review、各企業データより作成。

　逆にケミカルが不振であった場合は製菓や小売りが安定的に推移することも考えられる。これが事業ポートフォリオ内の異なる特性を持った事業の組み合わせ効果（非関連多角化効果）であり、重要な点はそれが高い期待収益をもたらす異業種ということになる。そして同時にその異業種への参入はグループ全体の将来の戦略的方向性を示唆していることになろう。ロッテ・グループが中核事業会社としてロッテ・ケミカルの事業拡大と強化を図っていく理由がここにあり、重化学工業への志向性を今後ロッテは一段と強めていくと考えられる。
　持株会社ロッテ・ホールディングの下で一見単純な所有・事業構造に見えるロッテ・グループだが、実態は韓国の財閥の特徴ともいえる複雑な循環出資構造、後継者問題をめぐる内紛劇、資金不正スキャンダルなどをすべて持った巨

大コングロマリットである。コングロマリット・ディスカウントと呼ばれる経営資源の分散化や非効率の問題は、グループの規模が大きくなるほど内部取引の額も比率も大きくなることである。たとえば製菓・流通・観光という産業領域に限ると、ロッテ製菓とロッテ・ショッピングのように抱える業種群によってはシナジー効果を発揮しやすい。他方で内部取引の比率の高さは損失の他の系列企業への付け替えやさまざまな企業の不正会計や不正資金操作の温床ともなりやすい。こうした韓国特有の総合的なディスカウントを超えたコングロマリットゆえの有利性を発揮できるか否かは、Ramachandran, Manikandan, Pant（2013）が指摘するように、コングロマリットを束ねる「グループセンター」の機能と組織としてのケイパビリティにかかっているということになる。

韓国の上位財閥では非常に早い段階からグループ企業を組織的に管理する秘書室（サムスン）、企画調整室（LG）、総合企画室（現代）などが知られており、これらを「グループセンター」の原型と見なすことができよう。4大財閥を中心にしてグループ企業において専門（俸給）経営者が台頭し自立性・独立性が高まる傾向もあり、グループ本社の求心力が弱まる可能性も指摘されてきたが[11]、グループの規模の拡大に伴い、そうした状況が避けられないものとなっているからこそ、「グループセンター」の存在と再編は大きな意味を持つようになっている。その機能が効果的に発揮されるか否かによって、コングロマリット・ディスカウントを回避することが可能だからである。

「グループセンター」としての機能を持つ韓国財閥の組織をここで一般的に「会長企画室」と呼ぶならば、トップ経営者である会長とその直轄の「会長企画室」では、50人から200人が配属され、「全ての部門やグループ企業は、企画室が要求するあらゆる情報を提供しなければならない」ことと「各部門やグループ企業での経営方針の実行状況を綿密にレビューする権限と手法を持っている」のである[12]。このようなグループの指揮と事業部門間の調整能力を備えた「会長企画室」は、コングロマリットにつきまとう本社・本部の求心力の低下を防ぐ役割も果たしている。

ロッテ・グループの一体化、統一化の動きは創業者時代の1970年代末から

80年代にかけて始まっており，日本側ロッテ・グループでは，それはちょうど創業30年を迎えた時期でもあった。1978年から導入されていた資格制度をグループ間で統一し1983年までにグループ間の人事の一体化を図っていた。また事業部制の廃止に伴い各工場と本社を直接つなげるようにして，海外事業部の設置なども含め，1980年代後半に入る前に日本側ロッテを中心に既に「グループの一体化政策」が試行されていたのである。こうした組織再編に加えて1990年代にかけては「グループが扱うテーマすべてを対象とした」シンクタンク「ロッテ総合研究所」が設立され組織・電算システム・調査などのバックアップを行い，ロッテ・データセンターとともに1998年までにグループを結ぶ情報ネットが構築され，「グループのジャストインタイム・システムの確立，OA化」が推進されていた[13]。

こうした日本側の動きは，一見日本側ロッテが製菓専業型とイメージされがちだが，日本側ロッテも規模的には小さくてもある程度多角化していたという事情があった。同様の動きは韓国ロッテも含むグループ全体に波及し，さらに2000年代に入ると後述するように韓国ロッテ・グループは「ロッテ未来戦略センター」を設置するとともに，さらなるグループ一体化の動きを目指した2009年宣言へと歩みを進めていったのである。

以上のようにディスカウントならぬコングロマリット・プレミアムを演出する背景には，グループセンター的な組織・機構とともにコンサルティングファームの存在も抜きにして語ることはできまい。ただし，ロッテ・グループのように非上場企業が多く，BCGのような米国系ファームも当然のごとく守秘義務を持っているため，ここでグループセンターの具体的な機能を詳細に述べることはできない。ただグループ内の事業ポートフォリオの再編・強化，現シン・ドンビン会長が副会長に就任し2009年のグループ事業プランの公表に至る過程で，そうした「グループセンター」としての機能を本社が強化したことは疑いのないことである。具体的な部署としてはシン・ドンビン副会長兼政策本部長（当時）が経営の中枢を掌握し始めた2004年に先立って，2002年に設置された「ロッテ未来戦略センター」が実務的なセンターに相当しよう。

現ドンビン会長（2016年現在）が政策本部長に就任してからグループの専門

経営者たちへの権限委譲を進めながら「専門性と自立性をさらに尊重する方向」[14] へ舵を取ったことは，同時にグローバル化への対応を強化していくという2009年のグループ事業プランへとつながる世代交代の鐘を鳴らすものであった。過去，韓国財閥につきものであった資金スキャンダルを今後，どのようにロッテ・グループは乗り越えていくのか，横領疑惑による会長をはじめとするファミリーの在宅起訴を受けて，ロッテ・グループは「量から質へ」への経営転換，複雑な株式の相互持ち合いの解消を表明しており，持株会社制（韓国）の採用などもサムスン同様株主側から求められている。グローバル化に伴う企業統治と透明化の問題はなお課題として残り続けている。

こうした課題の克服策の1つがドンビン会長による実質的な韓国側の持株会社ロッテホテルの新規株式公開（IPO）であったが，朴大統領の政権スキャンダルと財閥の関与をめぐる国民の大統領退陣デモによって，2016年末時点でIPOは中断したままとなっている。ロッテをはじめ韓国の財閥が2017年以降，どのような財閥・企業改革を進めていくのか，その注目度はますます高まっているといえよう。

第5節　コングロマリットをめぐる残された研究課題

以上韓国の事例，特にロッテ・グループを中心にコングロマリットとしての形成と発展の経緯とグループの事業戦略・全社戦略を概観してきた。少なくとも内需型事業の代表格である食品飲料事業をスタートアップの中核事業としたロッテは，関連多角化と非関連多角化を行いつつ流通関連事業への進出を遂げ，これが次の中核事業となりグループ全体の相乗効果を得ることにつながった。

通常では「食品飲料事業 → 小売流通」へという多角化のベクトルにシナジー効果を期待することは難しい。なぜならば成熟市場（欧米日）では既存の小売流通企業が既に国内市場でネットワークを構築しているので食品飲料系会社の場合，同時にこれらのネットワーク事業に参入しオペレーションを進めることは困難である。しかし，未成熟市場（新興諸国）の場合，そうしたネット

ワークが物流も含めて構築されておらず，食品飲料系会社が流通事業においても国内で支配的な位置につくことが可能なのである。その結果として通常の関連多角化と同様，否それ以上のシナジー効果が発生し他の異業種を取り込みながらコングロマリットへの発展を遂げたのである。こうした異業種への多角化のベクトルが最初どこへ向かうのかは非常に重要なコングロマリット形成の鍵になっている。

この段階のコングロマリットは様々な異業種を取り込みながらも製造業も含め軽工業と流通を中核にしているため，次の中核事業のベクトルは重化学工業部門（石油化学）へ向かうことになった。そして内需型事業を中核としてきたことから国内市場から国外市場への進出も，コングロマリットを持続的に発展させていくために不可避となったのである。

冒頭で紹介したように，食品飲料だけでなく内需型事業でスタートしたコングロマリットは，東・東南・南アジアにおいても幅広く見られ，最終的に重化学工業，インフラ，ICT，不動産などの異業種を事業ポートフォリオに組み込む傾向がある。コングロマリットがなぜ多角化の最終形態にまでなるのか，単なる市場の成熟度の違いなのか，そうであるならば成熟市場へ向かう場合，コングロマリット内のグループ企業は分離・独立色を強めることになろう。

あるいはコングロマリット自体が巧みなグループ組織の運営と新陳代謝（選択と集中）を伴った事業ポートフォリオ構築の賜物，すなわちコングロマリット・プレミアムを持続的に発生・維持させることを可能としているならば，既存の多角化戦略における関連多角化までの規模と範囲の限界に対して修正を迫るものになるかもしれない。そのためにはまずアジア各国のコングロマリットの事例蓄積と検証が今後進められなければならない。

◇注◇

1) 経営史的な側面としては，チャンドラー Jr の米国ビッグビジネスの規模と範囲の追求があったし，経済学的側面からはロナルド・H・コースによって市場経済の未成熟に起因する取引コストの問題から企業による内部化が説明されてきた。Chandler (1990)，

Coase（1937）
2）澤田（2011）第1章参照。
3）以下農心，CJ各社のIR開示資料，Nikkei Asian Review 各企業データに基づいて記述。
4）NongShim, Earnings Release for 2015.
5）*The Economist*, Lotte's succession, A whole Lotte drama, Aug 15 2015. The Wall Street Journal, Power Struggle at Korean Firm Lotte Shows Perils of Succession, Aug 7 2015.
6）Schlothauer Manuel, Wilhaus Denise（2016）は，欧州側研究者による数少ないロッテ・グループの先行研究である。
7）以上日経ビジネスオンライン，毎経エコノミー「2018年，アジア上位10社入りを目指すロッテ」2009.5.21より。
8）『日本経済新聞』2015.7.10。
9）同，2015.10.29. 電子版。
10）同，2016.6.8。
11）こうした動向については安倍（2011）参照。なおここでは財閥の内紛を特に取り扱わないが，現代グループが創業者の死去以降4つに分裂した後の事例や，ここでのCJグループの事例を見る限り，前者の本家争い，後者の本家（サムスン・グループ）との不仲は過去メディアの報道からかなり浸透した事実となっている。分裂やスピンオフ的な独立による新たなビジネスグループの形成は，グループ間の「提携・協調」に基づいたシナジーを見出すことが難しいことを物語っている。
12）Hemmert（2012）邦訳版 pp.143-144。
13）株式会社ロッテ（1998）p.76, p.134。
14）ハ・ジヘ（2012）p.202。

◆第3章◆
フィリピンのコングロマリットと多角化戦略
―JG サミット・グループとサンミゲル・グループを中心にして―

第1節 フィリピンにおける財閥の概要と事業多角化

　新興国市場のコングロマリットについてはその是非をめぐる二分法的な議論に関心が集中し，国家単位での相違・個性が抜け落ちていることも多い。その代表的な要素が過去の経済政策・規制などによって形成された財閥・ビジネスグループの構造的特質である

　新興国市場という一括りの分類化から本題であるフィリピンの特徴を抽出してみるならば，フィリピンの財閥の特徴として挙げておかなければならない点として，木原（2012），齋藤（2014）が指摘しているように，グループ内に銀行を擁していることで，それがグループ内事業において実質的に内部金融・内部資金調達を容易にしてきたということであろう。

　これは韓国のチェボルのケースとは対照的である。朴政権期（1961－1978）に銀行部門自体が国有化されていたため，韓国の財閥は事業中枢に銀行・金融機関を持たず，資金調達面で政府のコントロール下（いわゆる官治金融，政策金融）にあり，それが財閥の脆弱な面を表していた。こうした金融機関（銀行）が財閥の中枢に位置しているか否かは当該国の過去における経済政策や独禁法などの厳密な法規制の存在や適用の有無などとも関係していようが，フィリピンの場合，この点は全般的に規制が緩かったといえる。

　この一点だけ取り上げてみてもフィリピンの財閥グループの場合，内部金融が政府・行政から相対的に自由だったために，初期の財閥の事業多角化を推進

したベースになった可能性が浮上してこよう。大きな財閥・ビジネスグループが資本調達・投資面で優位性を持っていることは否定できないが，多角化を推進させていく外部環境面では，外資を含めた規制緩和によって財閥・ビジネスグループ側，外資側ともに提携の機会・自由度が増えることが事業数を拡大することにつながる。また，産業構造が変化していくことによって，旧産業から新産業へ事業がシフトしつつ，第2章で示されたように，規模と範囲を拡大していく財閥・ビジネスグループの戦略的行動をうかがうことができた。この点についてはフィリピンも同様であり，個別事例について後ほど確認することになろう。

　グループ内の事業構造・ポートフォリオの推移を追いながら本章では食品飲料系のコングロマリットと多角化戦略に焦点を当てていくが，その前にフィリピンの財閥全体の概要を見た上でその全体的な特質を把握しておくことにしよう。

　パフォーマンスと事業多角化をめぐる議論の中で多くの新興諸国同様，Rama（2010）に示されるように，市場志向への転換期においてフィリピンについても創業者一族の所有の集中度・経営権保有の持続に伴う企業ガバナンス，エージェンシー問題を課題として取り上げる研究傾向は強い。他方で財閥の多角化を戦略として認め実際に代表的な財閥・ビジネスグループ11を関連多角化型，非関連多角化型，関連多角化型＋非関連多角化型というように分類を試みたGutierrez and Rodriguez（2013）による実態研究もある。ここではまずフィリピンの財閥・ビジネスグループの概要を見た後，主要なグループを分類化しFMCG（First-Moving Consumer Goods）をスタートアップ・コア事業とするグループを多角化戦略の検討対象としていくことにする。

　フィリピンは現在のASEAN10の中では先発組に属しながらタイ，マレーシア，インドネシアなどと比較して，長らく外資の受け入れやGDP成長率，1人当たりGDP成長率などの経済指標では後れをとってきた。このため世界銀行がかつて取り上げた『東アジアの奇跡』（1993）においても奇跡から取り残された国とされてきた。

　こうしたイメージが変わってきたのは，特にここ10年前後のことであり，

マルコス政権期（1965－1986）の腐敗したイメージは払拭され，アロヨ政権（2001－2010年），そしてベニグノ・アキノ3世政権（2010－2016年）を通じた安定した政権の持続とより透明性の高い政策運営によって，ASEAN10の中でも近年突出したGDP成長率を達成してきた。英語を話す人口が多いことと，ジュニアカレッジ相当の卒業者が多いこと，そして若年人口比率が高く，国内市場も1億人超の人口を擁するなど今後の潜在的な成長・発展については東南アジアだけでなく新興諸国の中でも非常に有望視されている国の1つといってよかろう。

そして他の東・東南アジア諸国と同様，フィリピンでも国民経済に占める財閥の存在はきわめて大きく，2013年現在で売上高上位20位までの財閥だけでGDPの30％近くを占めている。フィリピンにおける財閥の形成はスペイン統治時代（1521－1898年）にまでさかのぼることができる。現在でも不動産事業を中心に最上位財閥に位置しているスペイン系財閥としてはアヤラ（Ayala），ソリアノ（Soriano）がよく知られている。特にアヤラは老舗財閥として名高く1834年にアントニオ・ド・アヤラが植民地時代の産物である砂糖，綿花，コーヒー，蒸留酒などの製造に乗り出し，その後建設業，現在ではマカティ地区の開発で知られるアヤラランド（フィリピン証券取引所：PSE上場）を中核としたコングロマリットとしてスペイン系の最大財閥となっている。またビールブランドとして東南アジアだけでなく世界的にも名高いサンミゲルもスペイン系によってアジアで最初に設立されたブリュワリーであり，設立当初からアヤラが経営にかかわってきた。この意味でも酒を含む食品飲料系事業は内需産業の代表格としてフィリピン財閥の事業経営の中核に位置しているケースが多い[1]。

スペイン系の財閥としてはアヤラとソリアノは同族関係にあるが，現在スペイン系で上位財閥としての勢力を保っているのはアヤラとロペス・グループに限定されよう。アヤラの場合，持株会社アヤラ・コーポレーション（PSE上場，現会長兼CEOはジェイミー・ゾベル・ド・アヤラ）を頂点に上述したように老舗財閥らしくその事業は多岐にわたっている。富裕層向け高級コンドミニアム，工業団地，セブ島開発などの不動産開発では三菱商事が事業パートナーとして

1970年代以降から今日に至るまで深くかかわってきた。インフラ関連では上下水道のマニラ・ウォーター，発電事業ではAGエナジー，通信事業ではグローブ・テレコム（シンガポールのシングテルがパートナー），自動車組立・販売のアヤラ・オートモーティブ・ホールディングスを通じて，いすゞ，ホンダとの合弁経営に参画している。さらにAGホールディングスを通じて中国や他のASEAN諸国（タイ，ベトナム）などで不動産投資も行っている。銀行はフィリピン有数の大手行であるバンク・オブ・ザ・フィリピン・アイランズ（BPI）を傘下に擁している。

同じスペイン系老舗財閥としてロペス（Lopez）グループはネグロスなどでの砂糖産業からスタートし，アヤラ・グループ同様，その事業は多岐にわたっており，順調に発展を遂げてきたが，マルコス政権期にマルコスと対立したことでも知られている。マルコス失脚後，事業はさらに拡大発展を遂げ，現在ではロペス・ホールディングス・コープ，ファースト・フィリピンズ・コープ（共に上場）の2つの持株会社の下に，発電などのインフラ事業，不動産開発，放送事業（ABS-CBNコープ）などを展開している。また工業団地開発では住友商事と合弁事業を行っている。

鈴木（2015：p.10）によれば，食品飲料以外にも金融，小売り，不動産，エネルギー，インフラなどのようにフィリピンの財閥事業が全般的に内需型であることは1つの特徴である。また食品飲料の場合，とりわけ独占ないし寡占状態を通じて収益の源泉としているケースが少なくないという。LTグループ，サンミゲル（San Miguel）グループ，JGサミット・グループ，ユニラブ・グループなどがその代表格である。

銀行・保険を中心とした金融系コングロマリットとしては，アルフォンソ・ユーチェンコ（Alfonso Yuchengco）が率いるユーチェンコ・グループの名を挙げることができよう。過去から現在に至るまで日系の金融機関（三菱東京UFJ，りそななど）との提携も行っている。ジョージ・ティ（George Ty）率いるGTキャピタル・グループは上位行のメトロポリタンバンク＆トラスト，フィリピン貯蓄銀行や投資銀行を傘下の中核事業としている。ルシオ・タン（Lucio Tan）のLTグループも上位行のフィリピン・ナショナル銀行を，ヘンリー・シー

(Henry Sy)のSMグループは最大手のBDOユニバンクとチャイナ・バンキング・コープを傘下に持っている。特にSMグループの場合，小売事業で最大手であるとともに銀行業でも最大手を擁していることから，こうしたコングロマリットは先進諸国で想定される事業範囲をはるかに超越したものとなっている。

　第2次大戦後の財閥の形成期・成長期においては，政府によって「選ばれた」財閥は同時に外資のパートナーとして選別され合弁事業に乗り出し，合弁事業が連鎖的に続くことで形成期の財閥は必然的に多角化してきたわけだが，この時期における合弁はむしろ外資側にとって適切な現地パートナーに関する情報が乏しく，このような情報の非対称性に基づいて最終的に現地政府が紹介するパートナーと外資は組むことが多かった。この時期から続いてきた外資パートナーとはその後も他の事業部門を含め合弁や提携などの協力関係が維持されることもあった。

　さらに既存の上位財閥の場合は「発展期」（1990年代後半以降）に入ってからも，フィリピン経済に占めるプレゼンスが高いため，外資系企業との合弁や提携が進展してきた。また比較的新しい財閥などの場合も積極的に合弁事業や提携を進めてきた経緯がある。ここに至る局面では特定の財閥と政府とのコネクションやクローニー（縁故）からより経済がオープンになり，規模の小さい財閥にも外資との合弁や提携の機会は開かれてきた。

　この結果，既存の特定財閥が外資との合弁・提携を通じて事業の多角化を進展させてきたことに加えて，国外から新しい産業・業態・サービス・技術などを導入することで，新しいビジネス機会が他の財閥，企業に拡大することで全体の多角化傾向を強めることになった。ただし，このように外部とのオープン化が進んだとはいえ，合弁・提携側の外資からすればより信用度の高い上位財閥を選好するのは至極当然のことであろう。この第2期の事業多角化でも上位財閥はますます多角化を進め，グループ全体の規模はさらに拡大へ向かったのである。

　米西戦争（1898年）以後のアメリカ統治時代には，華人系財閥が台頭し財閥の数ではこちらが圧倒的な存在となっている。またマルコス政権期から政経癒

着が続くことで財閥が形成・発展してきたことでもタイ、インドネシアなどと共通している。1990年代に入ってからも「財閥の政治化現象」(小池(1993))は続いており、マルコス以降も比較的新しい例として、たばこ王と称されるルシオ・タン率いるLTグループのように、当時のエストラダ大統領(1998–2001)に近いことで勢力の拡大を図ってきたことは記憶に新しいといえよう。

LTグループ(持株会社、上場)はその傘下にフォーチュン・タバコ・コーポレーション、飲料のアジア・ブリュワリー、蒸留酒メーカーのタンドゥアイ・ディスティラー(ラム酒製造の老舗)、フィリピン・ナショナル銀行、不動産のイートン・プロパティーズなどを擁している。しかしながら何といってもフィリピン航空(PALホールディングス)を経営していることでその知名度は内外において非常に知られた存在となっている。LTグループはコア事業(煙草)がFMCGに属し、これらのFMCG型コングロマリットはほとんどが華人系である。

図表3−1は主要財閥グループの事業多角化を類型化したものであり、Bと

図表3−1 フィリピンにおける大規模ビジネスグループの多角化戦略と分類

A 関連多角化型	ジョリビーフード(外食)
B 非関連多角化型	アヤラ・グループ、メトロパシフィック・グループ、アボリッツ・グループ、アンドリュータン・グループ
C 関連プラス非関連多角化型	ロペス・グループ、ゴコンウェイ・グループ(JGサミット)、サンミゲル・グループ、DMコンスンジィ・グループ、Tyグループ、※SM・グループ
FMCG型コングロマリット ※C型と重複	サンミゲル・グループ、ユニラブ・グループ、ゴコンウェイ・グループ(JGサミット)、LTグループ(煙草)

(注) B、C、FMCG型までがコングロマリット、FMCG型は筆者が追加。※Gutierrez and Rodriguez (2013) はリテールキング、ヘンリー・シーのSMグループを非関連業種はベンチャー企業であるため関連多角化型に分類している。しかし小売り・不動産・銀行の各規模は大きく鉱山経営も行っており、明らかにコングロマリットに分類されるため、C型に入れている。なおSMグループのスタートアップ・コア事業は靴屋である。
出所:Gutierrez and Rodriguez (2013) の表に修正加筆して作成。

Cがコングロマリットである。またB，C型と重複するがFMCG型コングロマリットは食品飲料・一般消費財などをスタートアップ・コア事業とするものである。そしてB，C，FMCG型の類型までがコングロマリットとなる。次節ではこのFMCG型に焦点を当てていくことにする。ここから容易に察することができようが，FMCGは内需をターゲットとし軽工業に属す業種が多く，当該国の経済成長に伴いインフラ，重化学工業部門に多角化のベクトルが向かえば，こうしたグループは規模・範囲ともに巨大化することになる。

次節以下ではこのFMCG型コングロマリットの範疇に属す食品飲料系コングロマリットをケーススタディとして取り上げ，その多角化の特徴に迫っていきたい。なおM&Aなどの事案を含めて各ビジネスグループの動向は流動的で，事業買収と売却両面から新陳代謝が激しいことを特徴としている。ここでは多角化の戦略性を把握することを目的としているため，財務データについては主に2015－2016年まで，経営陣や経営計画なども含めた現状については2016年時点までというように区切ることにする。

第2節　フィリピンの食品飲料系コングロマリット　その1

▎ジョン・ゴコンウェイ・ジュニア財閥：JGサミット・グループ[2]

　フィリピンで最大規模を誇る食品会社ユニバーサル・ロビーナ（PSE上場，Universal Robina corporation）を率いるのがゴコンウェイ（呉，Gokongwei）一族である。グループの中核企業としてユニバーサル・ロビーナ（以下URCと呼ぶ）は外資系食品企業と積極的に合弁事業を展開しており，日系では日清食品とニッシン・URCを，カルビーとはカルビー・URCインクを設立している。またフランスのダノンとも合弁事業を展開している（ダノン・ユニバーサル・ロビーナ・ビバレッジ）。2016年現在での売上・営業利益の規模は日本円換算で各々約2,600億円，約390億円で，単純に売上高規模を比較すれば，日本ではフジパン・グループ，ハウス食品，カルビーなどに匹敵する（グループの事業概要は図表3－2参照）。

　むろんゴコンウェイ・グループ（以下JGサミット・グループと呼ぶ）はコングロ

マリットであるため，食品製造と関連事業だけに特化した事業展開を行っているわけではない。売上高に占める事業内訳は図表3-3のとおりである。グループの頂点には各事業を統括する持株会社JGサミット・ホールディングス（PSE上場）がある。こちらは約4,700億円，営業利益730億円超の規模でURCの他，不動産のロビンソンズ・ランド・コープ，ユナイテッド・インダストリアル・コープ，石油化学ではJGサミット・ペトロケミカル・コーポレーション，JGサミット・オレフィンズ・コーポレーションが傘下に入っている。

創業者であるジョン・ゴコンウェイは1926年セブ島生まれの現地出身華人である。両親は福建省厦門からフィリピンに渡り，セブ島で米の貿易商として生計を営んでいたとされる。ジョンは1954年にコーンスターチの製造業としてユニバーサル・コーンプロダクツ（UCP）を設立した。これが現在の中核事業となっているフィリピン最大の食品会社URCである。後述するように持株会社であるJGサミット・ホールディングスがグループ全体を統括しているが，とりわけURCへの創業者ジョンの思い入れは強いようである。事実，前身の企業設立以後URCはジョンによって半世紀以上にわたって率いられて現在にまで至っている。

もっとも2017年現在でジョンは90歳近くになっており，役員会においては名誉会長となっており，実際の経営は会長である弟のジェームス・L・ゴオ（James L.Go），社長・CEOである息子のランス（Lance）・ゴコンウェイに委ねられている。同社の食品関連としての生産品目は非常に幅広く国内ブランドの菓子類，飲料から砂糖精製，小麦粉，飼料生産などアグリビジネス全般に事業を広げている。特にオリジナルブランドの知名度は高く，スナック菓子ではジャックン・ジル（Jack'n Jill），お茶ではC2，コーヒーではグレートテイストなどが代表的なものであり，ASEAN市場内でも広く知られたブランドである。

UCPを創業後，ジョンは早くから製品レンジの拡大と自社ブランドの確立を目標に掲げ，ネスレやP&Gのような多国籍企業となることを夢見ていた。1961年には最初の国内産インスタントコーヒー「ブレンド45」の製造販売で成功を収め，続くチョコレートの「ニップス」でも地盤を築いていった。1963年にはロビーナ・ファームズを設立し養鶏などのビジネスにも乗り出した。こ

れは後にグループのUCPから飼料を購入することにつながっていき,グループ内の垂直統合への嚆矢となった。ロビーナ・ファームズは1970年代には養豚業にも事業を拡大していくことになる。

1966年のURC設立は,いわゆるソルティスナック菓子において今日まで知られるようになる菓子ブランドを生み出し国内市場のリーダー企業になっていく契機となった。1970年代以降は商品ビジネスに乗り出しコンチネンタル・ミリング・コーポレーションの設立を通じて小麦粉の製造へ着手し,1980年代には3つの砂糖精製工場を買収しグループ企業であるURCシュガーがこれらを経営していくことになる。こうしたビジネスはグループ経営において安定したキャッシュフローの確保につながるとともに,いわゆるコモディティビジネスを拡大することで垂直的統合をさらに進めていくことになった。1990年代にはプラスチック製造にも乗り出し,URCパッケージングを設立することで食品・飲料・商品などの包装材供給を行うようになった。

2000年代に入って事業多角化はさらに進展を見せるようになっていく。そして2005年には現在のグループ構造がほぼ確立した。すなわち3つのグループに分割されたURCの傘下に企業群が組織された。第1のグループは包装材事業を含む「ブランド消費食品グループ」,第2のグループは,ロビーナ・ファームズ,ロビケム(Robichem)を含む「アグロインダストリー」,第3のグループは「砂糖・小麦粉事業」などの商品関連である。

このようにURCは食品を中心とした多角的な事業展開を推進するとともに,第1のグループ事業を核としてスナック菓子と飲料でアジアのリーディング企業となることを目指し,ASEAN市場を中心として8ヵ国で事業展開を行っている多国籍企業へと成長を遂げた。また欧米,日本,韓国,中東,さらに西アフリカ(ガーナ,ナイジェリア)にも製品を輸出している。

グループの司令塔的な役割を果たしているのは持株会社のJGサミットである。グループの母体および中核事業がURCであることは間違いないが,2000年代にグループ事業全体を持株会社の下に再編するために2002年1月にJGサミットは設立された。URC自体が多角的な事業展開を行っており,JGサミット傘下のURC以外の中核会社においても事業範囲の拡大・多角化が同様に見

られる。URC関連以外のビジネスとしては，金融，繊維，不動産，電力，通信，石油化学，セメント，LCCなどまさに事業のデパートといった状況である。新興国経済においては財閥自らが事業拡大と多角化を通じてアントレプレナーを生み出し，イノベーターとなりブレークスルーを実現する役割を担っている典型例といえよう。

　JGサミットの経営陣（役員会）を見てみると（2016年時点），創業者であるジョン・ゴコンウェイが名誉会長として君臨しており，いくつかのグループ子会社においても名誉会長もしくは会長，役員として名前を連ねている。またジョン自身は資産管理会社の機能を持つと思われるゴコンウェイ・ブラザーズ財団（GBFI）の会長でもある。実質的には依然としてグループ総帥の座にあることだけは確かである。ジョンはデ・ラ・サレ大学で経営管理の修士号を得た後，ハーバードの応用マネジメントプログラムにも参加しており，老舗財閥の創業者としてはむしろ珍しいビジネススクール出身者型の経営者としての側面も持っている。

　もう1人ジョンと並んでグループの経営陣の要となってきたのが会長兼CEOのジェームズL・ゴオ（James L. Go, 2016年現在で76歳）である。現在URC，ロビンソンランド，JGサミット石油化学，JGサミット・オレイフィンの会長を務めており，他のグループ企業においても副会長など枢要な地位にある。いわばグループの実質的なトップオペレーターと言っても差し支えなかろう。ゴオはMITで化学エンジニアリング（修士）を専攻した学歴を有しており，グループの事業性格からビジネス系でなく工学系という経歴も強みとなっているようである。そしてゴオはジョンの弟でありファミリーの最重要スタッフである。

　さて注目されるべきはジョンの息子で2代目である社長兼COOのランスY・ゴコンウエイ（47歳）であろう。そしてURC，セブエア，JGサミット石油化学，JGサミット・オレイフィンの社長兼CEOであり，ゴオ同様に他のグループ企業においてもトップマネジメントとして枢要な地位を占めている。また彼はペンシルベニア大学で応用科学と金融を専攻した学歴（学士）を有している。

JGサミットの役員会は彼らトップ3の下に8名の役員で構成されており，この内3名がジョンの娘ロビーナY・ゴコンウェイ・ペ（RobinaY.Gokongwei-Pe），ジョンの甥であるジョンソン・ロバートG.ゴオ（Johnson Robert G.Go）とパトリック・ヘンリー（Patrik Henry）・C・ゴオである。他の役員はほぼ専門経営者と考えられる。学歴についてはハーバード，ジョージタウンのロースクールをはじめ，国内の大学出身者で構成されており，ジョンの娘ロビーナはニューヨーク大学でジャーナリズムを学んだ経歴を持っている。米国留学組を中心とした役員構成は，フィリピンの上位財閥では日常的な風景として溶け込んだものとなっていよう。

　グループの中核事業について，ここでは中核事業群から3社をピックアップしてそれぞれの事業展開に言及しておきたい。

▎セブ・パシフィック航空（CEB）

　セブ・パシフィックは東南アジアのLCCとして著名な航空会社の1つである。また国内便として広範なネットワークを持っていることを強みとしている。なおセブ・パシフィックを運営しているのはカーゴサービスを主事業としている上場企業セブエア（Cebu Air）である。2016年現在61の国内路線と34の国際路線を有している。2014年末時点での保有機数は51機で，2017年までにはエアバスA320を11機就航させることになっている。会社の設立自体は1988年だが，運航は1996年からスタートしている。フィリピン国内で航空業界への参入規制が緩和されたことで，ゴコンウェイ財閥が新たな事業分野として参入を果たした。

　同社はLCCとして2000年以降，国内便数を増やすとともに国際線にも進出しLCCとして急成長を遂げた。元々島嶼国家であるフィリピンでは潜在的にLCCの需要は存在していたため，経済成長と1人当たり国民所得が向上することで，需要が増大していくことは予想されていた。ただし他方でASEAN内では多くのLCCが林立しLCC間の競争が厳しくなっていることも事実である。このため近年は航空会社間の戦略的提携にも熱心である。2014年にはシンガポールのLCCタイガーエアと提携しており，その後タイガーエア・フィ

リピンを100%子会社化している。そしてタイガーエアとの提携を通じて国際線ネットワークを拡大しており，東・東南アジアだけでなくオーストラリア，中東へと路線を拡大してきた。

　同じフィリピンを代表する航空会社としてルシオ・タン率いるLTグループ傘下のフィリピン航空と比較されることも多い。いわば日本で日本航空とANAが比較されるのに似ているともいえる。ただしフィリピン航空はLCCではない。現在フィリピン航空は航空事業の持株会社PALホールディングス傘下にあり，1941年設立とその歴史は古く，アジアでもいち早く国際線を就航させ太平洋航路を最初に開拓した老舗エアラインである。しかしアジア通貨危機後のフィリピン航空の経営困難はマスコミを賑わせ，労働争議なども重なって1998年に会社更生法を申請したほどであった。その後再建されたが，部分的にはナショナルフラッグの老舗エアラインということで日本航空と重なる部分も少なくない。

　2016年のPALホールディングスの売上規模は日本円換算で約2,800億円，CEBは売上高約1,530億円で単純な収益率（売上高営業利益率）の指標で見ると前者は5.22%なのに対して後者は19.8%というように差がついており，近年においてもフィリピン航空が業界の中で苦戦を強いられていることがわかる。LCCと単純に比較できないものの，後発のCEBは先に言及したように経済成長の中での潜在的需要を取り込むことに成功したといえる。

不動産事業　ロビンソンズ・ランド

　不動産事業やインフラ関連・公益事業は，小売事業と並んで新興国の財閥の基幹事業となっていることが多い。先進諸国より高い経済成長率が長く続くことによって，これらの事業分野では資本力のある大財閥が参入する上で有利であるだけでなく，グループ事業内でのシナジー効果なども見込まれるからである。この点は東・東南アジアでは共通しているといえる。とりわけフィリピンではこうした傾向が強い。

　ただし小売事業について見るとサンミゲルは弱く（後述），ヘンリー・シーのSMグループはデパートメントストア（ザ・SMストア）やスーパーマーケット

図表 3 − 2　JG サミット・グループの概要

創業者	ジョン・ゴコンウェイ，89 歳，デ・ラ・サレ大学学士，JG サミット名誉会長
トップマネジメント	ジェイムス・L・ゴオ，創業者の弟，76 歳，MIT 化学エンジニアリング修士，JG サミット会長兼 CEO ランス・ゴコンウェイ，創業者の息子，47 歳，ペンシルベニア大学応用科学・金融学士，JG サミット COO
持株会社	JG サミット・ホールディングス　2016 年売上高　約 5,400 億円 営業利益　約 1,022 億円
主要企業	ユニバーサル・ロビーナ（URC：食品） URC 傘下の合弁企業 ダノン・ユニバーサル・ロビーナ・ビバレッジ，カルビー・URC インク，ニッシン・ユニバーサル・ロビーナ，ハント URC フィリピン長距離通信（PLDT） NTT，ドコモ，サリムグループが出資 2016 年　売上高　約 3,800 億円 　　　　営業利益　約 625 億円 セブ・エア 2016 年　売上高　約 1,430 億円 　　　　営業利益　約 284 億円 マニラ・エレクトリック（配電） 2016 年　売上高　約 6,000 億円 　　　　営業利益　約 810 億円 ロビンソンズ・ランド・コープ（不動産） ユナイテッド・インダストリアル・コープ（不動産） JG サミット・ペトロケミカル・コーポレーション（石油化学） JG サミット・オレフィンズ・コーポレーション（石油化学） ロビンソンズ・リテール（ミニストップ運営のイオン，三菱商事とミニストップを展開，他にトイザらス，ダイソーなどを運営）

（注）為替レートの換算は 1 ドル＝ 110 円。
出所：各社開示資料，Nikkei Asian Review 各企業データ，Forbes.com などから作成。

（セーブモア）を中核事業としている。ゴコンウェイはJGサミット傘下でミニストップ（三菱商事・イオンと合弁）を500店舗以上展開しているし，ダイソー，トイザらスなどの運営も行っている。不動産事業については古くはスペイン統治時代からのプランテーション経営のように土地がらみの事業が財閥の基盤を築いてきたという事情もあり，砂糖や綿花などのプランテーション事業から現在の不動産デベロッパーとしての事業に重点が移っていった。マカティ地区開発で名をはせたアヤラ・グループのアヤラランドはそうした代表的な不動産デベロッパーである。

ゴコンウェイの不動産事業に話を戻すと，ロビンソンズ・ランドがグループの事業会社として知られており，不動産デベロッパーとしては国内有数の事業会社である。同社は1980年代にJGサミットの不動産事業部門を担う事業会社として設立された。いわば「遊び」と「仕事」の両方をライフスタイルに取り入れることをコンセプトとしたギャラリア（Galleria complex）を1990年にオープンさせた。これは2つのラグジュアリ型ホテル，2つのオフィス用高層ビル，富裕層向けコンドミニアム，ショッピングモールから成る複合的な施設であった。ロビンソンズ・ランドはこのような複合施設を2014年までに13施設を開発し保有している。ショッピングモールについては，その規模は総面積100万平方メートル以上を誇りSMグループに迫る規模である。モール数は全部で33を数える規模である。

金融事業としては先駆的な商業銀行ロビンソンズ・バンク（RobinsonsBank corporation）があるがこちらは非上場である。

中核事業における日系企業との提携

日清食品とURCの合弁会社は1994年に設立されており，三菱商事も出資に加わっていた。三菱商事など日本の多くの総合商社は日系メーカーとともに東・東南アジアでの食品メーカーへの出資やコンビニエンスストアの事業展開に重要な役割を果たしている。JGサミット・グループ内では，三菱商事は小売事業のグループ会社ロビンソンズ・リテールを通じてミニストップの店舗網拡大（2015年末で500店舗以上）に寄与してきた。ニッシン・URCはその後2014

年末に日清食品側が三菱商事の持ち分を加え，株式所有比率を49%とし日清食品の持分法適用関連会社としている[3)]。

こうした日清食品の出資比率の引き上げは，後で見るサンミゲルビールに対するキリンHDの出資比率引き上げと同様，高いGDP経済成長率と個人可処分所得の伸びに見られるように，近年におけるフィリピン市場の重要性に着目したものであった。2013年4月に日清食品が発表した「中期経営計画2015」では総売上高目標額の設定以外に，2026年3月期までにグループの海外売上高比率50%超を目指している。海外市場の中でもとりわけ麺食文化が根付いている東南アジア，近年ではフィリピンへの日清食品の注目度が高くなっていることで合弁企業への出資増が行われている。

ここで注意しなければいけない点は，インスタントラーメン事業はアジア市場では当然のことながらローカルメーカーも参入しており，地場の嗜好に合致した製品を投入しているため，日系のインスタントラーメンメーカーは各市場では意外と苦戦してきたという事実である。インスタントラーメン事業の世界的なパイオニア企業であるとともに，「カップヌードル」という国際的なブランドを有し，香港・東アジアでは「出前一丁」ブランドの人気を定着させてきた日清食品といえども例外ではない。そうした焦りの表れが先の「中期経営計画2015」での海外売上高50%超の目標設定なのである。2012年度の海外売上高比率は約14%にすぎず，その後急伸したが2015年度でも約22%にすぎない。

URCの場合も日清食品との合弁会社とは別にインスタントラーメンの独自ブランドPaylessを展開していたが，URCからの株式取得に合わせてPayless事業にかかる生産設備と在庫などの資産はURCが取得しグループ内でのインスタントラーメン事業を一本化している。

この他に食品関係で日系企業との合弁企業として，2014年4月に日本のカルビーとカルビー・URCが設立されている。出資比率は半々でカルビー側は連結子会社としている。URC側も菓子類において確固たる地歩を築いており，ジャックス・ジルのブランドで知られているポテトチップスなどにおいて，双方のブランドを合わせフィリピン市場で拡販を図っている。

また日系以外の外資ではフランスのダノンとダノン・URC・ビバレッジを2014年に設立している。URCも既存事業としてお茶，ジュースなどの飲料製品事業を展開しており，エビアンなど国際的なブランドを有するダノンと組むことによってASEAN，香港・中国市場への輸出拡大を図ってきた。こうした日系・外資との合弁事業以外にも同年の7月にはニュージーランドのスナックメーカーNZスナック・フード・ホールディングスを買収している[4]。

　URCによる合弁事業とM&Aは近年に集中しており，グループの中核事業として，これらの積極的な経営戦略を通じてURCは海外のブランド食品・飲料を取り入れつつ，製品ラインナップを拡充し市場での拡販を目指し続けている。

▌非関連多角化と事業ポートフォリオの戦略的構築

　多角化とパフォーマンスをめぐる先行研究は，当該企業が非関連多角化に向かう場合，パフォーマンスについてはネガティブな結果，またはコングロマリット・ディスカウントが生じるという見解が優勢を占めてきた。しかしながら，新興国市場でのサンプリング研究では必ずしもそうしたネガティブな見解に首肯できないケースがあることを第1章で述べてきた。特に新興国市場の上位ビジネスグループ，財閥の場合，事業ポートフォリオ構築の観点からすれば，こうした多角化は戦略的投資行動であるといえる。

　事業自体のシナジー効果を期待して関連多角化までのポートフォリオを構築した場合，外的内的要因を問わず，何らかのリスクが発生した場合，それらの事業系統に属すグループ会社は負の影響を被ることになる。特に垂直的統合型のビジネスグループは全体に負の連鎖を招きやすい。この場合，性格特性の異なる異業種をポートフォリオに組み込むことは全体のパフォーマンスとは別にリスク分散，安定化という意味から合理的な投資行動である（図表3-3参照）。

　投資主体はさらにポートフォリオのリスク分散・安定性だけでなく，異業種事業会社の単体レベルでのパフォーマンスも重視する。新興国市場の場合，上位財閥という投資主体は規模の優位性から，成長性が見込まれる複数の異業種への参入オプションを持っている。特に優先的に参入を図る業種が不動産で

第3章　フィリピンのコングロマリットと多角化戦略　75

図表3－3　JGサミット・ホールディングスの売上高に占める各事業の割合

2010年

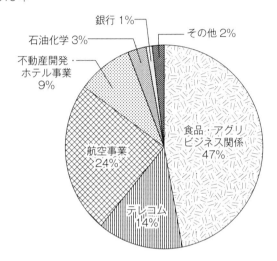

2015年

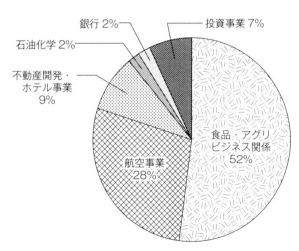

出所：同社IR各年次報告書より作成。

あって、これはフィリピンに限ったことではない。

　単体上場で比較可能な、現状のJGサミットのスタートコア事業のURCと不動産事業のロビンソンズ・ランドの収益指標を並列比較させたものが図表3－4である。ROEや営業キャッシュフローだけでなくマージンで見ても、同国最大の食品会社だけあって優良な数字が並んでいることがわかる。他方異業種であるロビンソンズ・ランドの方を見るとROE、利益マージンで倍以上となっている。

　事業ポートフォリオとしての組み合わせ適合と同一ビジネスグループ内の異業種間比較のため、この場合規模の差は捨象し収益指標のみに注目している。一般にリスク、ボラティリティの高い不動産事業は新興国市場の高い経済成長に対応して資産価値と収益率が高くなる傾向があるため、事業ポートフォリオへの組み込み優先度は高い。またASEAN市場を含む海外事業展開も含むため、不動産事業と資産の地域分散によるリスク減も図ることができる。実際、同グループの事業ポートフォリオには、シンガポール上場の不動産事業会社UIC（ユナイテッド・インダストリアル・コープ）が含まれている。

　食品メーカーは事業のボラティリティが低く、株式は一般にディフェンシブ

図表3－4　食品事業会社（URC）と不動産事業会社（ロビンソンズ・ランド）の収益指標の比較

JGサミット・グループ　2016年			
食品事業会社（URC）		不動産事業会社（ロビンソンズ・ランド）	
売上高	2,378.71百万米ドル （約2,600億円）	売上高	480.07百万米ドル （約528億円）
営業キャッシュフロー	357.78百万USドル	営業キャッシュフロー	7.54百万USドル
ROA	11.98%	ROA	5.57%
ROE	21.57%	ROE	10.43%
売上高営業利益率	14.90%	売上高営業利益率	35.05%
売上高利益率	13.56%	売上高利益率	27.31%

出所：Nikkei Asian Review企業データ（2016年9月期決算）より筆者作成。

と称されている。つまり低リスクと安定性から収益性はそれほど高くない傾向がある。これと特性が異なるのが不動産事業といってよい。図表の財務・収益指標はリアルの結果であるが，投資主体は事前にこうした想定される収益を期待して異業種をポートフォリオに組み込むことになる。現状のポートフォリオ内の各事業会社を見る限り，カーゴとLCC（セブ・パシフィック）を擁するセブエア（セブパシフィックの親会社）も含めたポートフォリオの構築はグループのパフォーマンスに貢献していると判断できよう。

第3節　フィリピンの食品飲料系コングロマリット　その2

サンミゲル・グループ[5]

　東南アジアは亜熱帯に位置する関係でビール醸造が比較的盛んであり，フィリピンも例外ではない。否，例外どころか東南アジアで最も古い歴史を誇るサンミゲルビール（企業名はサンミゲル・ブリュワリー）を擁している。日本でもなじみのあるブランドである。またキリンビールが2016年現在で48％出資している。本国フィリピンでは市場シェア90％を占める独占企業に近い存在である。香港のサンミゲル・ブリュワリー・ホンコンを傘下に持ち，こちらには部分的であるが香港の老舗大財閥長江グループの総帥李嘉誠も出資している。

　持株会社はサンミゲル・コーポレーション（PSE上場）で，その傘下にはハードリカー，特にジン生産を行っているジネブラ（Ginebra）・サンミゲル，食品製造のサンミゲル・ピュアフーズ（精肉会社としてはフィリピン最大）がある。この他にパッケージ製造，発電・インフラ事業，通信，銀行，セメント，石油精製，不動産などの事業を擁して，他の財閥同様，コングロマリットとしての特徴を余すところなく示している。事業概要は図表3-5に示したとおりである。

　サンミゲル・コーポレーション自体の売上高は2016年現在約1.6兆円でフィリピンでは突出した規模にある。ゴコンウエイのJGサミット・ホールディングスの約3倍，ヘンリー・シー（Henry Sy）のSMグループをも上回る規模である。コングロマリットではない日本のビールメーカーと単純に比較は

図表 3 − 5　サンミゲル・グループの概要

創業者	エンリケ・マナ・バレット（Enrique María Barreto）
トップマネジメント	エデュアルド・コファンコ（Eduardo Cojuangco,Jr）サンミゲル・コーポレーション会長兼CEO，フィリピン・ロマ・パノス大学，カリフォルニア州立大，81歳 ラモン・アン，サンミゲル・コーポレーション社長兼COO，サンミゲル・ブリュワリー会長，ファーイースタン大学機械工学学士63歳
持株会社	サンミゲル・コーポレーション（事業持株会社） ザ・フロンティア・インベストメント・ホールディングス（アヤラ一族60％株式保有）
主要なグループ企業	サンミゲル・ブリュワリー 　2015年　売上高　1,914億円 　　　　　営業利益　526億円 サンミゲル・ブリュワリー・ホンコン（香港の李嘉誠6.3％出資） ジネブラ・サンミゲル（ハードリカー製造） サンミゲル・ピュアフーズ 　2015年　売上高　2,482億円 　　　　　営業利益　178億円 サンミゲル・ヤマムラ・パッケージング・コーポレーション ペトロン・コーポレーション 　2015年　売上高　8,370億円 　　　　　営業利益　421億円 ペトロン・マレーシア・リファイニング＆マーケティング（石油精製） ターラック・パンガシナンラ・ユニオン・エクスプレスウェイ（高速道路，空港の運営） SMCグローバルパワー・ホールディングス（電力販売，丸紅・東電との合弁企業ティームエナジー所有のスアル発電所から電力を購入し販売），サンミゲル・プロパティーズ（不動産），バンク・オブ・コマース（銀行），ノーザン・セメント（セメント），リバティ・テレコムズ・ホールディングス（通信），クラリデン・ホールディングス（鉱山開発・運営）

（注）決算数字の為替換算は2016年上半期の為替レートによる。
出所：各社IR開示資料より作成。

できないが，売上規模ではキリンやアサヒとほぼ同規模ということになる。

　今日のグループの源であるとともに中核的な事業会社でもあるサンミゲル・ブリュワリーの設立は1890年にまでさかのぼることができ，東南アジアで最も古いビールメーカーである。当時のマニラの中心部サンミゲル地区に醸造所（ラ・ファルカ・セルヴェッサ・デ・サンミゲル）は建てられた。創業者はスペイン人のドン・エンリケでドイツ人の技術者を雇い入れ，当時スペイン植民地であったフィリピンでのビール醸造許可をスペイン王から得て経営をスタートさせた。サンミゲルの経営には当初からスペイン系財閥アヤラが関与しており，以後アヤラと同族関係にあるソリアノ一族が経営に携わってきた。

　サンミゲルがフィリピンを代表する企業としてその地歩を固めるのにつれて，新たにオーナー経営に参画しようとする一族も現れた。1970年代からサンミゲルの株式を徐々に買い増していたエデュアルド・コファンコ（Eduardo Cojuangco：1935 -）が率いるコファンコファミリーがそれである。コファンコ自身はかつてのマルコス政権下で当時のマルコス大統領に近い財閥の1つであった。財閥経済が発達した先発ASEAN諸国では財閥が他の財閥ビジネスを買収するケースは少なくない。また巨大資本であるため財閥間でのディール（事業売却）も盛んである。

　実際にサンミゲル・グループは配電事業（マニラ・エレクトリック）を2013年にJGサミットに，空輸のPALホールディングスを2014年にLTグループに売却している。知名度が高くさらに成長ポテンシャルが見込まれるような企業は買収ターゲットになりやすい。コファンコは当時のマルコス政権とのつながりが強く，いわばクローニーを基盤にしてこのフィリピンでの知名度No1企業への経営参画を図ったのである。

　その後コファンコが株式を買い増していく過程で，サンミゲル内では安定したオーナー経営による支配が揺らぎ遂にコファンコはサンミゲルの会長の座を手にした。しかしその後コファンコは経営の第一線から退き，2009年にアヤラ一族の経営するトップフロンティア，製薬・調味料製造を中核事業とするユニラブ（Unilab）・グループのカンポス（Campos）ファミリーに持株を譲渡し2012年には残りの保有株式をトップフロンティアとコファンコの右腕で盟友

のラモン・アン（Ramon Ang）に譲渡した。ただし 2016 年現在コファンコは引き続きサンミゲル・コーポレーションの会長兼 CEO であるが，実際の経営についてはラモン・アンがオペレーターである。また資本関係ではアヤラ一族が自らの持株会社ザ・フロンティア・インベストメント・ホールディングスを通じてサンミゲル・コーポレーションの株式を 66％以上保有している。ラモン・アンも 15％以上保有しているものの，資本面ではアヤラ一族の投資会社，経営実務面ではラモン・アンというように棲み分けができており，依然としてアヤラ一族のオーナーシップの強さがうかがわれる。

　食品関連事業をコアビジネスとする場合，JG サミットのケースでも見られたが，持株会社の傘下に有力な食品関連事業と会社が配置されていることを共通の特徴としている。サンミゲル・コーポレーションの傘下にはサンミゲル・ブリュワリーとハードリカー製造のジネブル・サンミゲル，国内最大手の精肉会社であるサンミゲル・ピュアフーズ，そしてビール瓶製造などのパッケージ製品製造のサンミゲル・ヤマムラ・パッケージング・コーポレーション（山村硝子が 35％出資）がある。これら食品関連事業以外にも図表 3 － 5 から発電，インフラ経営（高速道路・空港経営のターラック・パンガシナンラ・ユニオン・エクスプレスウェイ），不動産（サンミゲル・プロパティーズ），銀行（バンク・オブ・コマース），通信事業，さらには石油精製部門というように重化学工業部門やインフラ部門までがその傘下にあることがわかる。

　まず中核のビール製造は老舗事業らしく本国以外にも香港，中国，インドネシア，ベトナム，タイ，マレーシアなどで広範なオペレーションを行っており，そのブランドはお馴染みのものになっている。上述したように日系企業を中心とした外資との提携関係が築かれており，日系では他に扶桑精工，日系以外では米国のホーメル・フーズと提携関係にある。

　ブランドの国内浸透度は高く，サンミゲル・スーパードライ，サンミゲル・プレミアム・オールモルト，サンミゲル・ゼロ，サンミゲル・ストロングアイス，レッドホースなどのブランドを展開し他社ブランドを寄せ付けない独占的なブリュワリーとなっている。国内では六ヵ所の製造施設を擁し約 47 万以上の小売店に出荷している。ビールの事実上の独占事業を基盤に構築された物

流・配送・小売ネットワークを通じて,ビール以外のアルコール飲料事業としてジンの製造販売では世界有数のジネブラ・サンミゲル社も中核のアルコール飲料事業の一角を担っている。

ジネブラ・サンミゲル社はタイでタイ・ライフ・グループとアルコール飲料の合弁事業を行っており,ジュースや茶などのソフトドリンク類も製造販売しフィリピン国内だけでなくタイにも製造拠点を有している。こうしたソフトドリンク類を含めた飲料事業とともに食品製造販売も中核事業の一翼を担っている。サンミゲル・ピュアフーズ社（San Miguel Pure Foods Company）の製造範囲は,飼料・小麦粉からマグノリア（Magnolia）ブランドとして知られるチキン,肉類など幅広く,ピュアフーズのブランド・信用力は国内市場では群を抜いている。

ピュアフーズでは農家との契約・飼料供給・肉類の加工・冷凍流通・加工肉の販売,チーズ,バター,マーガリン,アイスクリーム,小麦粉,動物・養殖魚用飼料などの製造販売などが行われ,食品の統合的なビジネス展開が行われている。こうした統合的な展開はタイのCPグループなどに見られるように,製造レンジとオペレーションを最川下の小売りや外食にまで拡張していく傾向がある。一般的に新興国市場の食品飲料事業の場合,ローカル・外資側ともに提携に対して積極的である。このため先進国メーカーのブランドが投入されることで製品・ブランドの幅も広がることになる。先に見たようにビールでのキリン,食品でのホーメル・フーズとの提携がこれに相当する。

外資との提携については日系との合弁企業であるサンミゲル・ヤマムラ・パッケージングによって飲料や食品のボトル・容器までも中核事業内で内製化しており,食品飲料の関連多角化としてグループ内取引を強固に推し進めてきた経緯をうかがうことができる。

▎キリンビールの出資と連携

日本国内での内需型産業としてのビールメーカーは,2000年代以降,主力のビール事業を含めた海外事業展開を強化し,M&Aなどを通じて主としてアジア・オセアニア市場をターゲットとしてきた。その典型例がキリンホール

ディングス（以下キリンHD）である。キリンは2002年のサンミゲル・ブリュワリーへの出資を皮切りに追加出資を行い，2009年までに出資比率を48％に引き上げ関連会社としている。こうした出資の目的は，サンミゲル・ブリュワリーがフィリピンをはじめタイにも生産拠点や物流網を持っていることと，東南アジア市場ではフィリピンが後れた先発ASEAN国として，経済成長を加速化させビール消費量が伸びていくという見込みがあったことに加えて，タイ，ベトナムなどの有望なビール消費市場であるASEAN諸国への橋頭保を築くことにあった。

　実際キリンHDの長期経営構想KV2021によれば，東南アジアのビール事業について同社はプレミアムブランドとしてキリンビールブランドの積極展開を目標として掲げ，アジア・オセアニアでの酒類事業の基盤強化を図るとしている（同社ニュースリリース，2013.11）。少なくともキリン側からすると資本出資を高めたことで連携効果を見いだすことにはつながっている。たとえば2013年にはサンミゲル・ブリュワリーのグループ会社であるサンミゲル・インターナショナル（SMBIL）タイ工場でキリンの一番搾りを製造し，タイ現地での販売はSMBILの現地法人サンミゲル・マーケティングが担うという連携効果を生んでいる。

　サンミゲル・ブリュワリーを関係会社にした後，東南アジア市場で生産・物流・販売ネットワークなどの拠点を利用してキリンブランドの拡大を図るという試みはひとまず成功しているといえる。また2016年にはバドワイザー，コロナで知られる世界シェアトップのアンハイザー・ブッシュ・インベブ（ベルギー）が世界2位のSABミラーを買収することで，独占禁止法に抵触する恐れが生じたためSABミラー傘下のビール会社2社の買収をめぐって，他の世界的ビールメーカーが名乗りをあげた。

　この時，サンミゲル・ブリュワリーのラモン・アン社長はキリンがSABミラー傘下の2社を買収するなら協力を惜しまないと報道された（ロイター，2016年1．15）。こうしたサンミゲルとキリンの経営陣による連携姿勢なども，今までのところ両社の資本業務提携が順調であることを物語っている。ただし，サンミゲル・ブリュワリー自体をめぐって新たな買収自体も今後十分起こりうる

可能性は否定できない。ASEAN 先発市場において事業が生み出すキャッシュとその経営資産のみならず，老舗ビールメーカーの持つ不動産というアセットも他のメーカーや財閥にとって十分魅力的だからである。

■ インフラ・エネルギー部門重視へのシフト

　サンミゲルほどドラスチックな事業構成の変化を成し遂げた事例はそれほど多くないだろう。図表３－６を見る限り，そうした変化が2009年から2010年にかけて起きていることがわかる。2010年のサンミゲル・コーポレーションの年次報告書で社長のラモン・アンは「短期・中期的には，利益指標に沿って伝統的な事業の潜在能力の発揮と新しい事業への投資を強化することを通じて，（事業）ポートフォリオを見直していく」，と述べている。2009年時点で全体の売上に貢献している事業は飲料・食品・包装材の３部門だけだった。ところが翌年にはこの３部門は全体の４割以下にまで後退し，代わって石油精製と電力が６割以上を占めるまでになっている。これだけ見るならばサンミゲルは食品関連企業から重化学・インフラ型企業へわずか１年で変貌を遂げたことになる。

　食品飲料関連企業の重化学・インフラ型へのシフトについては本書でいくつかのケースを取り上げているが，サンミゲルの場合は，この傾向が最も顕著に表れているといってよかろう。石油精製では国内市場シェア38％で最大のペトロンが，電力事業ではルソン島で30％近いシェアを握るグローバルパワーがそれまでの事業ポートフォリオを根幹から変える新たな中核企業となったのである。グローバルパワーは2008年に設立されており，ペトロンも英投資ファンドのアシュモアから2010年に過半数の株式を取得したことで，2010年の事業ポートフォリオが一変してしまったのである。

　すなわちこれらの新規参入事業は買収などを通じた形をとったことでグループ全体の売上・収益に占める比率が食品飲料事業を直ちに上回る結果となっており，EBITDA（金利・税・償却前利益）でもペトロンとグローバルパワーだけで６割以上を占めるようになっている。また近年では高速道路や空港運営事業などのインフラ事業もグループの売上に徐々に貢献するようになってきてい

図表3-6 サンミゲルの事業ポートフォリオの推移（売上高に占める各事業の割合）

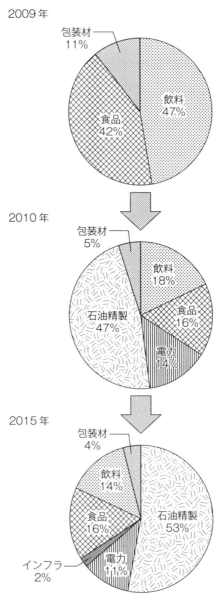

出所：SAN MIGUEL Corpo. 各年次報告書より作成。

る[6]。現在のサンミゲルの実態は石油精製・電力・インフラを中核とした重化学工業型の財閥と表現した方が適切であろう。

　ペトロン自体は1933年にスタンダードオイルなどのアメリカ企業による合弁で設立されたもので歴史は古く，1945年以降も精製設備の拡大を通じて操業を続けていた国内随一の石油精製会社だった。その後1962年にエッソ・フィリピンに，1973年には政府に買収されフィリピン・ナショナル・オイル・カンパニーになった後，1994年に民営化によってサウジ・アラムコに株式の40％が売却された。上述したとおり英投資ファンドを経て2009年よりサンミゲルによるペトロンの経営がスタートを切ることになった。

　一方のグローバルパワーも電力大手の1つであり，発電事業については独立系発電事業者（IPPAs：Independent Power Producer Administrators）などから電力を購入・販売する方式をとってきたが，2016年以降バタン，ダバオなどで自ら発電所を建造しており，2019年までには自前の発電所が複数稼働できるように設備投資も怠っていない。

　これら2つの事業部門以外に高速道路などの運営についてもサンミゲルは重要視しており，100％子会社のサンミゲルホールディングスを通して2013年以降，北部の88.5kmにわたるTPLEXをはじめ，スカイウエイ，NAIAEXなどの高速道路が次々と着工もしくはプロジェクトが立ち上がっている。また2010年には市内鉄道のMRTの経営権も取得しており，カティクラン空港の運営も行っている。

　先発ASEANの中では経済成長面で出遅れたフィリピンであったが，アキノ政権発足後の6年間のGDP平均成長率は6.2％と非常に好調であった。2016年のドゥテルテ政権発足後もこうした成長は持続することが期待されている。他方で1億人超の市場規模を持ちながらも自動車に示されるように新車販売台数は長らく年間20万台以下の状況であったが，2013年以降販売台数が加速し2014年には27万台，さらに2016年以降には30万台を超えることが期待されており，中長期的には50万台を目指すと見られる。

　これに加えてフィリピンは年間7~8万台の中古車を輸入しているので，モータリゼーションは想像以上に加速しつつある。この波に乗ることでサンミ

ゲルはそれまでの食品飲料系コングロマリットからの脱皮を遂げつつある。同じく自動車関連需要については，トヨタの合弁相手（トヨタモーター・フィリピンズ・コーポレーションズ）でジョージ・ティ率いる GT キャピタル・グループが製造・販売分野で直接の恩恵を受ける側に立っている。

ペトロンは自動車用のガソリン生産だけでなく川下のガスステーションのネットワークを擁しており，高速道路などのインフラ建設運営はグループ内にセメント事業を抱えていることから，ドラスチックな事業ポートフォリオの組み換えと事業シフトは，モータリゼーションの加速によって得られる果実を摘み取るためのサンミゲルの経営戦略を反映したものとなっている。一国の成長発展と連動させることで最上位クラスに位置する財閥は，経済構造の（資本の）高度化と連動して，その事業構成が変化することはアジア新興国間での経験則であることは言うまでもないが，サンミゲルは M&A を通じて一気にそれを行ったということで異彩を放っている。

財閥が重化学工業化・インフラ志向を強めることは，同時に政治力学に左右される面も多くなる。こうした傾向は JG サミットやアヤラなどの代表的な財閥にも見られる。上下水道なども含めた公共事業を民間事業者が運営するということはフィリピンの 1 つの特徴でもあるが，同様にこうした公共事業への進出はいくつかのアジア新興国でも定着しつつある。

通信事業への参入と挫折

新興国の上位財閥にとって，通信キャリアは押さえておきたい事業分野であることでは共通している。2010 年以降におけるサンミゲルの事業ポートフォリオの中核には通信事業，すなわち携帯キャリア事業への参入と拡大が計画されていた。他方，フィリピン国内ではインドネシアのサリム財閥のファーストパシフィック，JG サミット，日本のドコモ・NTT が出資するフィリピン長距離通信（PLDT）とアヤラ・グループのグローブ（Globe）が国内通信キャリア事業を寡占支配していた。サンミゲルはベガテレコムでこの牙城を崩そうと試みたが，結果としてうまくいかなかった。通信関係事業として傘下にあるリバティ・テレコムズ・ホールディングスも含めサンミゲルの通信事業は 2016 年

現在全体として芳しい実績を挙げていない。

 そうした状況で2016年5月のサンミゲルによるベガテレコムのPLDTとグローブへの売却（各々50％ずつ）は，グループのこの事業分野での決定的な後退を示すものであった。寡占市場の壁が厚いということも撤退の理由であるが，代わってサンミゲルは160億円近い売却代金を得ている。この年の大統領選の結果ドゥテルテ大統領が誕生したが，選挙後ラモン・アンはドゥテルテの出身地（南部ミンダナオ，ダバオ元市長）で政治的利害関係の深いミンダナオへの投資を増やすことを公表した。これは選挙中，ドゥテルテの対立候補の一人グレース・ポー（Grace Poo）をコファンコとアンが支持していたためといわれ，ベガテレコムの売却と連動した政治力学に対応したサンミゲル側の変わり身の早さが示されている[7]。

 過去にサンミゲルは2013年にJGサミットにマニラ・エレクトリック（配電事業）を，2014年にルシオ・タンにPALホールディングスを売却している。また創業以来のコア事業であるビール製造ではキリンがサンミゲル・ブリュワリーに2009年に48％以上出資しており，こうした出資受け入れもサンミゲル側の事業ポートフォリオにおける重厚産業化へのシフト表明と時期的に一致している。機動的な傘下企業の売却や出資受け入れを通じて，サンミゲルは国内では地方への投資と事業展開を強化しつつあるようである。

 通信事業領域については4Gへの割り当てからフィリピンでも寡占的な競争が激化していくと予想されるが，通信事業をコア事業としてポートフォリオに組み込めなかった財閥も含め，ドゥテルテ政権以降においてはマニラ，ルソン島からダバオ，ミンダナオ島など南部・地方へのインフラを中心とした投資が加速することで，サンミゲルなどの財閥は内需型の事業展開と拡大にまい進していくものと思われる。

ポートフォリオから見た異業種参入（石油精製）の評価

 2010年のサンミゲルによる国内石油精製最大手ペトロンの買収は，先に見たように同グループの事業ポートフォリオを劇的に変更するものであった。ガソリンスタンドチェーンを擁するペトロンの買収は，定石的といえるJGサ

ミットの異業種参入とその評価のケースとは異なっている。モータリゼーションや消費面での経済成長を見越した将来的かつ長期的な大型投資であって，コア事業のシフトを伴うようなポートフォリオの構築であったということで大きく異なっているからである。ペトロンの売上規模は2016年12月期で持株会社サンミゲル・コーポレーションの約半分に達している。

ペトロン買収前後の2009 - 2010年のROEは同社年次報告書によれば，11.45から14.85％で，買収時のパフォーマンスは比較的良好だったためディールが決定したようだが，2016年12月期にはROE 7.53％に低下しており，利益マージンは1.83％にすぎない。原油市況の低迷が続いたことが背景となって，この業種の全体としてのパフォーマンスは良好とはいえなかった。

既にこれまで確認したようにサンミゲルは同様の投資戦略として，インフラ関連の事業部門をポートフォリオに組み込んでおり，この種の事業への偏りが強い。不動産事業会社では非上場のサンミゲル・プロパティーズが組み込まれているが，図表3 - 6からもわかるようにポートフォリオに表示されていないほど規模が小さい。

他方で2010年代前半に配電事業のマニラ・エレクトリックと空輸事業のPALホールディングスを売却している。M&Aを通じた投資戦略としては非常に流動的な面があり，JGサミットと比較した場合，ペトロンを含めポートフォリオの中では現段階では明らかに貢献・機能していない。ただし，収益指標面での短中期の結果を除くならば，全体してリスク・ボラティリティが高くなる要素を残しながら，サンミゲルの事業転換を伴う多角化は将来的・長期的な戦略と見なすことも可能であろう[8]。

第4節 結 論

FMCGに属す食品飲料系コングロマリットにおける事業多角化の推移から得られた結論とは，多角化とパフォーマンスに関する先行研究が示してきたコングロマリットに対するネガティブな側面と異なり，当該国（フィリピン）における経済成長と発展に対応したインフラ事業や不動産開発，通信事業への戦略

的なシフトであった。とはいえ，いわば事業投資としては資本構成が高く投下資本の大きさや資本回収期間の長さを考慮すれば，このような大胆な事業ポートフォリオの変更は少なくとも短期的にはさまざまな収益指標の低下，すなわちパフォーマンスを専業企業，関連多角化型企業に比較して低くする方向に作用しよう。

　JGサミット，サンミゲルの両グループのように食品飲料系事業をスタートアップとする場合，外資との提携を通じた製品範囲の拡大，内需型事業であるにもかかわらず積極的な近隣国・国外市場への進出も見られ，当初のコア事業の関連多角化とともに異業種事業がポートフォリオに加わる傾向も強いことがわかった。

　他方でサンミゲル・グループのように大胆な事業ポートフォリオの変更によって，当該グループの事業規模と範囲は広がり，スタートアップ・コア事業である食品飲料系事業の比率が低下していくだけでなく，多角化を超えた外部環境に応じた大規模な事業転換も見られた。サンミゲルのように世界のビール業界が盛んにM&Aを行ってきた背景がある場合，ビール事業への外資の出資を他の事業への投資機会としてとらえる場合もある。この場合，極端なことを言えば，サンミゲル・グループはビール事業に対して事業存続の執着がないととらえることもできよう。

　JGサミット・グループについても非関連多角化の傾向が見られるものの，事業ポートフォリオへの不動産事業の組み込みが功を奏しバランスの良いポートフォリオを構築していた。これに対してサンミゲルの場合，石油精製事業やインフラ事業の組み込みによってポートフォリオに偏向が発生しており，異業種を組み込む多角化戦略は現段階ではグループのパフォーマンスに貢献していなかった。このように上位財閥においても非関連多角化を含む戦略と事業ポートフォリオの構築において著しい違いが見られるわけで，2010年代に入ってからこうした戦略的多角化が顕著になったことを確認することができた。今後引き続き同じ傾向が見られると想定されるタイ，インドネシアなどのコングロマリットの横断的な比較検討が課題となってこよう。

◇注◇

1) 以下各財閥のプロフィールについては各財閥・グループ会社のウェブ開示資料，桂木（2015）pp.82-103 に依拠している。
2) 以下 JG サミット・ホールディングス，URC，ロビンソンズ・ランド，PLDT，セブ・パシフィック航空，マニラ・エレクトリック（各ウェブサイト，IR，カンパニープロフィールなどより），Nikkei Asian Review 各企業データ，桂木（2015）pp.86-87 による。
3) 日清食品プレスリリース 2014.12.2，同「日清食品グループ中期経営計画 2015」2013.4.30．以下も同じ。
4) 『日本経済新聞』電子版 2014.10.24。
5) 以下サンミゲル・コーポレーション（持株会社），サンミゲル・ブリュワリー，サンミゲル・ピュアフーズ，ペトロン・コーポレーション，ジネブラ・サンミゲル，ザ・フロンティア・インベストメント・ホールディングス各ウェブサイト（参考文献参照），Nikkei Asian Review 各企業データ，桂木（2015）pp.98-101 による。
6) たとえば，マニラを中心とした約 89km に及ぶ高速道路 Tarac-Pangasinam Union Expressway を運営，2013-2044 年の運営権を有している。
7) San Miguel sacrifices mobile dream to Philippine politics (by Cliff Venzon), Nikkei Asian Review, June 5, 2016.
8) 重化学事業へのシフトという点でサンミゲルは，第 2 章で取り上げたロッテ・グループのケースと似ている。ただし，ロッテケミカルの収益指標を見ると（2016 年 12 月期），ポートフォリオとグループ全体のパフォーマンスへの貢献度は高まりつつある。

◆第4章◆
タイの食品飲料系コングロマリットの形成と発展

第1節　NAIC型経済構造と財閥

　今日，タイ経済が日本で紹介される場合，日本の自動車産業の拠点としてクローズアップされるケースが多い。部品生産の拠点としてインドネシアについても同様のことがいえるわけで，タイの主要な輸出品目にもそうした事情は反映されている。他方で部品関連などの輸出品目以外にも外貨獲得の輸出品目は以前から存在していた。タイ米は伝統的な輸出品であったが，これ以外にもアジアNIEs（Newly Industrializing Economies）が台頭してきた1970年代後半以降，実はパームオイル，キャッサバなど農産物が多いことを特徴としていた。

　2015年の輸出額（バーツ換算）に占める食品・飲料・植物性オイルなどは約13.5％を占めており，輸出品目の太宗である自動車関連などを中心とした機械・製造業品の57％を別格とすれば，一次産品関連品目も過去の貿易品目において主力品目の1つになっている。農産物の輸出上位品目には天然ゴム，粗糖，米と並んで鶏肉缶詰が見られ，特に日本向け輸出品目に絞り込むと鶏肉以外にもえび加工品，ペットフードなどが食い込んでおり，こうした輸出品目が後ほど見るようにタイの食品系コングロマリット形成に大いに関係しているのである[1]。

　農産物の範疇に入る輸出品はしばしば経済成長の過程でつい見逃されがちになるが，鶏肉や海産物なども含めた一次産品の加工品ということになれば話は

別で，消費財輸出産業の範疇に入ってこよう。また一次産品（海産物，肉類，パームオイル，さとうきびなど）から加工食品（冷凍ブロイラー，エビ，缶詰，食用油，砂糖など）までの垂直的な統合だけでなく，最川下の小売りまでをコングロマリット内で押さえた「垂直統合」も先発 ASEAN 諸国の財閥ではさほど珍しくはない。特にタイの場合，伝統的に一次産品とその加工産業が発達してきた経緯もあってこうした傾向は顕著になっている。

このように伝統的に食料の豊富なタイでは，国内市場だけでなく国外市場をもターゲットとした食品加工企業が栄えることは国の輸出構造に対応しており，1980 年代にタイの経済発展がしばしば韓国，台湾，香港，シンガポールに代表されるアジア NIEs と一線を画して NAIC（Newly Agro-Industrializing Country）型発展と呼ばれた所以でもある。そうした代表的な財閥が本章の最後で取り扱う CP グループである。

王室を発祥とするサイアムセメント・グループは王室財産管理局（CPB：The Crown Property Bureau）が約 3 分の 1 の株式を保有しており，資本と経営が分離した例外的なコングロマリットであるため[2]，これを除けば他の ASEAN 先発国と同様，売上・資産規模の上位には華人系財閥が顔を並べており，これらの財閥は同時にほとんどがコングロマリットの形態をとっている。

こうしたタイの大企業部門・財閥については他のアジア諸国と同様，ファミリービジネス，所有構造，ガバナンスに研究関心が集中している。特に 1997 年のアジア通貨危機以降の変化や状況に比重を置いた研究が多い。末廣（2006），Yabushita and Suehiro（2014）は 200 以上の企業グループを分析対象として，所有構造面ではファミリー支配に大きな変化が見られないにもかかわらず，専門経営者の比重は大きくなっており，「創業者（一族）＋俸給経営者＋外部市場からの採用組」による三者結合がファミリー経営の限界を克服し，アングロサクソン型経営モデルへの移行途上にあるとした。

タイに限らず，韓国，インド同様，戦略的コンサルティングファームがアジア通貨危機以降，上位財閥の経営に関与していたことから，さらに澤田（2011）による「四者結合」の存在を指摘する研究もあり，こうした一連の指摘はタイの場合，創業者から継承者である息子への 2 代目以降への移行に伴い，息子を

はじめとする直系を中心とする一族の数が多ければ,専門経営者を経営中枢からはじきだしてしまうデメリットがあるという Bertrand and others (2008) の指摘も,少なくとも現行の上位財閥には該当しないように思われる。

なぜならば上位財閥の規模と範囲の拡大による質量両面から,専門経営者層への需要がファミリースタッフをはるかに上回るからである。多角化を促進する規模・範囲の拡大を目指すコングロマリット経営には人材・知識の不足が常につきまとうために,外部人材を得る,もしくは M&A を行うことでこうした不足を解消していくことになる。こうした専門経営者の台頭についてはむしろ既知の現象としてとらえつつ,個別のビジネスグループの多角化戦略,コングロマリット化のケーススタディと分類化については依然として研究蓄積が少ないため,本章ではこの点に焦点を当てていくことにする。

第2節　FMCG 型コングロマリットの分類　4類型[3]

食品・飲料系のコングロマリットの場合,類型化が可能で「第1類型」が上述の一次産品加工型である。飲料をスタートアップ・中核事業とするコングロマリットの場合,ビール・アルコール飲料,ソフトドリンクから関連多角化として食品,外食などに派生的に事業が拡大していくケースを「第2類型」とすることができる。一般消費財を代表する1つとして日用品をスタートアップ・中核事業とし,やはり関連派生的に食品や小売りなどに拡大していくケースを「第3類型」とすることができよう。またこれらの類型に該当する財閥は最川下の小売りにまで触手を伸ばしていくことから,逆に小売りから川上の食品・飲料,派生的な事業へと向かうケースもあり,これを「第4類型」と名づけよう。この類型化はインドネシアやフィリピンの財閥にも適用可能である。代表的な財閥を実際に類型化すると次のようになる。

「第1類型」・・・CP グループ,TUF グループ,ミトポン・グループ
「第2類型」・・・TCC グループ,シンハー (Singha)・グループ
「第3類型」・・・サハ (Saha)・グループ

「第4類型」・・・セントラル・グループ

　さらにより純粋にコングロマリットと定義する限り，関連多角化だけでなく，非関連多角化が観察される必要があるが，ファミリーの資産規模・中核事業の売上高・収益・時価総額などに見られるように，財閥の規模が大きくなればなるほど非関連多角化が見られる。ここで類型化した財閥グループにとって，非関連の代表的なものは不動産事業や金融ということになる。中でも共通して不動産事業に向かい中核事業の1つになっているケースが多い。なぜ不動産事業に向かうのかという点については後ほど検討を加えるが，不動産事業が加わりここに重点的な投資が行われるようになるとコングロマリットは1つの完成形に近づくものと見なせよう。

　図表4－1はタイの代表的な財閥とスタートアップ時のコア事業と事業概要

図表4－1　主要財閥のスタートアップ事業と事業概要

財閥と創業者	スタートアップ事業	主要なグループ企業
CPグループ ダニン・チェンワノン	アグリビジネス・養鶏・食品	チャラン・ポカパン・フード（CPF），CPオール（セブンイレブン），ロータス（小売り），トゥルー・コーポレーション（通信）など
シンハー・グループ プラヤ・ビロンバクディ	飲料（ビール）	シンハー・コーポレーション（ビール）バンコク・ガラス・インダスリー，バンコク・ビジパック，シンハー・エステート（不動産），シンハー・ライフ（アパレル），レオ・リンクス（物流），ファイン・フード・キャピタル（食品）など
サハ・グループ ティアム・チョクワタナ	日用品	サハ・パタナ・インターホールディングス（持株会社，上場），サハ・パタナビブン（日用品），ICCインターナショナル（日用品，アパレル），タイ・プレジデント・フーズ（食品）
TCCグループ チャロン・シリワダナバクディ	飲料（ウィスキー）	タイ・ビバレッジPCL，フレーザー・センターポイント・リミテッド（不動産），サウスイースト・インシュランス・パブリック・カンパニー・リミテッド（金融），ベーリー・ユッカーPCL（包装・日用品・食品など） ザ・プランテーション・カンパニー・リミテッド，オイシ・グループ（外食）など
サイアムモーター・グループ ターウォン・ポーンプラパー	自動車 日産などと提携	ニッサンモーター・タイランド，サイアム・カルソニック（自動車部品），ホテル・トロピカーナ，サイアム・カントリークラブなど

バンコク銀行グループ チン・ソーポンパーニット	銀　行	バンコク銀行（タイ最大），バンコク・ライフ（生保），バンコク・インシュアランス（損保），アジア・プラス・セキュリティーズ（証券），チャトリウム・ホテル＆レジデンス（ホテル），タイコン・インダストリアル・コネクション（倉庫・工場リース），バムルンラード・インターナショナル病院など
アユタヤ銀行グループ チュアン・ラタナラク	海運，銀行	アユタヤ銀行（※2016年現在三菱東京UFJ銀行の傘下にある），スリ・アユタヤ・キャピタル（損保），トムソン・グループ（不動産・建設），バンコク・ブロードキャスティング＆TV（放送），サイアム・シティ・セメント（セメント）
カシコーン銀行グループ バンスーン・ラムスム	銀　行	カシコーン銀行，ムアンタイ保険（損保），ムアンタイ生保，ロックスリー（IT）など
セントラル・グループ ティアン・チラチバット	小　売	セントラル・リテール・コーポレーション（小売りの統括会社），ロビンソン・デパートメント・ストア，パワーバイ（家電量販店），セントラル・プラザ・ホテル，セントラル・パタナ（不動産），マリー・サンプラン（食品・飲料製造）など
レッドブル チャリオ・ユーウィッタヤ	飲　料	レッドブル（51%出資），TCファーマシューティカル（薬品・飲料など），ピヤウエート病院，カヴァリーノ自動車（フェラーリの販売）など
タクシン・グループ タクシン・シナワトラ（元首相）	通　信	SGアセット・コーポレーション（不動産），ボイスTV　※1986年に携帯通信のAIS（アドバンスト・インフォ・サービス）を立ち上げ巨大通信企業へと成長したが，2006年にシンコーポレーションの持株（49%）をシンガポールのテマセクに売却。売却に絡むスキャンダルはクーデターの引き金になった。
タイ・ユニオン・フローズンプロダクツ（TUF） グライソーン・チャンシリー	エビの養殖と生産，缶詰製造	
ミトポン・グループ ボンソリキット一族	サトウキビ生産，製糖事業	ミトポン・シュガー（タイ最大手） パネルプラス（木材加工），ミトポン・バイオフュイル（再生エネルギー），エラワン・グループ（不動産・ホテル事業）など プランテーション，再生エネルギー，木材・原材料製造，投資事業
その他の大手財閥 （スタートアップ・中核事業）※関連多角化・専業志向が比較的強い財閥		サハヴィリヤ・グループ（鉄鋼），ランド＆ハウスグループ（不動産），チョーガンチャーン・グループ（インフラ建設・運営），イタリアンタイ・グループ（インフラ建設），バンコク病院グループ（病院経営），サマート・コーポレーション・グループ（通信），アマタ・コーポレーション・グループ（工業団地運営），チャンネル3 BECワールド・グループ（テレビ放送），サミット・グループ（自動車部品）

出所：各グループの開示資料などから作成。

を示したものである。同表を一瞥すると食品・飲料，日用品など内需向け事業が多いことがわかる。とりわけ食品飲料事業が多いことはタイの財閥の特徴の1つである。FMCGの範疇ではないが，銀行・金融事業も内需向け事業である。各財閥はスタートアップの段階から内需向けを想定していたわけだが，食品系財閥の発展初期においては，先に直近のタイの主要な輸出品目を紹介したように，鶏肉や缶詰などの輸出が多く，とりわけ日本向けが大きな部分を占めていることから，日系商社と日系食品メーカーとの関係が深かったことが背景にある。1970年代にはじまるCPグループの日本向けブロイラー輸出はその嚆矢であった。

第5章で取り上げるインドネシアのケース同様，タイの財閥も日系・外資系企業との技術供与・提携・合弁などを通じて発展の跳躍台としてきたのであるが，食品飲料系コングロマリットのケースを見る前に，最も明白な事例として自動車のケースを挙げることができよう。サイアムモーターは1952年に設立されたが，10年後の1962年にはサイアム・ニッサン・モーターを設立し日産車の組み立て生産を開始している。この1962年はタイの自動車製造の「発展元年」にあたり，政府の投資奨励法の強化の一環として外資の自動車のノックダウン生産に対する税制優遇措置と技術者ビザの認可拡大によって，トヨタも同年に進出している。現在のタイ乗用車市場の2強体制の歴史はこの1962年に端を発しているのである。

日系・外資との提携・合弁が財閥の成長発展のスプリングボードになっていることはタイに限ったことではないが，日系自動車メーカーやライオンのような日用品製造販売に見られるように，比較的早い時期にタイに進出したケースが1つ目で，2つ目は主に21世紀に入ってから国内市場の限界からM&Aを含めて，海外市場へ攻勢的に進出した日系の食品飲料メーカーの場合に分かれる。前者は自動車・二輪製造以外の例として，1960年代後半以降のサハ・グループとライオンの合弁が代表的な事例である。1つ目の早期的な段階での合弁・提携は時期的にはインドネシアなどの事例とも時期的にほぼ一致している。

バンコク銀行グループなども日系金融機関との提携を深めており，タイに進

出する日系企業の増加に対応したものや拡大する保険市場を狙った日系金融機関側がタイ金融機関側と戦略的な提携を結ぶか，出資するケースが増えている。こうした動向は地方金融機関として生き残りをかけた地銀にも波及している。こちらのケースも時期的には後者の時期に相当しよう。

2000年代以降の合弁・提携事例を財閥ごとにまとめたものが図表4－2である。事例の時期を日系企業側の事情から2つの時期に分けたが，実際には合弁そのものが連続していることが多く，たとえばサハ・グループの場合，ライオンとの提携による消費財生産からはじまり，その後，ワコール，大王製紙，日清食品，ローソン，セコム，グンゼ，セーレン（繊維）など日系企業と次々と提携・合弁を増やしてきた。スタートアップ事業が日用品でコア事業であることには変わりがないが，JVのパートナー側の業種も食品，小売り，繊維，

図表4－2　食品・飲料事業を傘下に持つ財閥と日系企業との合弁事例

財閥（食品・飲料系コングロマリット）	日系企業	合弁企業
CPグループ	明治乳業，伊藤忠，セブン＆アイ	CPメイジ，CPポカパン（中国・ベトナムでのアグリビジネス，伊藤忠25%出資），CPオール（セブン・イレブンのフランチャイズ）
セントラル・グループ	大戸屋，ミスタードーナッツ，住友商事，ワッツ，ファミリーマートなど	セントラル・レストラン・グループ（外食），サイアム・ファミリーマート，コモノヤ（100円ショップ，ワッツ）など
サハ・グループ	ライオン，ワコール，イトキン，ツルハ，大王製紙，セコム，ローソン，住友商事，日清食品，UCC，セーレン，グンゼなど	ライオン・コーポレーション・タイランド，タイ・イトキン，タイ・ワコール，ツルハ・インターナショナル（ドラッグストア），エリエール・インターナショナル（製紙），タイ・プレジデント・フーズ（日清食品約20%）
シンハー・グループ	アサヒホールディングス	スーパードライを生産（業務提携2002年～）
タイ・ユニオン・フローズンプロダクツ（TUF）	三菱商事，はごろもフーズ	共同開発，OEM生産

出所：図表4－1に同じ。

製紙などのように関連性はあるものの異業種が増えることによって，コングロマリット化が進展した典型的なケースである。

「第3類型」としたサハ・グループの創業者ティアム・チョクワタナ（Thiam Chokwatana：1916－1991）は雑貨屋から今日のグループの礎を築き上げたが，日系企業との提携を中心にした事業戦略は次男のブンヤシット（Boonisithi）に継承された後も強化されてきた。その結果として国内では洗剤の「パオ」，即席麺「ママー」などのローカルブランド名でタイ消費者の信頼を勝ち得てきた。

同様のケースは「第4類型」のセントラル・グループにも顕著に見られる。セントラルの創業者ティアン・チラチバット（Tiang Chirathivat：1905－1968）はタイにおける現代的小売業の創始者であり，1957年には息子のサムリット（Samrit）がセントラル・デパートを開業し，現在は3世代目，創業者の孫にあたるトス（Tos Chirathivat）がグループを束ねるCEOとなっている。スタートアップ・中核事業が小売りであるため，コンビニ（ファミリーマート），外食（大戸屋，ミスタードーナツ），100円ショップ（ワッツ），TV通販（住友商事と提携）などでの日系企業との提携事業が多いことを特徴としている。最も消費者に近い事業領域を拡大してきたわけだが，こうした提携は第Ⅱ期の日系・外資との提携増加の時期に一致している。

第3節　サハ・グループの食品系事業グループの要　タイ・プレジデント・フーズ（TPF）

数ある財閥の中でもサハ・グループの場合，日系企業との合弁が突出して多く，タイの国内市場で確立した日用品事業での競争優位を活かした関連多角化と合弁を通じて拡大してきた。多くの産業・業種の中でも日用品・食品・飲料・小売りなどは国内市場の中で「近接性」を有しており，近接する川下の事業を取り込むことで一定のシナジー効果を期待できることは言うまでもなかろう。ただしTCCグループのように日系企業とほとんど提携していないケースもあるが，財閥・外資も含めれば事業拡大・多角化の契機になっていることは

間違いない。

　つまり関連多角化の場合，一般消費財の中でも「日用品・食品・飲料→小売り」またはその逆の「小売り→日用品・食品・飲料」というように相互にベクトルが働くケースが多く見受けられる。前者の代表事例としてサハ・グループ，TCC グループ，後者の代表事例としてセントラル・グループの名を挙げることができよう。国内最大手のインスタントラーメン製造メーカーで，サハ・グループの中核的な食品メーカーであるタイ・プレジデント・フーズ（Thai President Foods，以下 TPF）の 2016 年現在の売上規模は約 400 億円，営業利益約 66 億円で，売上規模では日本の明星食品（約 400 億円）に近いが，国内の製品シェアは約 50％と日清食品など外資を含む他のメーカーの追随を許さない地位を誇っている。

　TPF は 1972 年に台湾系企業の製造技術を導入して資本提携したが，設立後すぐに資本提携を解消しタイ系資本で固め，タイにおけるインスタントラーメン製造の嚆矢となった。「ママー」(MaMa) ブランドの製品はタイではインスタントラーメンの代名詞になっているほどである。1994 年に上場しており，売上高の 77％を占めるインスタントラーメン以外にはビスケット，クラッカー，チョコレートなどの菓子類，飲料を製造し，国内 3 工場の他にハンガリー，カンボジア，バングラデシュに各 1 工場を擁している。主力製品はインスタントラーメンで，3 カ国に工場を持っている関係から海外売上高比率は 21％に達している。

　TPF は傘下に海外現地法人を含む 14 社のグループ会社を擁し，グループ会社の中には小麦粉製造，製紙・包装・紙コップ製造などの企業が含まれており，ミャンマーとのベンチャー企業も含まれている。つまりサハ・グループの中で食品系事業グループとして，TPF グループは垂直的統合の形を示しており，いわば「内部化」を追求していると言い換えることもできよう。食品・飲料，一般消費財と小売りの相互関連結合はこの「内部化」を目的として結果的に関連型多角化に向かうが，同一グループの中で別のカテゴリーである一般商材（日用品）の事業グループにおいても同じ結合が生じている。既に述べたように，日系企業・外資との合弁・提携は多角化・コングロマリット化の主要因

の1つであるが，この「内部化」の追求が重なることでコングロマリットの規模と範囲が拡大していくと考えられる。

サハ・グループの中のTPFを念頭に置いて作図したものが図表4-3である。この場合，食品・飲料，一般消費財（日用品など）と小売りを相互に追求する事業と位置づけ，製造部門を持つ食品飲料・一般消費財は派生的に包装（パッケージング），物流，外食，サービスなどの事業につながっていくことになる。

たとえば，食品・飲料事業は日本でもボトルや紙容器などを内製化するケースはあるが，（子会社として）会社化するケースはむしろまれである。物流にしてもそうだが，台湾の食品系コングロマリットのケースと同様，物流やパッケージングなどに専業化した事業会社が，食品系メーカーの供給ネットワークの構築に十分対応できないため，自ら「内部化」せざるをえず，関連多角化を経て同一グループ内の別の中核事業も多角化が進展して，最終的に非関連多角

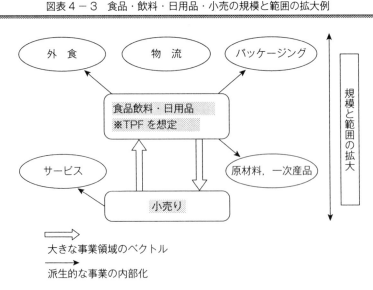

図表4-3 食品・飲料・日用品・小売の規模と範囲の拡大例

出所：筆者作成。

化へ向かうことでコングロマリットが形成されると考えられる。

　この食品飲料系，または日用品を含むコングロマリットの場合，小売りから食品・飲料という逆の事業追求を目指した場合においても，最川下の「購買力」＋「販売力」の拡充に収れんする傾向が強い。むろんこの場合の「販売力」の拡充は「購買力」も含む国内市場を超えた国外市場での拡充を指しており，その場合，すでにこの型のコングロマリットは内需型事業という壁を越えてしまっている。

　TPFの事例のように日本を除く東・東南アジアにはインスタントラーメン製造を契機に食品系コングロマリットが形成されたケースが少なくない。台湾の頂新グループ系の康師傅，統一食品，韓国の農心，インドネシアのインドフードなどである。大手財閥系以外にも国内組，外資も含めれば，タイ市場は既に飽和状態に達しており，アジア全体の需要も2013年をピークに低下傾向に転じている。そのためTPFを含むタイの食品系メーカーが海外に販路を求めるケースも増えている。タイにとって最も有望な国外市場の1つであるベトナムにおいても，インスタントラーメンについては市場の飽和傾向が見られ，インスタントラーメン自体の製品変更，たとえば袋麺からより付加価値の高いカップ麺や生麺タイプの製品にシフトするなどメーカー側は新たな局面への対応を迫られている[4]。

　実際，インスタントラーメンを主力商品とするTPFの2015年までの5年間の売上高成長率は鈍化しており，ハンガリー，バングラデシュなどのフロンティア市場への進出に見られるように輸出・進出先の選別が行われるとともに，インスタントラーメン以外の製品への注力なども考えられている。2015年にグループの総帥ブンヤシットはインタビューを受けた新聞に小売り・教育・外食などの事業強化と多角化を目指すというように答えていることから[5]，主力製品の市場での飽和を契機としてTPFの食品系グループもより多角化が進むことが想定されよう。実際，図表4－3に示されているような多角化の方向性が観察されている。派生的な多角化と日系ラーメン店の幸楽苑との提携を打ち出しているが，こうしたチェーン店も飽和状態に達するのは時間の問題かもしれない。

第4節　外需の掘り起こしへ向かうセントラル・グループ

　サハ・グループは日用品からスタートアップしたが，セントラル・グループは小売りからスタートアップしており，逆のベクトルから「内部化」を伴い多角化していったケースである。注意を要する点は結果的に他の型に類似した形態のコングロマリットになっている点である。それでも財閥が最川下の小売事業の拡大を図るのは国内市場のシーリング（天井）に近づいたとしても，ASEAN市場への進出も含まれているからである。先発ASEANであるタイの場合，財閥系小売業の拡大は国内市場の競争圧力を高め，さらに外資の進出も含めれば飽和状態をより早くもたらすことになるが，他方で隣接ASEAN市場への展開も早くなっている。

　たとえばベトナムでは国内大手小売業の数が多くないため，セントラル・グループやTCCグループは自国で調達しているタイ製品の水平的な展開も目指して拠点の拡大を図っている。セントラルは2014年にベトナムとインドネシアにロビンソン百貨店を出店し，ベトナムのローカルスーパー（Lan Chi）との資本提携とベトナムの小売業ビックCの買収を行っている。

　他方，TCCはベトナムの卸大手（Phu Thai）との資本提携およびメトロ・グループ（独）のベトナム事業の買収を行っている。また注目すべき点はこれらタイの代表的な小売業がASEANやアジア市場だけに進出しているわけではないということである。セントラルは2011年にイタリアの百貨店（ラ・リナシェンテ），2013年にデンマークの百貨店（イルム），ドイツの百貨店（カーデーヴェー）を次々と買収し欧州事業の強化も図ってきたからである[6]。これは小売事業を含めタイの財閥が日系の小売企業以上に強いグローバル市場志向を持っていることを示唆させるものであろう。

　さらにサハ・グループのTPFのカンボジア進出，ミャンマーの小売業MKグループとの提携，そして，これらに加えて国内だけでなく，いわゆるメコン圏域内をにらんだ物流網の構築のために，2015年に日系との合弁で物流会社セイノー・サハ・ロジスティクス（セイノー側51％）を設立している。なおセイ

ノーは同時期にインドネシアのサリム・グループともJVを設立している。同年のASEM（ASEAN経済共同体）発足を機にタイの食品飲料・小売関連のコングロマリットが，ますますその触手をASEAN市場全体に伸ばしていくことは確実であり，このようにタイをはじめとした先発ASEANの財閥との合弁は日系企業にとってもASEAN市場圏での事業機会を生み出す契機となっている。

セントラル・グループで注目しておくべき点は，流通最大手として多角化のベクトルが働く一方で，食品飲料製造も中核事業に育ちつつあることである。牛乳・乳製品・フルーツジュース，食品などでブランド構築を進め，ジュースを中心としたマリーブランドは広くタイの消費者に認知されたものとなっている。このブランドを担う中核的な飲料・食品メーカーが1978年創業のマリー・サンフラン（Malee Sampran）で，マリー・グループとして上場している。

マリー・グループの2016年の売上規模は約200億円，営業利益約22億円で従業員数約1,400人ほどなので日本基準では中堅メーカーと呼べるかもしれない。マミーグループとして傘下に4つの子会社を有しており，売上高に占める輸出額の比率は28％で近隣ASAEANを中心に国外市場への関心も高く，2016年にはフィリピンで現地食品メーカーと合弁企業を設立している。マリーブランド製品以外に内外のメーカーとの契約生産，いわゆるOEM生産も行っており，マリーブランドとOEMの生産比率は54：46となっている。

OEMを導入することは，BtoCにBtoBを加えることで輸出比率を高め業容の拡大効果が期待されることと，状況によっては経営の安定にもつながることが期待できよう。規模はさらに小さくなるが，同じグループで1992年に設立された牛乳・乳製品製造に特化したアビコ（Abico）・ホールディングスの場合，それら製品の大部分をOEMに向けている。こうした生産体制は国内プラス近隣ASEAN市場での法人顧客を獲得する可能性を有している。

セントラル・グループの場合，いわば最も消費者に近い小売りにおいてプレゼンスを高めながら，併走に近い形で飲料食品事業を定着化させてきた。川下の事業領域として「近接性」が高く，「小売り → 食品・飲料製造」というパ

ターンの代表的なケースであるといえよう。

第5節 「第2類型」のビール・アルコール飲料事業のケース

その1）シンハー・グループ

　タイのビールと言えば最も知られているのはシンハービールである。日本にも輸入されており，世界的にも知名度は高い。日本のアサヒホールディングスとは業務提携を行っており，タイ国内でも市場シェアが1位と思われがちであるが，実は次のその2）のケースで紹介する後発のTCCグループのタイ・ビバレッジのチャーンビールに低価格戦略によって追い抜かれたことがあり，現在も両社のビールは市場シェア争いでは拮抗している。

　ただし，TCCグループと比較してシンハー・グループは同じコングロマリットでありながら非上場企業が多く，2016年現在で主要なグループ企業で上場しているのは不動産事業のシンハー・エステートのみである。事業部門はビールなどのアルコール飲料，食品・飲料，包装容器製造（バンコク・ガラス・インダストリーなど），小売のESTカンパニー，物流のレオ・リンクス，アパレルのシンハー・ライフ，ミュージックエンタティメントのミュージック・ユニオン，食品製造・外食のファイン・フード・キャピタルなど多彩な事業部門を擁している。

　創業者のプラヤ・ビロンバクディ（Phraya Bhirombhakdi）はチャオプラヤ川でのフェリー船営業などを経て，1934年にブーンロート（Boon Rawd）を設立し最初の国産ビールの製造販売を開始した。このように日本以外のアジア諸国でもフィリピンのサンミゲル，シンガポールのタイガービールなど第2次大戦前までその歴史をさかのぼることのできるブリュワリーも少なくない。1990年代に入るまではシンハービールは唯一の国産ブランドとして60％以上の市場シェアを謳歌してきた。しかし，シンハーの前に強力な国産ブランドが立ちふさがることになる。次に取り上げるTCCグループのタイ・ビバレッジのビール市場への参入である。後発でありながら低価格のチャーンビールを市場に投入し一時期は売上首位に立ったが，その後シンハーも低価格品を投入し両社は

激しいシェア争いを演じて今日に至っている。また2002年以降，アサヒホールディングスと業務提携を行っている。

　2000年以降ビールだけでなくソフトドリンク類，菓子類，食品製造などへ商品レンジを広げており，代表的な老舗グループらしく経営の中軸も3世代から4世代目へと移行しつつある。全体では50社以上のグループ企業を擁しており，現在はサンティ（Santi）・ビロンバクティ（70歳）がグループのCEOで，2016年フォーブスでは資産24億ドルでランキング9位に位置している。サンティの下，ビール・食品以外では近年は不動産事業に力を注いでおり，英国を拠点としているジュピターホテルの買収，富裕層向けレジデンス，オフィスビル，倉庫などへの投資を増やしている。これらの事業はシンハー・エステートによるもので，ベトナムではブーンロートが地元の消費財メーカー，マサン・グループに出資を行っている。

　主要グループ企業の中で唯一上場しているシンハー・エステートであるが，現状では投資先行の形が続いており，保有する物件による収益貢献は今後の課題となっている。次に見るTCCグループの不動産事業がシンガポールに上場して広域的に国外で事業活動を行っているのに対して，シンハー・エステートはタイ証券取引所に上場しており，傘下に10企業を擁し国内を中心に商業用ビル，レジデンシャル，ホテル，リゾート開発が事業投資対象となっている。国外市場については，ホテル事業で英国のジュピターホテルチェーンに50％出資している。

　2016年のシンハー・エステートの売上高は日本円換算にして約105億円で前年比約1.5倍に急伸したが，純益については5億円ほどとなっている。ビール・食品とともに中核事業に育つにはしばらく時間を要することになるかもしれない。全体として多角化しているものの，ビール・食品以外の分野では個々の企業は大規模ではなく，2次的中核事業の模索段階と言ってよいかもしれない。

その2）巨大飲料系コングロマリット TCCグループ

　ビール事業については後発であったが，同じアルコール飲料（ウイスキー）を

スタートアップ事業とするシンハー・グループと異なり、TCC グループの場合、コングロマリットとしてその規模が大きく主要なグループ企業の多くが上場しており、タイのトップクラスの財閥だけにディスクロージャーも一定程度進んでいる。ただし持株会社である TCC ホールディング・カンパニーと不動産事業持株会社の TCC アセット・リミテッドは非上場である。財閥の事業ポートフォリオに不可欠の不動産事業も 2000 年代以降順調に成長し、TCC アセットの下で事業展開するフレーザーズ（Frasers）・センターポイントを中核事業会社とするフレーザーズ・グループはタイ、シンガポールにおいてトップクラスの不動産企業グループとなっている。2016 年のフレーザーズ・センターポイントの売上規模は日本円換算で約 2,800 億円（営業利益約 517 億円）で、保有する海外不動産資産から順調に収益を引き出してきた。この点については後ほど再び検証することにする。

　現在のグループ CEO チャロン・シリワダナバクディ（Charoen Sirivadhanabhakdi, 72 歳）は 2016 年フォーブス資産ランキング 2 位、資産額約 160 億ドルで CP グループのタニンに次いでおり、世界ランキングでも 94 位である。シンハー・グループのところでも触れたように、グループの中核企業であるタイベブが後発でありながら、ビールの市場シェアでシンハーを脅かすまでになったのは、さながら日本のサントリーがキリンやアサヒを急追したことを彷彿させる。

　タイベブのみで 2016 年の売上規模を日本円換算すると約 5,800 億円（営業利益約 800 億円）で、日本の同業他社と比較してみると、売上規模ではサントリーホールディングスの約 5 分の 1、キリンホールディングスの約 4 分の 1 で日本のビールメーカートップ 3 には及ばないものの、サッポロホールディングスをやや上回る規模にある。もちろんこれはタイベブのみの話で、TCC 全体がコングロマリットであり、日本のビールメーカーも関連多角化を行っているものの、飲料事業への専業化傾向が強いため単純には比較できない。タイベブの傘下もしくは出資しているグループ企業および TCC グループの主要なグループ企業は図表 4 − 4 に示したとおりである。

　グループを統率する 72 歳のチャロンはタイ生まれの華人移民の子孫で、若

図表4-4 TCCグループの主要企業

TCCホールディング (統括事業会社)	ベーリーユッカー（4段目参照），サウスイースト・インシュランス（生損保，リース，消費者金融），TCCランド（不動産）
TCCアセット・リミテッド (不動産事業持株会社)	フレーザー・センターポイント・リミテッド（シンガポール1988年上場），フレーザー・センターポイント・トラスト，フレーザー・コマーシャル・トラスト（いずれもシンガポール上場）
タイ・ビバレッジ (シンガポール上場)	F&N（シンガポール上場，TCCアセットと合わせて約88%），オイシ・グループ（上場）スームスック（飲料，上場）
ベーリーユッカー（BJC） 貿易，消費財・食品製造，物流など	BJCグラスカンパニー（ガラス容器製造），BJCパッケージング，BJCマート（小売り），BJCロジスティクス，BJCフーズ，BJCヘルスケアなど グループ企業50社以上

出所：各社開示資料より作成。

いころ国営のウイスキー醸造所への原材料卸の仕事を通じて，ウイスキー醸造とそのビジネスにかかわる知識を習得していた。1980年代後半以降，政府による醸造権の入札に応じ，これを落札した後，ウイスキーを中心にビール，飲料事業，製糖，パッケージングなどに事業を拡張していった。1991年にタイベブはビール事業に参入するために設立されたもので，主力製品であるウイスキーとビールをはじめ，飲料，外食，不動産などの事業会社を傘下に置いている。タイベブは2006年にタイでなく，シンガポール証券取引所に上場している。これは後述するように現在グループ企業となっているシンガポールの大手飲料会社フレーザー＆ニーブ（F&N）の買収への布石となっており，不動産開発事業でもシンガポール企業との提携など国外市場を見据えたものであったからである。

当初カールスバーグと提携していたが，2003年には提携を解消している。グループの事業拡張と多角化は大型のM&Aを通じてもたらされており，タ

イベブのグループ系列ではローカル企業で緑茶・和食ブームの立役者となったオイシ（Oishi）・グループを 2008 年に買収している。オイシ・グループはしゃぶしゃぶ・寿司，焼き肉，ラーメン，ベーカリーなどの幅広い業態で店舗を拡大しており，この買収はタイベブからの飲料・食材供給など最川下でグループ内の派生需要拡大を狙ったもので関連型 M&A といえる。こうしたケースは日本のビールメーカーにも見られるものである（たとえばアサヒによるなだ万買収など好例である）。

　もう 1 つの大きな M&A ディールは当時東南アジアでも最大級ディール（約 1 兆 8,000 億円）と言われた 2013 年のシンガポールの F&N の買収である。話題となったのはこれが公開買い付け（TOB）によるものであったことと，キリンが東南アジア進出の一環として，2010 年に大株主であったシンガポールのソブリンファンドであるテマセックから約 15％ の株式を取得していたことである。結局のところタイベブの TOB によって，キリンは F&N の株式を売却せざるをえなかった。東南アジアではビール・飲料系会社をめぐる財閥・外資の出資や M&A に関する市場での憶測は後を絶たず，フィリピンのサンミゲルのように老舗中核事業の 1 つでありながらも，保有する財閥グループ側にとって将来もグループ企業として不動の位置にあるとは必ずしも断言できない場合もある（第 3 章参照）。

　F&N は傘下にハイネケンとの合弁会社アジア・パシフィック・ブリュワリーを 1931 年にシンガポールに設立しており，タイガービールのブランドで知られている。F&N 自体はソフトドリンクの製造販売も行っており，シンガポール・マレーシアでは知名度の高い飲料ブランドを有している。ただし，全体の売上高構成を見てみると，タイベブが買収に着手した時期には 3 割ほどが不動産事業からのものでシンガポールに所有する商業用不動産・レジデンス物件からの収益によるものであった。シンガポールをはじめとする国内外の不動産事業への投資に重点を置いていた TCC グループにとっては，こうした買収先の不動産アセットの活用も見越した戦略的な M&A であったといえる。

　タイベブ自体の売上総額における製品別内訳はやや意外で，ビール以上にウイスキーの売上比率が高い。スピリッツ，ウイスキー 62％ に対してビールは

25％である。残りは非アルコール飲料9％，食品4％となっている。東南アジアでは珍しい大規模ウイスキーメーカーであり，「メコン」「サンソム (Sangsom)」などの代表的なブランドから「ブレンド285」「ホン・トン (Hong Thong)」など製品ラインナップはラムやウオッカなど蒸留酒全般に及んでいる。国産ウイスキーにおいては独占状態で，スコッチウイスキーも販売ラインナップに含まれていることに加えて，外食や小売ネットワークにも強みを持っていること，観光大国であるため外国人需要もあることからウイスキーメーカーとしての存在感を維持してきた。

　他方でタイおよび東南アジアでのウイスキー需要の増大にもかかわらず，タイ国産ウイスキーの国外知名度の低さ，ブランド力の問題などからウイスキー以外の製造販売を拡大する必要性が元々あった。その第1弾が低価格でのビール市場への参入であった。第2弾がF&Nの買収を通じたソフトドリンク製造販売を通じた相乗効果と近隣諸国市場，ASEAN全体への拡販であった。ここには「総合飲料」メーカーへの志向が強くうかがわれる。チャロン会長は，株主向けに2015年の同社年次報告書に次のようなメッセージを寄せている。「タイベブは非アルコール飲料のポートフォリオへの投資を続けている。タイベブとF&Nはタイ，マレーシア，シンガポールでの進んだ生産施設と拡大する流通ネットワークのシナジー効果を発揮しており，さらにマレーシアとシンガポールでのオイシ緑茶とソフトドリンクブランドのエスト (est) の販売を通じてASEANでのプレゼンスを拡大しているところである」[7]。

　巧みなM&A戦略はこれだけにとどまるものではない。上述のM&Aに先立って2001年にタイの老舗大手総合商社で消費財・食品メーカーでもあるベーリー・ユッカー (Berli Jucker, 以下BJC) の最大株主となり，会長・副会長はチャロン夫妻，息子のサパナ (Thapana) もBJC役員として名を連ねるグループの旗艦企業の1つとなっている。すべての中核企業においてはこの三者と専門経営者陣によって運営されており，特に1882年創設のスイス系資本だったBJCは19世紀末から20世紀全体を通じてタイにおいて精米から米の輸出・流通にはじまる貿易に携わってきたため，その国内外の流通ネットワークをグループに組み入れることを狙ったもので，国内だけでなく国外市場・多

国籍化を本格的に志向する契機となった。BJCグループの事業内容はTCCグループと多くの点で重なっており，その事業構成は国外も含め実に多彩である。この買収を契機にシナジー効果を通じた関連多角化からさらに事業を放射上に多角化していく大きな転機となった。

このようにタイベブと買収したBJC，F&Nの買収は，スタートアップ事業であるウイスキー事業の延長線上にある関連多角化をさらに放射状に多角化していく起点となったが，TCCグループのホームページ上でも紹介されているように，もう1つの重要な転換点は不動産事業への投資であった。チャロン会長によるホテル事業への投資，シンガポールのキャピタランドとの合弁事業を通じて不動産事業はもう1つの中核事業として大きな成長を遂げていったのである。

グループの不動産事業の中核会社フレーザー・センターポイント（以下FC）から事業概要を見てみると，1990年代以降FCはシンガポールを拠点として，海外不動産投資と物件を徐々に増やしながら，2015年までには世界25ヵ国（シンガポール，UK，中国，オーストラリア，マレーシア，ベトナム，日本，UAE，フランスなど），70都市以上で不動産資産を保有し事業を展開するまでになっていた。地理的な事業分布を見る限りタイ国外への投資意欲が強いことが鮮明となっている。グループ内では売上規模でタイベブに次ぐ事業会社になっている。元々FCの前身会社はF&Nの傘下にあった不動産開発会社であって，TCCグループのF&Nの買収によってFCも2013年以降TCCのグループ企業となっている。

M&AによってTCCは非関連多角化として不動産事業に本格的に乗り出したが，FCはグループ企業になる前の1990年代からM&A以前の時期までに着実に（不動産）資産を積み上げてきており，シンガポールという地の利から他のASEAN諸国では導入されていない不動産投資信託（REIT）のアリコ（Allico）なども買収しており，TCC傘下入り後はこうした資産をベースにしてさらなる資産の積み上げとオーストラリアの不動産企業の買収と投資の拡大を行ってきた。投資資金はトップクラスの財閥ゆえに手元キャッシュを用いることもできるが，REITによって市場の投資家から資金調達することによって新

規の不動産投資が可能になるため，投資選別が必要なものの，不動産資産の積み上げを通じて売上と収益を伸ばしていくことを主眼としているようである。

実際，TCCグループ入りした2013年から15年までの間に資産額は日本円換算で約1兆7,000億円と倍以上に増えている。グループ全体の事業ポートフォリオにおいて，とりわけ不動産事業が重視されている証左となっている。買収後の保有資産の分布はシンガポール中心であることに変わりはないが，オーストラリア，中国の比率が短期間で伸びており，保有資産はレジデンシャル，商業不動産，ホテルなどが三本柱となっている。地域・用途別に資産ポートフォリオが形成されており，投資先が不動産市況の活発な地域を向いていることがわかる。

TCCグループのように上位財閥が非関連多角化へ向かう際，ほぼ共通して不動産開発事業が組み込まれ，コアビジネスの1つになるかそれを志向するというのはASEAN先発国ではとりわけ顕著である。あらためて疑問符を投げかけてみよう。なぜ不動産開発事業をコア化しようとするのか？ ここではシンガポールを拠点として海外不動産事業を展開するTCCグループの姿を見てきたが，その1つの答えは先に説明してきたように不動産資産の選別的な積み増しにあろう。

本来内需型である不動産事業であるが，シンガポールを制度・市場インフラとして活用しつつ，地域・用途別にポートフォリオ構築を行うことで，想定収益率に基づいた安定したキャッシュフローの獲得，REITとそのノウハウを活用したファンド型事業による運用，資産価値の向上に伴う企業価値の向上，製造業部門に比較して，資産の換金性を有することなど多くのメリットを獲得できることを挙げられよう。実際にシンガポールの財閥自体が第6章で見るように不動産事業への傾斜が著しく，それがすべてを物語っている。

第6節　「第1類型」ミトポン・グループ，TUF

タイの伝統的な経済・貿易構造に根差した財閥グループはこの「第1類型」である。その中で最もコングロマリットとして高度な発達を遂げたものがCP

グループである。タイでトップを争う財閥であることと，規模と範囲が他の財閥に比較して突出しているため，CPについては次の節で詳しく見ていくことにする。ここでは一次産品加工型としてサトウキビプランテーションをベースにしたミトポン・グループとマリーンプロダクトをベースにしたTUFを取り上げておこう。

　ミトポン（Mitr Phol）・グループの創業は1946年までさかのぼることができ，さとうきびプランテーションをベースに製糖事業を起こし，現在ではタイ最大手であり世界でも5本の指に入る世界屈指の製糖事業者である。グループは代々ボングクサルキット（Vongkusolkit）ファミリーによって経営されており，現在のトップは2016年フォーブス資産額11億ドルで20位のイサラ（Isara）・ボングクサルキット（68歳）である。ただし，グループ企業のほとんどは非上場企業である。

　グループ傘下の代表的な企業は図表4－1に見られるように，食品飲料系コングロマリットに見られる共通点として関連多角化の色彩が強い。さとうきびプランテーションをベースとして国際的にも有数な製糖事業を構築しただけでなく，同じくこれをベースにした再生エネルギー（エタノール）事業を展開するミタポン・バイオ・フュイルとさとうきびを素材として利用し木材代替材料としてボード，パネル類を製造するパネルプラスは，国際的にも注目されている。

　以上は関連多角化であるが，セオリー通りに非関連多角化への事業拡張も見られる。一族の経営するバンプ（Banpu）・パブリックカンパニーは石炭事業をベースに発電事業などを行い，エラワン（Erawan）・グループはマリオット・バンコクを含め35以上のホテルを運営している。ホテル事業は国内中心であるが，バンプとともにミトポン・グループは中核の製糖事業を中心にASEAN市場においても事業拠点を構築しており，他の財閥同様，多国籍化の傾向も強くなっている。

　この「第1類型」については過去のタイの輸出品目にも反映されているように，これまで「内需型」事業と表現してきたが，事業をスタートさせ成長拡大の契機となったのはむしろ輸出や海外進出である。この点では韓国の財閥や台

湾のエレクトロニクス企業の加工貿易型と共通している。次に取り上げるTUFおよびCPグループについては，初期段階は内需の掘り起こしであるが，非常に早い段階で「外需型」事業として成立している。そしてそれは同時に早い段階で「多国籍化」したことも意味している。

　この2つの財閥（TUFとCP）に共通しているのは主要商品が最初から世界性を備えていたことである。TUFの場合，ツナ缶がそれであった。そして，これに次ぐもう1つの商品が冷凍エビだった。現在TUFはツナ缶の世界的な大手製造業者である。タイでの加工製造品の半分近くはツナ缶で米国市場では「チキン・オブ・シー」ブランドとして知られている。米国市場は売上の6割ほどを占め，輸出が収益の大半を占め売上の90％以上が米国そして日本を含む海外からのものとなっている。アジアの財閥としてこれほどの高い輸出依存度を示しているケースは珍しいといえる。言い換えればそれだけ高い外需を通じてビジネス機会を得て事業を拡大してきたことになる。

　現在TUFグループは，創業者のクライソン・チャンシリイ（Kraison Chansiri）会長と息子のティラポン（Thiraphong）社長に率いられており，81歳のクライソン会長とファミリーの資産は7億ドルでフォーブス国内32位である。事業の発端は1970年代後半で，当時のクライソンはいわばバンコクの魚屋にすぎなかった。転機は経営に失敗したツナ缶工場と会社を買収したことで訪れた。こうして1977年にタイ・ユニオン・マニュファクチュアリングが設立された。またこの頃から息子のティラポンも経営に参加しており，早い段階からこの米国留学経験を有するMBAホルダー（サンフランシスコ大学）は，米国市場に狙いを定めていた。

　TUFはより小さな魚を加工できる技術開発に成功し米国を中心に輸出を伸ばし，1980年代には国内製造施設を順調に拡大させていった。こうした製造施設は1990年代初めの新しい冷蔵施設への投資によって強化され，1992年に三菱商事とはごろもフーズとの戦略的な提携にまで至ることになる。なお2016年現在三菱商事はTUFの7.3％の株式を保有している。1994年にはタイ株式取引所にTUFとして上場している。

　2016年のTUFの売上高（タイ・ユニオン・グループ，連結）は日本円換算で約

4,190億円（営業利益約218億円．直近3ヵ年のROEは11～12％台）．2013年から16年までの売上規模では日本の水産加工会社上位の日本水産，東洋水産を上回り，提携しているはごろもフーズの6倍近い規模である。ツナ缶の製造販売においては世界的大手であるが，中核事業会社の規模が大きいわりに事業ポートフォリオは関連多角化にとどまっており，JVを含めて60社以上のグループ企業を擁しているが，「第1類型」および他の類型で観察される非関連多角化に至るまでのポートフォリオは形成されていない。

　コングロマリットとして不動産事業からベンチャービジネスまで非関連事業を拡大するか否かは，最終的には経営者の判断であり，全社的な戦略の問題である。TUFのJVを含む傘下企業のほとんどが水産物関係であることから，既存中核事業への特化意識はかなり強いものと思われる。こうした特化意識はタイの財閥というよりむしろ日系企業に近い面もある。ではこの戦略的意識は何に由来しているのだろうか？

　TUFはツナとエビを中心として鰯，サーモン，鯖，その他の海産物，ペット用缶詰，飼料生産，パッケージングなどを中心として缶詰に必要な大豆油，ひまわり油，オリーブ油なども内部調達できるように垂直的統合を進めてきた。したがって傘下のグループ企業はこうした川上から川下までの統合のどこかの段階に位置している。この場合，最川下は小売りではなく，外需の販路として買収した米国の缶詰メーカーやOEM供給をしている提携先や海外JVになる。

　ツナ缶を例にとると，TUFはグローバルに統合されたサプライチェーンを構築しており，概略的に示せば，インド洋，西太平洋，大西洋でのマグロ漁業（自社所有漁船による年4万トン近い漁獲量）→ タイ国内での缶・ラベルの製造 → 世界7ヵ国8ヵ所の生産拠点（ベトナム，パプアニューギニア，セイシェル，ガーナなど）での製造 → マーケティング（6ブランド，自社ブランドとOEM供給）という流れになる。

　一方，冷凍エビについては国内2位の生産者で，エビ飼料の契約ファームへの販売 → エビの飼育（タイ国内）→ 加工製造（タイ国内）→ マーケティングという流れになる。これは次に見るCPグループの冷凍ブロイラーなどのサプラ

イチェーンとほぼ同じであるが，CP の場合，小売り・外食といった最川下の事業領域にまで多角化が及んでいるという点で大きく異なっている。

　ティラポン社長は新聞社のインタビューに対して，2015 年に「この統合はわれわれをより強く持続的なシーフードのビジネスプレヤーにしてくれるだろう」[8] と語っている。こうした垂直統合とその統合上でのグループ企業，JV の配置は現在までのところ経営者による一貫した戦略的意思として TUF の年次報告書でも強調されており，M&A は垂直的統合を強化するために「コアビジネスを強く補完もしくはその範囲にある魅力的なターゲット企業に投資するものである」[9] として，それが TUF の「投資哲学」であるとしている。

　先に述べたように，垂直統合の最川下にあるのは欧米諸国などのブランドを保有する同業他社である。2001 年までに米国第 3 位のシーフード缶詰製造のチキン・オブ・シーを 100％子会社にしたことで，そのブランドを活用し米国市場で急速にプレゼンスを高めていくことになった。国外生産拠点を強化しながら，2010，2014 年には EU のシーフード企業 2 社，ノルウェーのキングオスカー社を買収しスモークドサーモンとオイルサーディンの販路を獲得した。また 2015 年にはカナダのオリオン社（ロブスター製造施設の獲得），ドイツのルーゲン・フィッシュ社を買収した。同時期に米国の同業他社大手バンブル・ビー・シーフーズは買収寸前まで合意がなされていたが，米国内で反トラスト法に抵触する可能性があったためディールを解消している。

　2014 年のキングオスカーなどの買収はその後想定以上に売上・営業利益を伸ばし，（垂直的）統合の成功例として TUF の 2016 年 2 月作成のプレゼン資料の中で紹介されており[10]，2001 年のチキン・オブ・シーの買収が成功体験となって現在の積極的な M&A 戦略に結びついているようである。こうした垂直的統合に沿った強い専業志向は，既に述べたように日系企業や先進諸国の同業他社に馴染んでいる側からすれば違和感はないのかもしれない。

　しかしながら，TUF クラスの規模で「第 1 類型」に分類される財閥で，厳密な意味でコングロマリットとして非関連多角化へと事業の範囲と拡大が進展していないことは，タイの財閥を取り上げている本章だけでなく，本書全体でのケーススタディ間でもむしろ例外的であるのかもしれない。次の節で取り上

げる CP グループのような「完全な」コングロマリットへ向かってもよいはずだからである。

　TUF が例外的なケースであるとするならば，その理由の1つはそもそも「内需型」事業を目指していないことである。中核事業が早い段階から米国市場を中心として欧州，日本市場への依存度が強かったこと，この依存度の強さ（海外売上高）が「内需型」事業への進出ではなく，垂直的統合効果を目指して外需獲得のために対外的 M&A や JV などを重視する戦略を一貫させてきた。したがって国内での小売りや不動産，他の異業種へ進出するインセンティブは弱かったと考えられる。

　2000年代初頭の TUF のファミリービジネスを研究した Pananond（2004）は，同社の多角化戦略の特徴として生産能力・生産品種の拡大，新製品の投入，海外市場の拡大，グループ内での加工シーフードのさらなる開発を挙げている。そしてその後の同社の M&A を含む拡張政策はこうした一連の戦略と一致しており，ここからはずれた異業種への進出は行っていないことを確認できる。

　一方，典型的なコングロマリットの事業ポートフォリオは関連性が希薄な中核事業を複数持っており，それぞれの中核事業と派生する事業も含めて事業機会を獲得することを狙うと同時にリスク分散も行っている。TUF のような垂直的統合効果の追求は川上において海洋資源（漁業）に依存する限り，その有限性や国際的な規制によって，統合効果が発揮されやすかっただけに逆の負の連鎖も招きやすい。現に TUF に OEM 供給を委託している同業他社はこうしたリスクとコスト負担を回避しているのである。

第7節　NAIC 型経済を体現した CP グループ

▎沿革と成長の契機

　タイの華人系財閥の多くは，CP グループやバンコク銀行をはじめとして中国潮州からタイに渡航したいわゆる潮州幇（パン）と呼ばれる地縁に基づいた商人たちを祖としている場合が多い。1921年にタイに渡った謝易初（エーク

チョー・チラワノン：Chia Ek Chor）と少飛（チョンチャルーン：Chia Siew Whooy）がはじめた種子販売の正大荘行が，東南アジア有数の財閥 CP グループ形成の端緒となった。

　グループの急成長は，1953 年に易初の長男チャラン（Jaran Chiaravanont）が正大荘行の近くに家畜飼料販売店チャルーンポーカパン（Charoen Pokphand）を開業し，1959 年にチャルーンポーカパン株式会社を設立したところから始まっている。1967 年にはト蜂飼料有限公司（チャルーンポーカパン・フィードミル）を設立し飼料生産工場を建設することで本格的な飼料製造に乗り出した。当時のタイ政府の投資奨励策もあって事業は順調な軌道を描くこととなった。飼料生産事業とともに，チャランは弟のタニン（Dhanin Chiaravanont）を軍経営の家畜解体処理場に技術見習いとして送り込み，川上に位置する畜産業進出に狙いを定めていた。

　この狙いはタニンの経営手腕によって大きく当たった。1971 年に CP グループは米国のアーバーエーカー社と合弁で念願のブロイラー事業に進出することができたからである。合弁相手のアーバーエーカー社はブロイラー原種・種鶏生産で世界最大を誇る企業であった。チラワノン一族は国内の米国系企業の工場買収を行うとともに，次々と飼料会社を新設して国内飼料生産では 1980 年代初頭までに 50％ のシェアを握ることになる。そしてこの飼料生産こそ，タイ初めての，そして最大の多国籍企業とまで呼ばれるようになる CP グループの独自のビジネスモデルの構築につながっていくのである。

　アーバーエーカー社との合弁は技術的に自給困難な原種・種鶏の確保を通じて，CP の国内ブロイラー生産に大きな競争優位をもたらすことにつながった。ブロイラー生産に係わる飼料コストが大きいため飼料会社と種鶏会社の統合経営が必至だったが，この点で CP グループは国内の飼料メーカーを完全に出し抜くことができたからである。種鶏 → ヒナ生産 → 農家への飼育委託と飼料供給（一部直営養鶏所で飼育）→ 鶏の引き取り・解体処理 → 冷凍チキンとして出荷，という「インテグレーション方式養鶏」を完成させ国内だけでなく，1970 年代前半から日本，欧米，東南アジア諸国へ輸出を開始した。1980 年代後半において当時の最大輸出先であった日本は，タイからのブロイラー輸出の約 9

割を占めそのうちCPが3割近くを占めていた。

　ブロイラー事業の海外展開も輸出とほぼ並行して進められ，インドネシア，香港，台湾，シンガポール，マレーシアに飼料工場，養鶏・解体工場を設立し欧州市場をターゲットとしてトルコ，ポルトガルにも設立している。米国ではシアーズ・ローバックの農産物流通事業部門を買収している。また1980年代になると中国市場への進出に力を入れ中国本土で広く「インテグレーション方式養鶏」を展開していくことになった。

　CPグループのビジネスモデルの原型は飼料生産から川下へ向かう統合型ビジネスである。フラッグカンパニーであるCPF（チャルーンポーカパン・フーズ）社を中心にした飼料生産から加工に至るまでのビジネスモデルは，リージョナルマーケットを中心にCPグループの海外事業拡大を推進する原動力となってきた。

　1970年代前半にタイでこのビジネスを定着させた後，中国，インドネシアなど海外でも拡大展開し飼料原料である魚粉生産，とうもろこしの確保から，ブロイラーを運ぶ運送会社まで設立し，その後垂直統合はさらに広がり「畑から食卓につながるサプライチェーンをこれほど完璧に自前で築いた企業は例がない」とタニン会長が自認するほど徹底した川上から川下までの連関を貫いたビジネスモデルとなっている[11]。

　養鶏やエビ養殖のビジネスモデルは他の企業も追随しやすいため，上述のように徹底したグループ内での連関効果の追求と海外事業のさらなる拡大にも余念がない。中国，ベトナムなどのASEANは言うに及ばず，2016年にインド南部アンドラ・プラデシュ州での飼料生産とワンセットの鶏肉加工工場の建設，同じくインド国内での2013年からスタートさせたフライドチキン店（ファイブ・スター・チキン）も展開し，ベルギーでは惣菜工場を買収し異業種も含めた海外M&Aにも積極的な姿勢を貫いている[12]。

■ アジア通貨危機と事業・組織再編

　堅牢なファミリー経営体制の変化の兆しは，創業者である謝易初の死後あらわれ，1980年代において本格化していくことになる。1984年にグループの中

核としてCPグループ社が設立され，CPグループを継承した四男のタニンは事業領域の拡大に伴い，事業本部制を導入し各事業本部の傘下に複数の傘下企業が所属する組織改革を行った。事業本部の上にはチラワノン一族が支配するグループ役員会を設けたピラミッド型組織があり，グループ役員会には複数の専門経営者を，事業本部には外部からのヘッドハンティングを含めた専門経営者たちを積極的に登用したことを大きな特徴としていた。またグループ各社もこの頃から株式公開を始めるようになった。

アジア通貨危機前までは，CPグループも積極的な多角化と海外事業展開の手を休めることはなかった。まず多角化の方を見てみると，ブロイラー事業で成果を収めたインテグレーション方式が養豚やエビ養殖，さらに農産物生産にまで拡大していったことと，加工食品にまで進出分野が及び，総合アグロインダストリーとしての内実を備えたコア事業になったこと，そしてセブンイレブンと提携したコンビニチェーン，オランダSHV社との合弁による大型スーパーマクロの出店などに代表される小売流通業への進出，石油化学，通信事業，不動産開発などへ事業領域が広がっていったことである。1980年代後半にはCPグループは今日のコングロマリットへと急速な変貌を遂げていったのである。

コア事業以外の事業領域はCPグループにとってまったくの「異業種」であったが，この時期には外資のタイへの投資ラッシュに伴い，適切な合弁・提携相手に恵まれたこともあって当初は順調であった。中でも特筆すべきは通信事業であろう。1990年にタイ政府によって300万回線の電話増設分が入札にかけられ，傘下のテレコム・アジア社（1990年設立，2004年に社名をTrueに改称）が200万回線を獲得したからである。このとき米国の電話会社Nynexが同社のパートナーとなっている。

海外事業は1960年代から比較的早く始まっており，多角化とともに1980～90年代には進出地域も急速な拡大を見せていた。地域だけ見ても中国，欧米諸国，日本，韓国，インドシナ諸国というように広がりを見せていた。

1980年代以降の進出地域として特筆されるのは中国であろう。他の地域とは比較にならないほどCPグループの対中投資は非常に幅広い事業分野（タイ

にない事業も含む）に及び，投資額も抜きん出ていたからである。投資額は1996年に50億ドルを超え110社以上を設立していた。中国での事業では，コア事業以外にも金融，バイク製造（ホンダと技術提携），ケンタッキーフライドチキンのチェーン展開など新しい試みも行われた。天安門事件（1989年）以後もタニンは対中投資計画をストップすることなく継続しており，開放政策がはじまってから中国共産党上層部と緊密な関係を築いてきた。1990年代後半までにはCPグループが投資していない中国の省はほとんどない，とまでいわれるような状況だった[13]。

　以上の多国籍・多角的展開も1997年のアジア通貨危機を契機にして，アジアの他の財閥同様，大幅な事業の選択と集中を迫られることになった。特にCPグループの場合，急速な多国籍・多角的展開を行う過程で，資金調達として依存していた香港の持株会社（CPホールディング，香港）発行のドル建て社債が，バーツ暴落によって過大な債務に転じ，債務不履行寸前にまで追い詰められていた。1998年には12社あった農業関連子会社を統廃合しつつ，グループの事業をアグリビジネス，通信を中核としてセブンイレブンを残しつつ（ただしバンコク市内のスーパー，ロータスは英国のテスコに売却），石油関連など他の事業は基本的に売却という方針を打ち出した。

　こうした事業再編に助言し関与したコンサルティングファームはマッキンゼーであった。1998年にマッキンゼーとCPグループは契約し，サイアムセメントと同様の事業再編と戦略を打ち出していった。その目的はCPF社の純粋持株会社化を通じて，傘下の関連事業会社を持株会社の完全子会社に再編し経営資源を特定の上場企業に集中させることであった。そしてコアビジネスとして養殖エビ飼料，養殖エビ加工，飼料ブロイラーへの回帰を図る一方，通貨危機で失墜した市場（＝投資家）からの信認を得ることを狙ったものだった[14]。この狙いは見事な成功を収めることになっていく。

　徹底した事業リストラによって破綻を免れたCPグループは，チャルーンポーカパン・フィードミルをCPFに転換・統合し，傘下にブロイラー，エビ養殖事業を中核事業として置く一方で，CPセブンイレブン（後にCPオールに改称）などの流通小売事業にも力を注いできた。中国事業でもアグリインダスト

リー部門を除いて周辺的な事業部門を合弁相手側に売却し，複数の事業部門の整理を行った。2017年現在の事業領域・部門は図表4－5のとおりである。

図表4－5　CPグループの中核企業・事業分野

中核企業	中核企業の経営トップ
チャルーンポーカバン・フーズ（CPF） TRUE 　true move…モバイル 　true online…ブロードバンド 　true vision…Pay TV，TVプロバイダー CPオール…セブンイレブンの運営など その他 ロータス（中国，スーパー） CPメイジ（明治とのJV） 洛陽北方易初摩托車（中国，二輪製造） SAICモーター（自動車生産） CPエンタープライズ・台湾 CPインドネシア **事業分野** 　アグロインダストリーとフード部門 　マーケティングと流通部門 　テレコミュニケーション部門 種子・肥料部門　貿易部門，穀物インテグレーション部門 プラスチック部門，ペットフード部門，自動車関連部門・工業製品部門， 不動産開発部門，飼料原料販売部門	CPグループ（グループ統括会社） 　上級会長　タニン 　会長&CEO　スパキット（長男） 　CEO　スパチャイ（三男） CPF 　CEO　スークスント・J（専門経営者） 　CEO　スクハワット・D（専門経営者） 　CPオール 　会長　タニン 　副会長&CEO　コルサック・チラスミサアク （専門経営者） True 　会長&CEO　スパチャイ 　社長　アドヒルス・T（専門経営者） 　社長　ビィチャウ・R（専門経営者） ※スパチャイはCPグループCEOに専念することを2017年初頭にタニンが公表。

出所：CPグループ各社ウェブサイト，Nikkei Asian Review各企業データ，『日本経済新聞』記事（注参照）より作成。2017年上半期現在。

■ 専門経営者化の進展と中核三事業

　1980年代半ばと1997年のアジア通貨危機において組織改革，グループ事業の再編が行われてきたが，グループの経営を一貫して，かつ長期間にわたってリードしてきたのは易初の4人の息子と少飛の娘婿である。これら経営トップの下で米国留学組，会計財務の専門家，エンジニア出身者などから成る専門的な経営者集団が形成されている。コングロマリット化に対応してグループ内トップは戦略を担い，各事業部門では独立採算制を採用している。チラワノン一族のグループ内資本所有は持株会社CPグループ（非上場：Charoen Pokphand Group Co., Ltd.）が全体の80%以上を一族が，残りをグループ内企業，経営幹部が保有しており，ゆるぎない一族の資本所有と経営支配は継続している。

　こうした一族所有が貫徹している一方で，専門経営者化が進んでいることもまた確かである。同族の投資会社が純粋持株会社のCPグループに出資し，CPグループが持株会社兼事業会社のCPF社に出資し，CPF社がさまざまな事業に出資し統括するという図式の中で，中央司令塔として最も経営の専門性が求められるのはCPF社である。なお後継者についてはタニンの長男，三男への後継を進めており，経営トップにおける世襲制は揺るぎないと見られている。

　2017年初頭にタニン会長は本格的な世代交代への着手を表明しており，TrueのCEOで三男のスパチャイ（Suphachai）をグループ統括会社のCPグループCEOに指名することを公表した。既に長男のスパキット（Soopakij）はCPグループの会長に昇進しており，直系の世代交代とともにタニン上級会長は中核事業会社トップの専門経営者化をさらに推進することを言明している（図表4-5参照）[15]。ただ，こうしたタニン上級会長の意思が所有と経営の分離への前進にすぐにつながるわけではなく，グループ事業会社で一定のオペレーションを経験した後，グループ経営そのものに直系後継者がトップとして君臨し，グループ中核会社のオペは専門経営者というような「棲み分け体制」がむしろ完成しつつあると見た方が適切かもしれない。

　CPグループは，2000年代に入って財務体質を強化し再び成長軌道に入ったが，冷凍ブロイラー，養殖エビの輸出は新規参入と競争激化によって，かつて

のような右肩上がりの成長を望めなくなっている。インテグレーション方式というビジネスモデル自体は、ライバル社、新規参入組による模倣が可能で、国内だけでなく、上述のASEANでも競争圧力が強まっていた。このため、CPグループは国内と海外市場の両方を念頭に置いた上で、食品、通信、小売り、金融といった事業領域に一段と力を入れるようになった。

図表4-5に掲げたように、中核3事業会社はCPF、True、CPオールである。売上規模ではCPオールは老舗中核会社のCPFに迫るほどに成長を遂げており、通信事業のTrueも携帯通信キャリア、メディア事業会社としてタイ国内では携帯キャリアとして3位に位置しており、中国移動通信が18%出資している。

選択と集中の一環としてアジア危機後、事業・保有株式売却が行われる一方で、通信事業などのように将来的に収益が見込まれる部門については、増資などによってグループ内企業の資本強化が図られた。テレコム・アジアがその代表であり、当初の設備投資が多額にのぼったため同社は負債に苦しんだが、増資や外国人株主を増やすことで、また折からのタイにおける通信事業の規制緩和もあって、2000年代に入って飛躍的な成長を遂げることができた。新興国の通信企業に共通して見られるように、この飛躍的な成長を支えたのは携帯電話事業とインターネット事業の両部門である。テレコム・アジアは社名を2004年にTrueに改称以後、さらなる成長軌道を歩んできた。

True社の強みはタイ国内におけるライバル社と異なり、既存の固定電話回線のシェアがタイ電話公社（TOT）に次いで高いことに加えて、携帯やインターネット事業において複合的かつ付随的なサービスを展開し通信メディア事業としてのシナジーを活かしている点にある。通信事業を大別するとTrueMove、TrueOnline、TrueVisionに分かれており、さらに固定回線サービス、データサービス、ブロードバンドとインターネット、その他の事業（自動車レンタル・リース、建設など）というように分かれている。True社傘下のグループ企業は孫会社も含めると50社を超えている。Trueは小売業との連携にも力を注いでおり、セブンイレブンではTrueのプリペイドSIMカードの他に携帯電話も販売しており、「大きな相乗効果を生んでいる」（タニン会長）[16]。

セントラル・グループなどと並んで，CPグループは地場流通資本の中心を占めるまでになっている。CPグループの場合，食品総合事業として川上から川下へと事業領域を拡大させてきたことで，シナジー効果を狙うことができ，その意味では他の流通資本との差別化に成功している。その原動力となったのがセブンイレブンであった。

店舗数の増加テンポには目を見張るものがあり，2011年3月末には約6,000店舗であったが，2015年末には約8,800超にまで増加を遂げている。店舗の形態には東南アジアでよく見られるスタンドショップ型やガスステーション併設型が含まれるが，既に本家の米国を店舗数で追い抜いてしまった。2016年9月現在で約9,400店舗に達しており，日本に次ぐ世界2位の店舗数となっている[17]。

CPの小売りへの参入は1988年のオランダのマクロとのJVが最初で翌年にセブンイレブン1号店を開店している。その後スーパーのロータスを展開することになったが，当時のタイは物流網が十分整っていなかったため，物流センターをタイ各地に設け，冷凍・チルド輸送の仕組みを完成させた[18]。物流網の整備を自ら手掛けたことによって食品系コングロマリットであるCPグループの優位性が確立したことになり，これは第1章で見た台湾の統一企業グループの事例とも重なっている。

▍事業ポートフォリオの特徴とM&A&Aを通じた積極的な新需要の取り込み

図表4－6はTCCグループとCPグループの中核3事業会社の売上高営業利益率の推移を比較したものである。ともに食品飲料のタイベブとCPFの数字は安定的ではあるが，CPFの営業利益率はより低位にとどまっている。買収によってTCC傘下入りしたBJPは，想定外に下降気味であってM&Aの難しさを示している。代わりにフレーザー・センターポイントの収益率の高さが際立っており，不動産事業を組み込むことでポートフォリオに分散効果が備わっていることを確認できる。

通信事業部門のTrueは寡占的な競争圧力を受けて低迷気味であり，これに対してセブンイレブンを展開するCPオールの安定性と収益性はCPFを上

図表4－6　TCCグループとCPグループ中核事業会社の売上高営業利益率

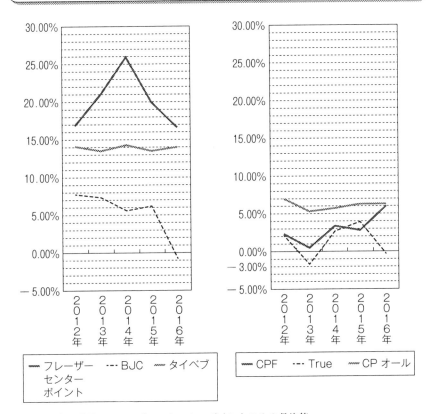

(注) 各企業は連結，フレーザー・センターポイントのみ9月決算。
出所：Nikkei Asian Review 企業データ，CP All IR 資料より算出・作成。

回っており，中核事業会社3社に限れば，売上規模も含めてCPグループでは流通事業が稼ぎ頭になっていることがわかる。CPグループは中国で不動産投資も行っているが詳細な内容は開示されていないので，グループ全体のポートフォリオにおける貢献度については不明であるが，図表の3事業だけでなく，TCCグループも含めて投資範囲と規模は非常に広いため，すべての配当収益を勘案すれば事業投資会社としての色彩がより強くなろう。

食品関連事業においてCPグループは「世界のキッチン」となることをスローガンとして掲げている。既に言及したように「食」の領域では近年アジアを中心にグローバルな生産販売活動に注力してきた。こうした動きとともに異業種へのさらなる参入も注目される。金融事業でグループの動向として注目されるのは中国での生保事業である。生保については国内の金融コングロマリットと外資によって国内市場が占められているため，グループが伝統的に足場を築いてきた中国市場において最大の生保会社ピンアン（中国平安）生命に30％以上出資している。またこの他に投資事業として伊藤忠と共同出資会社を通して中国の中信（CITIC）にも出資している。

　CPグループが展開するタイのセブンイレブンでは中国のアリババとの提携によって電子決済サービスのアリペイが導入されており，2016年11月には東南アジアでアリババと提携することで―CP傘下のアセンドマネーとアリババ傘下のアントの提携―，アリババ側は中国市場以外でのEC市場の拡大を，CPグループ側は「アリペイが持つビッグデータを消費分析などに活用」することを狙ったものであると報道されている[19]。今後ともM&A&A（最後のAはAlliance）を通じたCPの多角化は，その事業ポートフォリオの強化と見直しをアナウンスする役割を担っていくものと考えられる。

第8節　結　論

　既にみたようにNAIC型の特性から，タイはアジア諸国の中でも最も食品飲料系コングロマリットの発達した事例であるといえる。内需とともに近隣ASEAN市場を視野に入れることで，シンハーやTCCグループのようにビールなどの飲料事業から小売りやサービス業，不動産開発などを含む事業ポートフォリオを構築していることでもアジア新興国のFMCG型コングロマリットと共通している。

　他方でCPグループなども含めて，フィリピンやインドネシアの同種のコングロマリットに見られるように，あるいは韓国のロッテ・グループのように，コア事業の転換を含むか，重化学工業事業，インフラ事業への強い傾斜は現在

までのところ見られない。異業種を含むとはいえ比較的関連多角化へ傾倒しているという特徴も見いだされる。つまり同じ東南アジアのフィリピン，インドネシアの同種コングロマリットよりも台湾の統一企業グループ，頂新グループの方により近いと考えられる。

タイの食品飲料系コングロマリットは，CP グループ，TUF のようにクロスボーダー M&A を活用しながら，ASEAN 市場，中国市場を抜け出しグローバル市場へ向かう多国籍企業の領域に既に達していると見なすことができよう。ただしグローバル化とコングロマリット化はビジネスモデルと経営者の戦略的意思に依存する面が多く，CP は両立した発展を遂げてきたが，TUF は関連多角化型の範疇であるものの厳密にはコングロマリットとは言い難いと判断できよう。

◇注◇

1) Asian Development Bank, *Key Indicators for Asia and Pacific 2015*, 農林水産省「タイの農林水産業概況」2016.10.3. より。
2) CPB の資産規模は非常に大きく詳細な情報が非公開であるため，その全容を把握することが困難である。事業投資にかかわっているという意味では英国王室の投資規模の数倍以上と言われる。なおサイアムセメントの現在のコア事業は化学，段ボール製造事業が中心である。その沿革，変遷については，Cf. 澤田（2011）pp.79-90。
3) 以下各ビジネスグループの概要は持株会社，グループ会社，合弁企業を含む各 IR と開示資料，Nikkei Asian Review 各企業データに基づく。また桂木（2015）pp.54-79 も参考とした。
4) Thai food makers expanding abroad, Nikkei Asian Review, November 16, 2013.
Instant noodle sales hit ceiling in Asia, Nikkei Asian Review, August 26, 2016.「即席麺が売れない」『日本経済新聞』2016.8.26
5) 『日本経済新聞』2015.10.4 電子版。
6) Cf. 半田（2016）。
7) ThaiBev（2015）*Annual Report*, p.9.
8) Leading global seafood company rebrands, Nikkei Asian Review, September 21, 2015.
9) TUF（2015）*Annual Report*, p.16.

10) TUF (2015) Result Presentation
11) タニン（2016）「私の履歴書」⑮。
12) 『日本経済新聞』2016.10.27。CP グループについては，Cf. 澤田（2011）pp.90-111。
13) 香港の持株会社 CP ホールディングス香港は，同グループの対中投資において戦略・情報面と資金調達面で中継企業としての役割を果たしている。
14) Cf. 末廣編（2002）第 2 章。
15) CP Group's Dhanin elevates 2 sons to chairman, CEO, Nikkei Asian Review, January 17, 2017.
16) タニン（2016）「私の履歴書」㉔。
17) セブン・イレブン・ジャパンと CP オールのサイト企業情報より。
18) タニン（2016）「私の履歴書」㉓。
19) 『日本経済新聞』2016.11.2。

◆第5章◆
インドネシアのコングロマリット
―サリム・グループとウィングス・グループを中心にして―

第1節　インドネシア経済と財閥

　インフラ，不動産，金融，消費財全般に至るまで内需を起点としたスタートアップビジネスからコングロマリットが形成発展していく過程は，ASEAN諸国の中では2億5千万人の市場規模を持つインドネシアではなお著しいものがあろう。1960年代半ばからアジア通貨金融危機後30年以上続いたスハルト政権下で，多くの財閥がスハルトに接近することでそれぞれが事業拡大の機会を得て今日の地位を築き上げてきた。いわゆるクローニー型，開発独裁型の長期政権の下で財閥が形成されるという経緯は，東・東南アジア諸国では共通した事象として認識されてきた。

　クローニー資本主義という呼び方は1997年のアジア通貨金融危機以降定着したものだが，インドネシアだけが典型的であったわけではないが，他方で1960年代以降の財閥の形成を見た場合，最も適合していたのがインドネシアであったことも否定できない。IMFによる救済融資，いわゆる構造調整ローンの供与を通じて，インドネシアの各財閥は事業再編・リストラを通じた事業ポートフォリオの見直しを徹底的に行い，2000年代以降，新たな内需事業のビジネス機会をつかみ，さらなる成長・発展を目指している。

　通貨金融危機前後のサリムやシナルマスなどの上位財閥の債務依存型の経営を分析したBrown（2004）は，上位財閥の資本所有と絡んだコーポレートガバナンスの弱さを説明しており，このとき2005年以前の財閥のリストラについ

ては道半ばの状況であった。同様にして Sato（2004）も所有と経営の未分離が継続しているとしている。他方で Johansson（2014）によれば，スハルト体制期のクローニーについても政治の変化とともに癒着していたビジネスエリート層も変化していくとし，中央集権的な体制からより分権的な体制に対応したものへとビジネスエリート層も変化・対応せざるをえなかったとしている

アジア通貨金融危機後の東南アジアでは，タイとともにインドネシアでも企業の債務依存型構造からの脱却や企業統治の強化などが謳われたが，その効果は限定的であった。企業の所有構造と企業統治との関連性を複数の指標を用いて回帰分析した Siagian（2011）によれば，分析対象とした公開企業のうち，政府所有企業では企業統治に進展が見られたが，ファミリー所有，機関投資家所有企業では対照的に企業統治に対しては消極的な態度が見られるという。機関投資家についてはインドネシアでは短期的な志向が強いためと，ファミリー所有については資本所有のマジョリティを通じた権限の維持を志向する傾向が強いためと結論づけている。

後ほど見るように，通貨金融危機の影響を受けた東南アジア各国の証券市場は経済成長が再び軌道に乗るとともに順調に拡大してきたわけだが，財閥の持株会社，事業会社には例外はあるものの，非上場企業が多く，上場企業（公開企業）を除けば，IR に関係する活動に熱心ではない。これは財閥間の提携，外資との合弁が多く，外資の中には同じ ASEAN 先発国の華人系財閥も含まれるため，資本市場を通じたパブリックマネーではなく，タイクーン同志もしくはメジャーな外資からの資金調達によって事業資金の調達が可能になっているという事情がある。またサリムのように持株会社が香港に上場していたり，事業会社がシンガポールや他の ASEAN 先発国の証券市場に上場しているケースも少なくない。

内需型のインフラや不動産関連投資などには他の財閥や外資が出資することで，固定投資の大きなケースでは技術・ノウハウの獲得に加えてリスク分散を図ることができ，内需型事業自体も内外の財閥，外資にとって魅力的な投資であることに変わりはない。こうした近年の投資動向や事業形態がファミリー支配の経営を維持する1つの背景になっていると考えられる。

インドネシアでは新たなインフラ投資のステージに入ったことで，不動産事業，ワイヤレス通信事業，金融，小売りなどの内需型産業・事業を展開する包括的な事業ポートフォリオの構築こそが，内需が潜在的に大きな新興国では，そうでない新興国よりも成長の果実を摘み取るうま味が大きく，こうしたポートフォリオの構築，新事業の展開に財閥はきわめて貪欲である。また財閥の多くが華人系であることから，近隣 ASEAN 市場，中国市場への事業展開にも積極的である[1]。

　財閥の事業多角化はスタートアップ事業から早い段階で多角化が進むか，スタートアップ期に複数事業を並行的に進めるケースも多く，上述のように改めて内需型事業を軸に多角化するケースと一線を画しておかねばならない。既に述べたように，東南アジアの財閥はアジア通貨金融後，選択と集中を通じて事業ポートフォリオの見直しを行い，2000 年以降各財閥が所在する新興国とともに新しい成長ステージに入っている。新しい成長ステージに対応した内需型事業の取り込みを通して，アジア危機以後資本集中を成功させてきた上位財閥は，危機以前とは異なる中国・ASEAN 市場を取り込んだ内需型事業から外需型事業への拡大，資本構成の高度化を特徴とする「超多角化」と呼べる段階に入ったといってよい。

　本章においても FMCG の範疇に属すコングロマリットの多角化戦略を取り上げることにするが，その前にインドネシアの財閥の概要と多角化をめぐる先行研究に言及しておく必要があろう。

第2節　コングロマリットの概要と多角化戦略をめぐって

　元々インドネシア語の konglomerat は英語の conglomerate に由来しており，今日のコングロマリット，財閥がインドネシアの社会経済に定着したのは1980 年代からスハルト体制末期にかけてである。クローニーのはじまりとされ，それまで政府高官・軍部，後に外資系企業（特に日系企業）と結んできたチュコン（cukong，福建語でボスという意味）がコングロマリットへ変貌したのがこの時期においてであった[2]。言い換えれば財閥はコングロマリットであるこ

とに疑問の余地がないほどインドネシア経済に浸透しており，上位10財閥だけで全企業の取引高の半分近くを占めるようになっていった。

　財閥，コングロマリットについてはさらにもう1つの新しい時期区分を記しておく必要がある。それはアジア通貨金融危機が生じた1997年以後の財閥，コングロマリットの変化についてである。すなわちこの時期においては，既存の財閥の事業ポートフォリオの変化と新規参入組の台頭という2点を指し示すことができる。前者については「超多角化」と呼ばれるコングロマリットの進化形であり，後ほど複数のケースを取り上げることにする。後者は通貨危機後，既存財閥のいくつかはサリムを筆頭にして経営が苦境に陥り，一部企業は政府の救済によっていったん国営化され買い戻される事態となったが，同時に新しい勢力が既存財閥の事業を買収するか不良資産を買い取ることで登場してきた。既存財閥の新世代とは別の新世代層の財閥である。

　後者の代表格はハリー・タヌスディビョ（Hart Tanosoedibjjo：1965 -）のMNCグループであろう。通貨危機を最大の機会としてとらえ，銀行に担保としてあった経営危機に陥った既存財閥の資産や株式の売り出しにハリーの投資会社が応じ，メディア，不動産事業を中核とするコングロマリットを短期間に築き上げたのである。またこれほど極端な買収・買い取りではないが，2000年代に入ってコンビニ事業を拡大強化しているジョコ・スサント（Djoko Susanto）のアルファマート・グループなども新世代の財閥に入ろう[3]。

　香港のジャーディン・マセソンの傘下に入ったトヨタの合弁と自動車事業で知られるアストラインターナショナルの創業者の息子エドウィン・スリヤジャヤ（Edwin Soeryadjaya：1949 -）は，アストラ（2016年現在ジャーディン・マセソン系企業の傘下）を失ってからサラトガ・インベスタマ・セダヤを創業しインドネシア最大級のプライベート・エクイティファンドに育て上げており，コングロマリットの範疇にはないが，既存財閥から派生した新世代層の経営者・投資家と言えそうである。

　図表5-1はインドネシアの主要財閥と主要企業および財閥トップの2016年フォーブス資産ランキングを示したものである。ほぼ個人の資産ランキングに沿って，これらオーナー経営者たちが率いているビジネスグループをここで

図表 5 − 1　インドネシアの主要財閥と財閥トップの資産額

財閥・グループ	財閥トップ（現）と資産額	主要企業
ジャルム・BCA グループ	ブディ＆マイケル・ハルトノ 171億ドル（インドネシア1位　（67歳）	ジャルム，BCA，ハルトノ・イスタナ・テクノロジー（「ポリトロン」ブランドの家電製造），ハルトノ・プランテーションズ・インドネシア
グダンガラム・グループ	スシロ・ウォノウィジョジョ（61歳） 71億ドル（2位）	グダンガラム（煙草），トリアス・セントサ（化学，ポリプロピレンなど製造），マタハリ・カフリバン・インドネシア（パームオイル），スルヤ・エア（航空輸送），スルヤ・パメナン（包装用紙製造），ロッテ・インドネシア（ロッテ，丸紅と合弁）
サリム・グループ	アンソニー・サリム（68歳） 57億ドル（3位）	ファースト・パシフィック（香港），PLDT（通信，フィリピン），インドフードなど
シナルマス・グループ	エカ・チプタ・ウィジャヤ（Eka Tjipta Widjaja：93歳） 56億ドル（4位）	アジア・パルプ＆ペーパー（製紙），ゴールデン・アグリ・リソーシーズ（パームプランテーション），シナルマス・ランド（不動産），シナルマス・マルチアルサ（金融事業統括持株会社）など
CT コープ・グループ	ハイラル・タンジュン（Chairul Tanjung：54歳） 49億ドル（6位）※プリブミ	トランス・コープ（メディア，小売など），CTグローバル・リソーシズ（パームプランテーション），ガルーダインドネシア（25％出資）
インドラマ・グループ	スリ・プラカシュ・ロヒア（Sri Prakash Lohia：63歳） 50億ドル（6位）※インド系	インドラマ・シンセティクス（ポリエステル繊維），インドラマ・ベンチャーズ（タイ，ペットボトル生産世界首位）など
マスィム・マスグループ	バクティア・カリム（Bachtiar Karim：60歳） 12億ドル（27位）	ナム・チョン・ソープ（石鹸，マーガリン製造），パームプランテーション
カルベ・ファーマ・グループ	ベンジャミン・セティアワン（Boenjamin Setiawan：83歳） 33億ドル（7位）	カルベ・ファーマ（製薬），カルベ・モリナガ・インドネシア（粉ミルク製造，森永と合弁）など
リッポー・グループ	モフタル・リアディ（Mochtar Riady：88歳） 19億ドル（10位）	CIMB ニアガ（銀行），QUE（不動産，ホテル，シンガポール），リッポー・リミテッド（不動産，香港），マルチポーラー（IT，小売り）など
ラジャワリ・グループ	ピーター・ソンダック（Peter Sondakh：67歳） 17億ドル（14位）	ヌサンタラ・インフラストラクチャー（インフラ建設・運営）
その他の主な財閥	ウィングス・グループ（エディ・カツアリ），ヌルサリム・グループ（ジャムスル・ヌルサリム，タイヤ製造），バリトー・パシフィック・グループ（プラジョゴ・パンゲツ，木材，石油化学），バクリー・グループ（アブリザル・バクリー，資源，※プリブミ），MNC グループ（ハリー・タヌスディビヨ，メディアなど），アルファマート・グループ（ジョコ・スサント，コンビニ，飲料・食品製造など，ローソンと FC 契約），サンプルナ・グループ（プトラ・サンプルナ，煙草事業）	

出所：Forbes.com，Indonesia's 50 Richest, 2016 Ranking，各グループウェブサイト開示資料などから作成。

は取り上げた。基本的に資本と経営が分離されていない以上，各財閥の事業・資産規模はトップの資産規模とほぼ比例すると見なしてもよかろう。上位10位前後までの富豪たちのほぼすべてがオーナー経営者であることは，裏を返せばオーナー経営者であることが上位富豪の条件でもあるといえる。

例年フォーブスのビリオンネイアでトップの位置を占めるのは，ハルトノ（Hartono）ファミリーである。また2位にはこれも常連であるがアンソニー・サリム（Anthoni Salim）が入っている。ここでは1位の財閥ハルトノについて少し説明しておく必要があろう。なおネイティブローカルであるプリブミは，この表ではCTコープ・グループのハイラル・タンジュン（Chairul Tanjung）とバクリー・グループのアブリザル・バクリー（Aburizal Bakrie）のみで，基本的に上位財閥は華人系で占められている。他方で小西（2016）によれば，バクリーのように1990年代にスハルトファミリーとのつながりを得て台頭するプリブミも現れるようになった。プリブミ以外では多国籍的な事業展開で知られるインド系（帰化）のインドラマ・グループのS・P・ロヒア（Lohia）が顔を出している程度である。

ハルトノ財閥の創始者は福建省出身のウィー・オイ・グアン（Oei Wie Gwan）で，1951年に煙草会社ジャルムタバコを買収し，その後，2人の息子ロバート・ブディ・ハルトノ（Robert Budi Hartono）とマイケル・バンバン・ハルトノ（Michael Bambong Hartono）が事業を引き継ぎ，この煙草事業を基盤として不動産，銀行，家電，小売事業などを擁する今日のコングロマリットを築き上げた。

ここでハルトノ財閥のスタートアップ事業が煙草の製造販売であったことに注目しておきたい。煙草産業は新興国では典型的な内需産業であるが，インドネシアにおいてはさらにポピュラーな大衆嗜好品であると位置づけられる。そういう意味では食品飲料（アルコール系も含む）と同列の内需型産業と見なすことができる。また資産額2位スシロ・ウォノウィジョジョ（Susilo Wonowidjojo）のグダンガラムも同様に煙草事業をコアビジネス（国内最大）としてきた財閥である。1960年代以降独特のクローブ入りの煙草を普及させた功績は大きく，国内の煙草需要にけん引されて複数の財閥がそれをスタートアップ事業もしく

プトラ・サンプルナ (Putera Sampoerna) 率いるサンプルナ・グループも「サンプルナ」ブランドの煙草として知られており、煙草事業の創業は1913年までさかのぼることのできる老舗である。2016年のフォーブスランキングでは14位（1.65億ドル）に位置している。ラジャワリ (Rajawali) グループのピーター・ソンダック (Peter Sondakh) も当初から傘下に国内有数の煙草会社ベントエールを抱えていたが、2009年にブリティシュ・アメリカン・タバコに売却している。煙草事業は国内外から買収の対象になりやすく、また長期的に見

図表5-2 インドネシアの主要財閥のスタートアップ期のコア事業

財閥	創業者 / 現トップ	スタートアップ期のコア事業	現在のコア事業
サリム・グループ	スドノ・サリム / アンソニー・サリム	食品、セメントなど	食品、セメント、
リッポー・グループ	モフタル・リアディ / ステファン・リアディ ジェームス・リアディ	銀行	銀行、不動産開発、保険、証券、食品、小売り、通信・放送サービス、IT
グダンガラム・グループ	スシロ・ウォノウィジョジョ	煙草	煙草、パームオイルプランテーション、ポリプロピレン、ポリエステルフィルム製造、包装紙製造、航空輸送、エンターテイメント、ロッテと合弁（製菓）
シナルマス・グループ	エカ・チプタ・ウィジャヤ / テグー・ウィジャヤ（長男）他息子3名	製紙	製紙、不動産開発、パームオイルプランテーション、銀行、損保、生保、建設、鉱山開発、火力発電、消費者金融
ジャルム・BCAグループ	ウィー・オイ・グアン / ロバート・ブディ・ハルトノ、マイケル・バンバン・ハルトノ 他ロバートの3人の息子（内マーティン・ハルトノとカツアリファミリー創業者の娘は夫婦関係）	煙草	煙草、不動産開発、パッケージング製品製造、銀行（BCA：バンクセントラルアジア）、パームオイルプランテーション、eコマース、家電・情報機器製造、通信インフラ、工業用アルコール製造、ベンチャーキャピタル

ウィングス・グループ	エディ・カツアリ	石鹸・洗剤	石鹸・洗剤, 不動産開発, 食品, 化学製品製造, 包装製品製造, 建設資材 (タイ, サイアムセメントと合弁), 外食 (吉野家FC, タイCPグループと合弁), コンビニ (ファミリーマートのFC), アイスクリーム製造 (グリコと合弁), 菓子製造 (カルビーと合弁), 生活用品 (ライオンと合弁)
	娘グレース・L・カツアリ (ジャルム・BCAグループ, 創業者の孫マーティン・ハルトノと夫婦関係)		
CTコーブ・グループ	ハイラル・タンジュン (1962~)	靴製造, 消費者金融	銀行, 損保, 生保, 二輪向け金融会社, テレビ局, ケーブルTV, 小売り, パームオイルプランテーション, 航空 (ガルーダ航空大株主), 旅行業, 衣料販売, テーマパーク
ラジャワリ・グループ	ピーター・ソンダック (1953~)	不動産, ホテル	不動産, ホテル, インフラ建設運営 (高速道路, 港湾, 発電), 通信, 水処理, 鉱山事業, タクシー, パームオイルプランテーション, TV局, 広告
バリトーパシフィック・グループ	ブラジョゴ・パンゲツ (1944~)	林業	林業, 石油化学, プランテーション, 不動産, 鉱山事業
バクリー・グループ	アフマッド・バクリー ※プリブミ	鉄鋼, プランテーション	鉱山事業, プランテーション, メディア, 石油・ガス, 不動産開発, 建設資材, 自動車部品, 通信など
	息子アブリザル・バクリー		
カルベ・ファーマ	ベンジャミン・セティアワン (1943~)	製薬	製薬, 粉ミルク・健康食品製造など

出所：各社開示資料などから作成。

て国内需要の拡大が望みにくい煙草事業を傘下に置く財閥にとっては、事業多角化こそが持続的発展の条件となっており、その意味でハルトノは最もコングロマリット化が進行したグループである。

　図表5-2はインドネシアの主要財閥とスタートアップ時のコア事業と現在のコア事業を示した一覧である。各財閥のスタートアップ期のコア事業は一様ではないものの、いずれも有望な内需事業を取り込んでいることがわかる。特に人口規模から見た潜在的需要の大きさからインドネシアではこうした傾向が強くなっている。またフィリピン同様、2000年代以降、公営部門が担うような高速道路、電力、生活インフラなどへの進出とそれらの運営、不動産事業の強化などが最近の財閥の特徴といえる。

　また事業ポートフォリオの中にいずれもパームオイルプランテーションと関

連ビジネスを取り込んでいることは興味深い。BCG（ボストン・コンサルティング・グループ）がかつて推奨した事業ポートフォリオPPM（プロダクト・ポートフォリオ・マネジメント）の中でスター（花形）ではなく，Cow（牛，日本では「金のなる木」）に相当する事業として位置づけられよう。これはインドネシア財閥の大きな特徴の1つである。

インドネシアの内需型産業の代表格の1つは煙草事業であることを述べたが，この他にも製薬業のカルベ（Kalbe）・ファーマ，日用品製造のウィングス（Wings），製紙業のシナルマス（Sinar Mas），食品のサリム，銀行業のリッポー（Lippo）などを挙げることができる。これらはスタートアップ期の内需向けの代表的な事業である。同じ内需向けの事業といっても発展段階によって異なることに注意が必要である。これらはあくまでも国内の発展段階の初期に相当する。1960年代以前からスハルト体制末期の1990年代後半までのことであり，より発展段階が進めば資本構成が高度化したり，重化学工業，サービスの高度化が進展し財閥もこうした内需向け事業に進出したりすることになる。

スハルト体制期に政策的に国営企業が担った産業部門（石油，航空機など）を別にすれば，インドネシアの場合，初期段階に対応した内需向け事業に加えて外貨を獲得できる事業も存在した。たとえばバリトーパシフィック（Barito Pacific）のプラジョゴ・パンゲツ（Prajogo Pangestu）やスハルトの右腕・政商として知られたカリマニス・グループ（Kalimanis）を率いるボブ・ハッサン（Bob Hasen）は林業で財を成したが，森林資源を用いた合板製造によって加工型の輸出産業が成立し，その多くは日本などへ輸出された。

林業が外貨獲得型産業の1つであったことは確かであったが，それが必ずしもインドネシアの多くのコングロマリットの事業ポートフォリオに組み込まれていたわけではない。最も多く組み込まれているのは先に見たようにオイルパームプランテーション事業である。インドネシアは世界のオイルパームの半分近くのシェアを握っており，本来コモディティを組み込むことは，年々の市況変化に左右されるためリスク要因の方が大きくなるのだが，幸いにも長期で見たオイルパームの市況は比較的安定していたため，多くの財閥がオイルパーム事業をポートフォリオに組み込んできた。いわば外需型としての「金の生る

木」という位置づけになる。

　この特徴はモノカルチュア型経済の影響を思わせるインドネシアの財閥・コングロマリットの事業構成の特徴であるといえよう。ただし，煙草やオイルパームが「金のなる木」であったとしても，将来それが持続する保証はないため，各財閥は戦略的視点から別の「金のなる木」または「花形」を作り出していく必要にも駆られている。こうした事情を反映して外資も加えながら財閥間での事業売買（M&A）も盛んで，通貨危機を経て 2000 年代以降の財閥には事業ポートフォリオの劇的な変化，言い換えれば第 2 次事業多角化（超多角化）が進行してきた。

　ではこうしたインドネシアの財閥の事業多角化は関連先行研究でどのように論じられてきたのであろうか？　この点に関しては前章までと論点は同じで，基本的には多角化の進展とグループのパフォーマンス，企業価値との関係，コングロマリット・ディスカウントの発生，所有構造との関連性などが俎上に上ってきた。

　計量的手法を用いた近年の研究に焦点を絞れば，Brahmana and others（2014）は財閥系，政府系，外資系の 2006 - 2010 年の上場企業調査から，所有が集中するファミリー企業では多角化において（株式）価値のディスカウントが生じ，多角化による価値はエージェンシー問題によって影響を受ける可能性があるとしている。

　多角化についてパフォーマンスが同様にネガティブとする結果については，2000 - 2010 年間の複数事業を持つ 120 社の検証からコアビジネスに関連した事業数が少なければ少ないほど，市場・会計両面においてパフォーマンスは良くなるとしている Christiningrum（2015）も上述のコングロマリット・ディスカウント発生の側に立っている。

　これらとは逆に計量モデルの差異も関係して，結果が異なるケースも生じている。Yudiyatno and Ratna（2015）は 2006 - 2010 年間の上場企業 370 社をサンプリングとして，多角化戦略は将来的なパフォーマンスには正の，パフォーマンスボラティリティには負の効果を持つとして，関連・非関連多角化双方がパフォーマンスに正の効果を持つとしている。また非関連多角化はボラティリ

ティには負の効果を持つとしている。

　財閥の規模に着目して上位財閥の多角化戦略について限定した場合，資本構成の高い事業へのシフトや買収において中堅以下の財閥に比較して，投資面で優位に立っていることは否定できず，いわば専業重視企業よりも投資事業会社的な性格が強く，この観点から上位財閥については多角化戦略を再評価する必要もあろう。

第3節　コングロマリットとしてのセカンドステージに入ったサリム・グループ

　本節以下ではFMCGをコア事業とする財閥を取り上げる。この範疇に属しグループの事業規模の面でインドネシア随一といわれてきたのがサリム・グループである。グループ創業者であるスドノ・サリム（1916 - 2012）は中国福建省に生まれ1938年にジャワ島に渡り，叔父の雑貨店手伝いを経て行商人となった。1945年の日本の敗戦後，インドネシア独立運動時にインドネシア共和軍への物資補給を通じてスハルトなどとの人脈を築いていた。スハルト政権発足後，1960年代末の政府の経済発展5ヵ年計画に呼応して数多くの企業を設立，当初は丁字（クローブ）輸入などの貿易，繊維からスタートしたが，1970年代までには製造業，貿易，金融，不動産，建設，小売り，アグリビジネスへと事業多角化を進め，インドネシア随一のコングロマリットに成長した。また東南アジア地域においても最大の財閥と評されるようになった[4]。

　1969年に製粉事業をスタートさせているが，その後のグループの中核事業となったのはセメント製造である。1985年には年間生産能力890万トン，国内シェア5割強を占めるまでになった。そしてもう1つの事業の柱が金融で，1975年にモフタル・リアディ（後のリッポーグループの総帥）を頭取に起用したバンク・セントラル・アジア（BCA）は同国最大の民間商業銀行となった。1980年代の不況期には政府によるインドセメントの救済（同社株式の35％を購入）などもあって，プランテーション事業，食品事業に比重を置いた経営戦略をとるようになっていった。

既に1980年代末から1990年代初頭にかけてインドセメントが上場し，ロンドンでMBAを取得したスドノの三男アンソニー社長を中心として，次男のアンドレー（Andre）を含めた4人のCEOによって11事業部が運営されており，世代交代と専門経営者化が進んでいたとされる。他方で子会社を含む傘下企業数は，インドネシアだけでなくアジアの他の財閥と比較しても突出して多く1990年時点で420社（グループ売上高約72億ドル）を超えていた（同年のサムスンは24社，1989年時点における香港の李嘉誠グループは122社であった）。アンソニーの指揮の下，事業の国際化もこの頃から進展し香港のグループ企業ファースト・パシフィックを拠点にして，中国本土をはじめ世界各地で食品，セメント，小売りなどへの事業投資と買収が行われてきた。

コングロマリットとして1980年代半ばまでにサリム・グループは最初の完成に至っており，垂直的統合，市場支配が進み，それはSato（1993）が指摘するように，スハルト期のフルセット工業化政策に対応した政治的な力とコングロマリットの力に裏打ちされたものであった。

1997年の通貨危機に際しては，他の財閥同様対外借り入れ債務の膨張（約55億ドル）によってグループ事業の整理を余儀なくされ，1998年の暴動ではサリムの自宅やBCAは民衆の攻撃対象となった。その後の債務処理を経て，2010年以降の主要グループ企業には，安定した収益を確保しているサリム・パーム・プランテーション，インスタントラーメンで高いシェアを誇るインドフード，インドモービル（自動車），インドアグリなどがある。さらにサリムは日系のヤクルト，ライオンと，日系以外ではペプシコ，ユニリーバ，ネスレなどと合弁し日用品・飲料を中心として拡大しつつある国内市場でのシェア獲得増を目指していった。

現在の中核となっている事業会社はインドフードで，社長のサリム以下専門的経営者集団によって経営されている。一族の持株会社CABホールディングスが50％以上の株式を保有しており，グループの復権を象徴するかのように，インドフードの売上高はリーマンショックの影響が色濃く残っていた2000年代後半においても，比較的高い売上高を維持し2011年以降5,000億円を超える売上規模を実現していくことになる。これは後で見るように日清食品ホール

ディングスを上回るものである。

　開示資料を見る限り，国外も含めたグループ企業の資本所有関係は非常に複雑で韓国財閥と類似した循環出資が見受けられ，複数の持株会社が存在しているようであるが十分に確認できない部分も多い。なお創業期の中核事業会社であったインドセメントについては，負債処理のためドイツのハイデルベルグ・セメントグループが2001年に最大株主になりインドセメントは同グループ傘下に入っている。

　またインドネシア最大級の銀行BCA（バンク・セントラル・アジア）もアジア通貨金融危機によって，国営化後ハルトノファミリーへ売却された。このようの財閥間のM&Aは中核事業が対象になった場合，財閥トップの保有資産に株式が占める割合が高いために，財閥間のファミリー資産の大きな変動につながるが，老舗財閥の代表格だったサリム・グループの場合は，すでに述べたように選択と集中を経てグループ事業の強化と上位財閥としての地位を保持してきた。なおインドセメント，BCAについては2016年現在でも若干の株式保有を続けている。

第4節　サリム・グループの中核事業会社　インドフード
　　　　　(Indofood Sukses Makmur)

▌サリム・グループの「優等生」インドフード

　インドネシアの財閥の中でもサリム・グループが規模的に突出していることは言うまでもない。また東南アジアでも最大級の財閥である。そのサリム・グループのコア事業は食品関連とセメント事業，銀行であったが，セメント事業はアジア通貨金融危機後ドイツ企業に売却されたが，前者の食品関連事業はスタートアップ期から今日までコア事業として継続しており，その主力製品がインスタントラーメンであることは，ある意味意外な面もある。

　この意外な面を読み解くためにも，少しばかりインスタントラーメンをめぐる世界市場での競争構造に触れておかねばなるまい。まずインスタントラーメンを製造している企業レベルで見てみると，日本で一般に誤解されているよう

に安藤百福を創業者とする日清食品がインスタントラーメンのパイオニアであり,「出前一丁」をはじめ 1970 年代に入ると「カップヌードル」などの世界的ヒット商品がよく知られているために,製造販売では世界トップであると思われがちである。しかし,実際は異なっているのである。

このカテゴリーで世界トップは,台湾の頂新グループ傘下として中国で事業展開を行う康師傅である。日清食品は世界的シェアでは康師傅を追うトップグループに位置しているが,他にも韓国の農心,東洋食品などもトップグループを急追している。そして後述するように,市場ターゲットを絞り込んだインドフードが既にトップグループの仲間入りを果たしているというのが世界市場でのインスタントラーメンをめぐる企業間競争の現状である。

2016 年上半期現在,世界ラーメン協会のデータによれば,インスタントラーメンの世界需要の上位市場は中国/香港,インドネシア,日本,ベトナム,米国,韓国,フィリピン,インド,タイ,ブラジルがトップ 10 で 30 位以内にはナイジェリア,マレーシア,サウジアラビア,バングラデシュ,エジプト,パキスタンなどのイスラム圏市場を含んでおり,トップ 10 市場の中にイスラム人口を抱えている国もある。注目すべきは中国に次ぐ 2 位のインドネシアであり,これだけでも国内需要の大きさをうかがい知ることができよう。

国内需要の大きさに加えてイスラム圏市場の加工食品のローカルメーカーはイスラム圏消費者向けにハラル認証を取得しており,この点で国外のイスラム圏市場でも海外のメーカーよりも優位性を有してきた。その代表格がインドフードということになる。意外に思われるかもしれないが,こうした優位性に基づいて世界のリーダー企業を急追する存在となっている。

アジア通貨危機によって,かつてサリム・グループはクローニーの代表的財閥として批判され,最大の経営危機に直面した過去がある。当時グループ事業の二枚看板となっていたインドネシア最大級の銀行 BCA とセメント製造会社インドセメントを失っただけでなく,総計 105 のグループ企業を手放すことになったのである。このときグループを救ったのが老舗中核事業会社のインドフードだったのである。

Lingga (2014) によれば,製粉事業とインスタントラーメンは,まさに「金

のなる木」(cash cow) として（引用者），その後いったん喪失した事業資産の大部分を買い戻すことに貢献しただけでなく，国外への事業拡大にも大きく寄与することになったという。むろんグループの事業継承者であるアンソニーを筆頭とした経営陣の優れた事業戦略と先見性も付け加えておく必要があろう。

　サリム・グループの中核企業であるインドフードの創業年は1968年で，日清食品が世界初のインスタントラーメンを製造販売してから10年が経っていた。当初の社名（Panganjaya Intikusuma）から1994年に現在の社名に改められ，また同年にはインドネシア証券取引所に上場している。サリム・グループの企業群は持株会社ファースト・パシフィックの下に統治された巨大なコングロマリットであるが，ファースト・パシフィック（以下FP）自体，持株会社のCABホールディングス（モーリシャス）が50％以上保有しており，アンソニー社長を筆頭にしたオーナー支配型公開企業といってよい。

　FPについて少し説明を加えておくならば，香港上場の持株会社であり，(2016年現在で) 会長はアンソニー・サリム，CEOは69歳のマニュエル・パンギリナン（Manuel V.Pangilinan）で，1981年のFPの創業以来，パンギリナンは専門的な実務経営者としてFPをけん引してきたグループ内では鍵となる人物である。ペンシルベニア大ウォートン校MBAホルダーで，FPに入る前の前職はフィリピンの投資コンサルタント会社，香港の米国系銀行などで実務経験を積んできたという経歴を持っていた。フィリピンのビジネス情勢に強く，FPのフィリピン投資についてはパンギリナンの影響力と指導力を見て取ることができよう。

　FPは当初銀行などの買収を中心にして，香港だけでなく米国などの銀行買収や買収した企業を通じて欧州，タイ，フィリピンそして中国などに投資を行ってきた。1997年のアジア通貨金融危機後はコア事業を通信と食品，インフラに絞り，PLDTへの投資を開始した後，2000年代半ば以降，PLDTを傘下に収めるともにフィリピンでのインフラ事業を強化してくことになった。この点については後ほどさらに触れることにしよう。

　インドミー（Indomie）をはじめとするインスタントラーメンは海外でも知名度が高く，同社のブランド商品として稼ぎ頭になっており，2013年以降はナ

イジェリア，エジプト，スーダン，モロッコなどに 6 工場を擁し現地製造と販売を行っている。後ほど見るようにインドフードは海外販路の拡大に注力しており，日系などの先発メーカーと競合しにくい新興国・途上国市場，とりわけイスラム圏市場において強みを発揮している。

近年におけるインドフードの経営戦略面での特徴を挙げるとすれば，積極的なM&Aと資本業務提携に尽きよう。インドフードの事業はインスタントラーメンなどの加工食品などの製造販売に代表される「ブランド商品部門」以外に「製粉部門」「アグリビジネス部門」「流通部門」「野菜栽培などの事業部門」の 5 部門から成り立っている。傘下の子会社の多くはインドネシアやシンガポールなどの証券市場に上場しており，1990 年代半ば以降からプランテーションやアグリビジネスの事業領域にも M&A などを通じて注力してきた。

インドフードだけの売上規模を取り上げてみると，日本円換算では 5 年間（2012 − 16 年）平均では約 5,700 億円超で，図表 5 − 3 で世界のトップメーカー康師傅と日本のトップメーカー日清食品ホールディングスと比較すると，康師傅が約 1 兆円超規模，日清食品ホールディングス 4,600 億円超で日清食品を凌駕する規模となっている。また ROE（2016 年）では康師傅，日清食品が 6％台なのに対してインドフードは 13.5％で収益性では突出している。日本を除くアジア系企業の場合，自己資本比率が低いために―同時に負債比率が高いことを示す―，ROE が高めになることがある。また米国企業に見られるように自社株買いを通じて自己資本比率を低くする場合もあるため，売上高営業利益率も比較しておくと，日清食品，康師傅が 5 〜 6％台なのに対して，インドフードはこちらの指標でも 12％超を達成しており，その収益性と成長性の高さを確認することができる。

康師傅の場合，中国本土市場に主に依存してきたことがトップメーカーに成長した主要因だったが（康師傅については第 1 章参照），今後の長期的な展望という側面からはインドフードの場合，国内市場と新興国・途上国市場の両輪を通じて成長を持続させていく可能性が高い。

日本のトップメーカーも新興国市場・イスラム圏市場をターゲットにしており，これら市場では競争圧力は高まりつつある。日清食品や東洋水産は北アフ

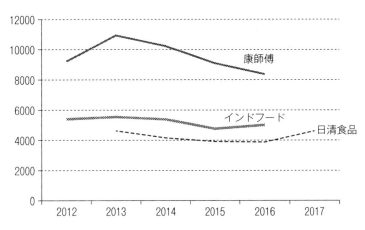

図表5-3 インドフード，日清食品ホールディングス，康師傅（Tingyi Holding）の売上高比較（100万米ドル）

（注）康師傅，インドフードは12月，日清食品は3月決算。
出所：Nikkei Asian Review 各社データより筆者作成。

リカ，トルコ，インド，ナイジェリアなどにターゲットを絞っており，既にインドフードと海外販路が重なっているのが現状である。インドフードの場合，近隣東南アジアではマレーシア，アフリカではナイジェリアを販売市場として礎を築いてきた。

インドネシア国内市場自体も中国に次いで世界で2番目に位置しており，これは言うまでもなく，外資メーカーやローカルメーカーの競争圧力が強いことを意味している。日清食品は既に現地生産を行っており，ローカルメーカーとして2番手につけているウィングス・グループも低価格でインドフードを国内市場で激しく追い上げるようになっている。総帥のアンソニーが「われわれは徐々に15％，20％というように海外販路を拡大していくつもりである。そして30％に到達できるならば，それが理想的な目標であろう」と言い，インドフードがインドネシアの地理的な位置づけにおける有利性を備えていることを2015年9月の日本経済新聞によるインタビューで答えている[5]。広大な国内市場と海外市場の二本柱での持続的な成長は始まったばかりにすぎないのかも

しれない。

　インドフードを頂点にしたサリム・グループの川上から川下までの統合には外資系各社との合弁形態が広く見られる。上述したインドフードの主要事業を担う傘下の事業会社には，国内最大の製粉会社ボガサリ (Bogasari)，食品製造のインドフードCBP・サクセス・マクムール，プランテーションなどアグリビジネスを担っているインドフード・アグリ・リソーシーズ，アグリ・リソーシーズ傘下のマーガリン製造のサリム・イヴォマス・プラタマ，そして野菜加工のチャイナ・ミンジョン・フード・コーポレーション，食品卸のインドマルコ・アディ・プリマなどがあり，この他にもプランテーション経営のPPロンドン・スマトラなど枚挙に暇がない。

　注目すべきことはやはりM&Aと外資との提携にあろう。直近のクロスボーダーM&Aの例を挙げると，食品製造 (パン，マーガリン，食用オイルなど：1986年創業) のグッドマン・フィールダー (Goodman Fielder) はオーストラリア・シドニーに本社を構えオセアニア地域で事業展開を行っている。グッドマンは過去複数企業に買収されてきた経緯があるが，2015年3月にFPとマレーシアのロバート・クオックが半々の出資で買収した後，上場を廃止している。また合弁ではインドフードCBPとの間でペプシコ (スナック菓子)，アサヒ (飲料)，ネスレ (調味料) などと多くの事例が見られる。

　なお食品製造と同様，小売事業部門でも外資との提携は盛んで，インドリテール・マクムール・インターナショナルを通じて外食のKFC，製パン事業 (敷島製パンとの提携) を運営している。外資との提携はないがコンビニ事業としてインドマレットを運営している。また自動車販売事業ではスハルト時代からトヨタとアストラ・グループが提携しているが，サリムは日産と提携し，現在までに日産，スズキ，日野，日系自動車部品メーカーなどと合弁事業を行っている。また2016年にはEC事業でロッテとの合弁を発表している。このように外資との提携はサリム・グループにとって各事業部門での重要な事業戦略の一環となっている。

　図表5－4はインドフードの部門別売上の内訳を示したものである。インスタントラーメンはブランド商品部門に含まれ，その他の加工食品，飲料・菓子

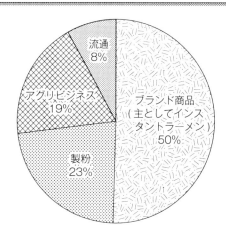

図表 5-4　インドフードの売上内訳 (2016年, %, ルピア)

出所：Indofood, *Annual Report*（2016）より作成。

類などと一緒になっているが，大半（2014〜15年時点で同事業部門の66%）はインスタントラーメンであり，EBITで見るとブランド商品部門は56.1%に増え，収益に対する貢献度は非常に高いものとなっている。営業利益で見た場合，この部門の約9割はインスタントラーメンとなっている。しかも製粉事業とアグリビジネスも擁し，規模・比率は現状では大きな比率ではないが，流通部門もあるためインドフード自体，食品メーカーとして高度に垂直統合を遂げた形となっている。

　既に見たように2010年代に入ってインドフードは世界トップクラスの売上規模に達しており，それはインスタントラーメンの販売増に負っている部分が大であることと，時期的に新興国市場での製造販売の拡大と符合している。先に見たように海外市場においても日系・台湾系メーカーに対してはどちらかと言えば後発であったのだが，イスラム圏市場をターゲットとし獲得したことで海外のトップメーカーに比肩するまでのポジションを築き上げることに成功したのである。

食品以外の中核事業　インフラ関連事業

　フィリピンの財閥を取り上げた第3章でも見たように，サリム・グループはフィリピンでの通信事業 PLDT をはじめ，インフラ事業運営としてフィリピンで同事業部門の持株会社メトロ・パシフィック・インベストメント（MPIC）を通じて，高速道路運営（メトロ・パシフィック・インベストメント），上下水道（マニラッド・ウォーター），配電事業（マニラ・エレクトリック），さらに病院経営（メトロ・パシフィック・ホスピタル）まで幅広い事業展開を行っている。

　サリム・グループ企業全体の頂点に立つ香港上場の持株会社 FP から見れば，こうしたフィリピンへの重点的投資は FP 全体の営業利益への国別貢献度に現在のサリム・グループの最大の特徴が反映されている。2015年も前年同様，フィリピンの貢献度は突出しており，営業利益は3億ドル近くに上っているのに対してインドネシアは1.5億ドルに満たず，フィリピンの半分以下となっている（他の国の貢献度はネグリジブル）。すなわち，サリム・グループの最大の特徴は，少なくともアジア通貨危機を経た2000年代以降「新興国→新興国」への投資という形を示しており，フィリピンの経済成長の潜在性を見込んだ果敢なインフラ・通信関連の投資に集約されよう。

　これらの投資はかつての国内最大のセメント事業（インドセメント）と銀行（BCA）を擁していた時の事業構造とは明らかに異なっていることに注意したい。新生サリム・グループとも言うべき特徴は上述のとおりだが，この点をさらに詳しく見るために FP の事業ポートフォリオに触れておかねばなるまい。FP 傘下の主なグループ企業は図表5－5に見るように，テレコム，食品，インフラ，資源の4つの事業部門に分かれており，各事業部門を代表する会社が示されている。売上と利益面での規模では順に PLDT，インドフード，MPIC となっており，この3社が事実上現在のサリム・グループの収益の源泉となっている。

　PLDT，インドフード，MPIC を中心としたグループの2003年から2015年までの FP 全体における資産の年平均成長率（CAGR）は16％に達しており，資産価値のグループ企業別内訳は図表5－6に見るように，順にインドフード，PLDT，MPIC だけで全体の83％を占めており，この3社がサリム・グ

図表 5-5　ファースト・パシフィックの事業構成（100万米ドル，2016年）

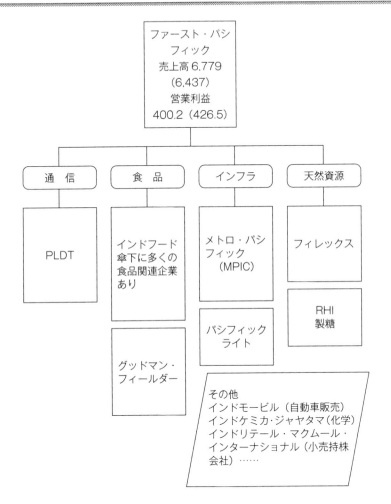

（注）（　）の数字は前年。
出所：FP開示資料より作成。

ループの資産価値上昇に貢献してきたことが明瞭になっている。サリムの事業投資はそれまでの内需型からフィリピン向けのインフラ投資へ大きく舵を切っ

図表5－6　ファースト・パシフィックの資産価値構成

資産価値総計75億米ドル（2016年）

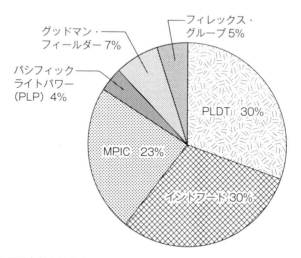

出所：FP, IR開示資料より作成。

たわけだが，他方で配電・資源関連の投資においては，パシフィックライト，RHI（製糖業：Roxas Holdings Inc.）ともに売上高，営業利益のいずれにおいても貢献する段階に達していない。

　FPのパンギリナン率いるPLDTもフィリピンにおいて，後発の通信キャリアであるグローブテレコムの猛追を受け厳しい競争環境下にある。数年前まで高い収益力を誇っていたPLDTもさまざまな携帯向け通信サービス導入の遅れもあって，2016年9月にはライバル社のグローブテレコムが契約者数約6千万人でPLDTを若干上回るほどになっており，国外事業，とりわけフィリピンの通信・インフラ事業を担うバンギリナンは正念場に立たされている[6]。

　こうした事業ポートフォリオをPPMのフィルターにかけるならば，インドフードは「金のなる木」，PLDT，MPICは「花形」（Star），そしてパシフィックライト，RHIは「問題児」（Problem Child）というように位置づけられるかも

しれない。「問題児」についても「花形」へ変貌する可能性を残しており，フィリピン向け投資におけるサリムの積極果敢さが事業ポートフォリオによくあらわれているといえる。

　FPの営業利益に占めるフィリピンへの事業投資の貢献度は，2016年には63％に達しておりインドネシアは34％にすぎない。FPはフィリピン向け事業投資会社と言い換えても過言ではなく，同社がスローガンとして掲げている「長期投資の価値の創出」という戦略的投資の側面を勘案しても，地域的な偏りからくるリスクは残っている。フィリピンのインフラ事業が今後のグループのパフォーマンスを左右する部門となっていることは間違いない。

　このように新生サリム・グループの投資と各事業の方向性はインドフードも含めて「外向き」であることは明らかである。ただし「外向き」であるといっても，いわゆる輸出志向を体現しているわけではなく，インドフードの海外製造拠点の構築，FPを頂点としたM&A，JV（合弁）などを通じた国外市場への投資と事業拡大を意味している。重点的な国外市場であるフィリピンを見た場合，通信・インフラ関連は経済成長に沿った─フィリピンにとっては─内需型事業である。言い換えればこの「外向き」志向は内需から国外の内需をターゲットとしたものである。

　食品大手グッドマン・フィールダーでのロバート・クオックとの共同出資やPLDTへのゴコンウェイ財閥の出資に見られるように，ASEAN内部での財閥間の資本提携は─同時に状況によっては買収合戦などの対立，また不振事業の購入・売却なども見られる─ASEAN市場への事業展開には欠かせない戦略となっている。

　2017年に入ってからのサリムの新たな多角化の動向としては，中堅銀行（Bank Ina Perdana）の買収による銀行業への再参入を挙げることができよう。アジア通貨危機以来銀行業から遠ざかっていたサリムだが，改めて内需の成長も見据えており電子決済業務をはじめとしたフィンテックの導入によって，グループ内の流通などへのシナジー効果も目指している[7]。

第5節　FMCGの雄ウィングス・グループ

　ここでは内需型事業として日用品などの製造販売を中核事業とするエディ・カツアリ（Eddy Katuari）率いるウィングス・グループの事例を取り上げることにしよう。創業者のエディはインドネシアのスラバヤ生まれの中国系インドネシア人である。2016年のフォーブスビリオンネアのランキングでは13位，資産17億ドルで財閥としては最上位クラスではなく中堅に位置している。元々スラバヤの実家が石鹸工場を営んでいたことからエディもこれを継承し，その後，日系企業との提携を契機にして日用品分野（トイレタリー，ホームケア製品など）ではインドネシアで最大のシェアを誇るウィングス・グループへと発展させた[8]。

　ウィングス・グループの事業構造は，持株会社であるウイングス・コーポレーションを筆頭にして，包装製品製造，化学製品製造，不動産開発，パームオイルプランテーション，そして日系企業やタイ系企業と提携したコンビニ事業（ファミリーマート），外食（吉野家），菓子類などの製造（カルビー，グリコ），建設資材（タイのサイアムセメントと提携），日用品製造（ライオンと提携）などの多角的事業によって構成されている。

　特に日系企業との積極的な提携は同グループの特徴であり，たとえば合弁会社カルビー・ウイングス・フードはカルビーと伊藤忠（前者は90％出資）の特別目的会社（SPC）が50％出資している。吉野家の場合はタイのCPグループと組んでフランチャイズ展開を行っている。このような日系企業との提携の嚆矢となったのは1981年のライオンとの提携であった。日用品領域での日系企業との提携としてはインドネシアだけでなく，先発東南アジア諸国の中でも非常に早かった。

　新興諸国では日用品・ホームケア用品といった商品領域は外資系大手のP&Gやユニリーバの独壇場になっているケースも少なくない。これらの商品領域では特許や実用新案を含む商品レンジの豊富さで，ローカルメーカーは外資系に対抗することが困難で，消費者は外資のブランドを信用し購買する傾向

が強い。近年におけるユニ・チャームの成功もこうした東南アジア諸国の日用品に対する消費トレンドを反映していると思われる。合弁を通じて商品ラインナップを強化することは，ローカルメーカーにとっては戦略的な有効性を持っているのである。これは言うまでもなく，将来的に国内市場の縮小を免れない日系企業にとっても海外市場攻略の機会獲得となっている。

　日系企業側からの視点からこの点を確認しておくと，カルビーは2013年3月にPT.カルビー・ウィングス・フードを設立し，カルビー側は伊藤忠商事を含めたSPCによる50％出資，ウィングス・グループはグループ企業のミトラジャヤ・エカブラナによる50％出資でスナック菓子の製造販売をスタートさせている。グリコも同じグループ企業と半々出資で2013年12月にグリコ・ウィングスを設立し，冷菓（アイスクリーム）の製造・販売をスタートさせており，合弁パートナーをウィングスにした理由として，カルビーもグリコもウィングス・グループを「インドネシアで強いブランド力と販売力を持つ」（カルビー），「同国で強い営業・販売力を有する」（グリコ）ためとしている（両社の当時の「インドネシア合弁会社設立に関するお知らせ」より）。

　他のアジア諸国の事例で見てきたように日系企業にとって本国と流通ネットワークが異なっているか，物流網が十分に整備されていない場合，また流通業そのものに外資規制がかかっていた場合，日系企業側としてはローカル企業と合弁形態をとって進出することは最善の策であることは言うまでもない。後ほど触れるサントリーの飲料事業のケースもそうだが，インドネシアでは急速に増加しつつあるコンビニやスーパー以外に小規模な一般商店であるワルン（フィリピンではサリサリストア）もあり，後者は伝統的な商店として現在も広く消費者の間に根付いたものとなっている。

　いわゆる日本で言えば昔の雑貨屋のようなものであって，このような零細商店はフィリピンや南アジア諸国でも広く見られるものである。冷菓や飲料のような商品はその特質上冷蔵庫や店頭用クーラーを必要とするが，零細店においては容積も限られている。こうした末端の小売店に商品を置いてもらうためには，どうしても日用品などの流通で先鞭をつけてきたウィングス・グループのようなローカル企業との提携が不可欠であった。

カルビーもグリコもほぼ同じ時期にウィングス・グループと合弁会社を設立しており，ウィングス・グループではないが森永製菓も別のローカル企業（キノセントラ・インダストリンド）と合弁し同年から操業をスタートさせていることから，2013年は日系の製菓メーカーが本格的にインドネシア市場の攻略を目指した元年といえるかもしれない。またグリコの現地法人として2014年4月にはインドネシア・グリコが設立され，こちらでは主力商品のポッキー，プリッツを製造販売している。主力商品は先行して東アジア諸国や欧米の一部では知名度が高く「ブランド化」していたが，販売をスタートさせてからインドネシアでも同様の成功を収めている。

視点を再びウィングス・グループ側に戻すならば，近年の日系企業との合弁事業以外に注目すべき点としてはエディ・カツアリの長女グレース・L・カツアリ（Grace L Katuari）とハルトノの3世代目にあたるロバートの息子マーティン・ハルトノ（Martin Hartono）が結婚しており，2つの財閥が姻戚関係を結ぶことによって相互に事業が強化されていることであろう。傘下のオレオケミカル会社はサリム側が売却したもので，パームオイルなどの植物性油脂を原料とした化学製品はホームケア商品などへ応用され，原材料・中間品・ホームケア・日用品の最終製品そして流通ネットワークも含めて，この産業領域においては国内では突出した範囲の広さを誇るまでになっている。さらにジャルム・BCAグループによる同国最大級のショッピングモールであるグランドインドネシアの開発と運営もグレースとの結婚が契機になったもので，グランドインドネシアのコミッショナー（会長相当）はグレースが務めている。

図表5-7はウィングス・グループを除く財閥の主な日系企業との合弁事例である。日系以外の外資およびインドネシア・タイ・マレーシアの財閥との合弁事業も活発であり，M&Aとともに先発ASEAN諸国の財閥が拡大発展することに伴って，合弁事業もリスクが取りやすく活発になっている。こうした事情も各財閥の多角化を促進する要因となっている。さらに各財閥間の婚姻を通じた合弁事業の機会拡大は財閥間の合弁を容易にしているようである。長女グレースだけでなく下の娘もタイのCPグループ会長の甥と結婚しており，2009年以降の吉野家運営（CPとウィングス）もこうしたつながりを背景としている。

図表5−7 近年の財閥と日系企業との合弁事業の事例

財閥	日経企業　事例	合弁企業
サリム・グループ	NTTグループ　通信	PLDT 他に日産，日野，自動車部品メーカーとの合弁あり
シナルマス・グループ	イオン　イオンモール（モール開発）	AMSLインドネシア
グダンガラム・グループ	丸紅　ロッテ製品の製造	ロッテ・インドネシア
リッポー・グループ	三菱UFJフィナンシャルグループ銀行への出資，三菱商事，不動産開発での提携	CIMBニアガ
アルファマート・グループ	ローソン　コンビニのFC契約と出資，三菱商事　コンサルティング会社（合弁），ヤマザキ　パン製造（合弁）	アトリ・パシフィック（三菱商事40％），ヤマザキ・インドネシア（ヤマザキ51％）
ラジャワリー・グループ	西日本高速道路など高速道路運営	ビンタロー・スルポン・ダマイ（高速道路運営）
カルベ・ファーマ	森永　粉ミルクの製造販売	カルベ・モリナガ・インドネシア
バリト・パシフィック・グループ	三菱商事，地熱発電	スターエナジー・ジオサマール
ガルーダフード（持株会社 Tudung group）	サントリー　清涼飲料製造販売	サントリーガルーダ・ビバレッジ（51％）2011年〜

出所：各社開示資料，桂木（2015）を参考にして作成。2016年現在の状況。

このような事例は他の財閥間でも決して珍しくなく，華人系ゆえに国境を超えた「人的紐帯」も形成されやすくなっている。

　他方で合弁事業が活発になれば，資本調達が容易になるため非公開企業も多く，持株会社も非上場ならば，各合弁事業だけでなく，全体の事業状況を財務分析や事業戦略などを通じて正確に把握することが困難になっている。これは財閥全体のコーポレートガバナンス，透明性，ディスクロージャー問題とかかわることであり，ウィングス・グループも例外ではない。

　図表5−7の最後に記載されているサントリーの合弁事例もウィングス・グループと他の日系企業との合弁事例同様，ローカルパートナーの流通・物流

ネットワークを利用することがパートナー選択のための第1の要件であったと考えられる。なぜならば，パートナーのガルーダフード（Garuda Food）はスハルト政権期前の1958年に設立された老舗の食品メーカーで，ピーナッツ，ゼリー，ビスケット類ではトップブランドとして知られており，持株会社のトゥドン（Tudung）・グループは物流事業のSNSグループも擁しているからである。

ジャワ島だけでなく外島を含む島しょ国家であるインドネシアでは市場が分断されがちなため日系企業側にとって，こうしたローカルパートナーの流通・物流ネットワークを用いることは必須となっている。こうした合弁を市場攻略のプラットフォームにしながらも，日系各社は独自のマーケティングと現場での営業活動を組み合わせている。

先に触れたようにサントリーは，たとえば小規模小売店向けに自社商品用のコンパクトな店頭用クーラー「チラー」を配置し「売り場の確保」「広告看板」「冷たいドリンク」という三重効果を狙った販促を行っている。こうした合弁を通じた日系企業側のマーケティング戦略は，パートナーであるインドネシアの食品飲料系メーカー（ガルーダフード・グループ）にとっても製品レンジの拡大につながり，食品系コングロマリットの中核事業強化に貢献していると思われる[9]。

第6節　結　論

インドネシアのケースにおいても食品飲料またはFMCGをコア事業とするコングロマリットの事業多角化は，韓国，フィリピン，タイと共通して製品レンジの拡大とこれに関連した積極的な外資との提携，M&Aなどによる事業ポートフォリオの管理運営を反映したものであった。

パームオイルプランテーションや不動産開発事業などを組み込むことでグループ全体の収益安定性を図りつつ，サリムのようにインフラ制度面で似たフィリピンへの投資，自国資本市場と情報の限界を見越したうえでの香港を活用した事業拠点網の構築などは第2世代のコングロマリットとしての多国籍性を反映したものであった。また上位財閥が事業投資会社としての性格も強めて

いることは，適切なポートフォリオマネジメントがなされているならば，グループのパフォーマンスには戦略的にポジティブに作用する可能性があることも示していよう。

　消費財事業を中心とするウィングスについては，その製品特性から外資，とりわけ日系企業との提携を通じた合弁によって川下に向かって事業範囲が拡大しており，消費ブームと市場規模から見てタイのサハ・グループ以上の潜在的な成長性を備えていると思われる。事業規模と範囲の拡大による戦略的方向性が今後注目されよう。

◇注◇

1) 国内市場がそれほど大きくないマレーシアのクオック・グループのように中国市場を取り込み，内需型事業の海外展開を行うケースも少なくない。中国市場を通じて内需型事業を加速させているわけで，クオックの不動産事業やCPグループの保険事業への投資などがこれに該当しよう。
2) 青木（2006）p.407。歴史・社会民族的な研究論文であるため，ここでは一般的な呼称としてコングロマリットを使用しており，経営上の厳密な定義はなされていない。
3) 以下各財閥の概要については，各社ウェブサイト，Forbes.com，桂木（2015）第1章インドネシアを参考とした。
4) 以下サリムについては，同上（合弁企業ウェブサイトを含む）およびNikkei Asian Review各企業データより。
5) Company in focus：Indofood finds recipe for growth with halal noodles, Nikkei Asian Review, June 23, 2016.
6) Salim group's Filipino confident on final mission to receive PLDT, Nikkei Asian Review, March 4, 2017.
7) Indonesia's Salim Group re-enters banking with local takeover, Nikkei Asian Review, May 30, 2017.
8) 子会社，合弁企業，日系企業を含むウェブサイト，桂木（2015）第1章インドネシアを参考とした。
9) サントリー食品インターナショナル企業情報，巨大なマーケットポテンシャルを秘めた「インドネシア」2014.3（www.suntory.co.jp/softdrink/ir/lounge/global/201403.html）

◆第6章◆
シンガポール・マレーシアのコングロマリット
―財閥の多角化戦略と継承をめぐって―

第1節　マレー半島の経済と財閥

　1965年にマレーシアから分離独立したシンガポールは人口が約540万人，国土面積は東京都ほどしかない。いわゆる都市国家であり，自由貿易港，法人税・所得税を含め各種税率の低さ，また一貫した外資に対する直接投資優遇措置で知られ，東南アジアで事業展開する外資系企業が事業統括会社を置くケースが多いことでも知られている。

　マレーシアに事実上追放された形で1965年に独立を遂げたシンガポールは，当時も現在も中国系の比率が高く人口のおよそ3分の2を占めている。戦後のマレーシアはブミプトラ政策を通じたマレー人企業家の育成を図ってきたが，今日のマレーシアの売上高や資産から見た場合の上位企業グループ・財閥はほとんどが華人系で占められている。中堅以下の企業では一定程度マレー人企業家が輩出されてはいるが，大規模企業グループについては華人系財閥優位という他のASEAN先発諸国と変わらない状況にある。

　さらにシンガポールでは華人系財閥がマレーシア以上に成長発達してきたという経緯がある。当初のシンガポールにおける企業家はマレーシアにおけるゴムやスズ鉱山などに関連した事業を元手に富を築いたものが多かった。また独立後リー・クアンユーに率いられたシンガポールはその国土面積・人口規模から労働集約的な製造業を発展させていくには明らかに不利な環境にあった。国家として生き抜いていくために外資の積極的な導入と並んで，歴史的に見ても

マラッカ海峡というタンカー・船舶の航路にとって不可欠のロケーションを活かした造船ドックなどの産業から，今日では戦略的に製薬開発など研究開発を中心とした産業と人材を世界中から招致している。研究開発拠点としてのノースワン地区は常に世界ランキング上位に名前を連ねるようになったシンガポール国立大学をはじめ，さまざまな研究施設が集積している。

　外資系企業が地域統括会社をシンガポールに置いた場合や政府によって特定製品・サービスの発展を奨励したパイオニア・ステータス優遇税制を認められた場合，法人税の免除措置を受けられるというメリットがあるため，労働集約的な製造業がなくとも外資系企業を長年にわたって引き寄せることができた。外資向け工業団地として郊外の西部地区にはジュロン工業団地が鎮座している。

　一見するとシンガポールは民間経済セクターが高度に発達しているように思われがちだが，リー・クアンユー以降「政府主導型」で達成された官民混合経済と表現した方が適切であろう。その理由は政府系ファンド（財務省管轄）であるテマセック，GIC（シンガポール政府投資公社）がシンガポール国内の有力企業に投資しており，企業によっては筆頭株主，大株主となっているからである。

　テマセックの場合だと，コンテナヤードを管理運営しているPSAインターナショナル，電力のシンガポールパワーは100％出資，地下鉄運営のSMRT，シンガポール航空，シンガポールテレコムなどは50％以上の保有比率で実質的には国営企業となっている。また国内企業だけでなく海外企業にも広く投資しており，投資対象には不動産なども含まれている。近年において特筆すべきこととして，タイのCPグループと共同で中国の平安保険に投資していることも挙げることができよう。またGICの場合，日本も含め不動産を投資対象としているケースが多く，いずれの政府系ファンドも世界の政府系ファンドの中でも高い投資パフォーマンスを誇っていることで知られている。いわば政府が究極の事業投資会社であるという表現も可能であろう。

　資本金融市場の発達度だけでなくあらゆる経済指標面で見てもシンガポールの先進性は明らかであり，隣接のマレーシアとともに財閥も華人系財閥を中心として高度な発展を遂げてきた。そして他の新興国同様，ファミリービジネス

をめぐる関心の高さでは共通しており，近年の代表的な研究事例としては次世代継承と経営パフォーマンスの関係から，保有株式の継承を含め経営のモチベーションが継承者側に備わっているならば，創業者経営以上のパフォーマンスを生み出すことが可能であるとしたAmran and Ayoib(2010)，およびグループの規模・所有構造と多角化という視点からマレーシア特有のビジネスグループへの政治的介入が，多角化のパフォーマンスに負の影響を与えるというHuei（2014）の研究などがある。

　継承の問題にしても総じて2世代くらいのスパンで論じられており，ファミリービジネスはマレーシアの経済成長に不可欠—現在進行形という意味においても—とするIbrahim and Fazilah（2016）の研究に示されるように，ファミリービジネスについての肯定的な見方も多い。ファミリービジネス研究そのものはシンガポールにおいてもシンガポール経営大学などで盛んである[1]。多角化とパフォーマンスの関係一つをとっても製品を通じた多角化よりも国際事業を通じた多角化の方がパフォーマンスとの相関関係が強いとするTongli, Ping and Chiu（2005）の研究のように，シンガポールという国の特性に根差したものも少なくない。製造業の存在が薄いことに加えて，国内外の優良企業に投資しているテマセックなどの政府系ファンドの存在は時に民間企業セクターの存在を薄くしてしまう印象もある。

　むろん政府系ファンドの存在が大きいからといって，民間セクター部分の財閥が小規模なわけではない。ただしシンガポールの財閥の多くは不動産開発，金融，サービス業などの非製造業を中核事業として成長発展を遂げてきたことを特徴としており，香港との共通点も多い。国内マーケットの狭さも関係し他の先発ASEAN諸国で見られた食品飲料関係事業を中核にした大規模財閥の数は限られたものとなっている。シンガポール市内の加工食品類は近隣ASEAN諸国やそれら以外の輸入品で占められている。とりわけ日本企業の食品については専門店もあるほどそのプレゼンスは高い。

　逆に言うならば，ASEAN先発国の中では内需型産業として食品飲料事業が財閥の形成発展に重要な役割を果たさなかった例外となるわけだが，その分シンガポールでは中核事業が不動産開発に集中する傾向がある。本章では食料飲

料事業ではなく内需型不動産開発事業を中核とした代表的な財閥を順次取り上げていくことにする。

ただし断っておかなければならない点として，シンガポールの財閥において食品飲料事業が重要でないということではなく，事業ポートフォリオを構成する重要セクターであることに変わりはない。大手財閥の中核事業とならなかったものの，歴史的に1965年の分離独立以前にシンガポールとマレーシアは一体であった。また，19世紀後半のマレー半島でのゴムプランテーション，スズ鉱山の開発などは中国とインド南部から多くの移民労働者を引き寄せ，マレー半島の人口も増加していたために早くから食品飲料事業が勃興する素地があった。

創業の歴史を19世紀末で遡ることのできる，そうした代表的な食品飲料事業会社が今日のイェオ・ハップ・セン（Yeo Hiap Seng）とF&N（FRASER and Neave）である。この2社は現在，それぞれファーイースト・グループとタイのTCCグループの傘下にあり，ともに主力事業である飲料においては国際的な事業展開を行ってきた。シンガポールのビジネスグループの最大の特徴の1つは不動産事業を事業ポートフォリオに組み込むことで，この2社も例外ではない。特にF&Nの場合，シンガポール不動産最大手フレーザー・センターポイントを擁しており，この他に出版・印刷事業もグループ内に抱えているため定義上コングロマリットと呼べよう（第4章TCCグループ参照）。クオック・グループと並んでシンガポール，マレーシアでの数少ない食品飲料系コングロマリットの事例の1つとして挙げておくことができよう。

この他にもタイのTUFと類似した水産加工物を取り扱うマレーシアのQLリソーシーズ（2017年3月期売上高約790億円）を一次産品加工型のコングロマリット（第1類型，第4章参照）として，その名前を挙げておきたい。QLRはチア・ソン・クン（Chia Song Kun）によって，1987年に創業された比較的新しいビジネスグループである。魚のすり身を先進国市場に輸出するなどTUF同様，外需型事業の一面を持ちながらも，水産加工物と派生事業に特化しているTUFとは反対に養鶏をはじめとして定番となっているオイルパームプランテーション，再生エネルギー事業，コンビニ（ファミリーマート）などへ事業範

囲を広げている強い多角化志向を持ったグループである。マレーシアの場合，こうした一次産品加工型コングロマリットはクオック・グループに代表されるように強い多角化への意思を備えているようである。

以下本章では両国の財閥で主流ともいえる不動産事業主導型のコングロマリット，および非主流の食品飲料系コングロマリット，さらに華人系以外の南アジア系財閥のケースを取り上げていくことにする。その際，多角化のベクトルがなぜ不動産事業に向かうのかという疑問について事前（期待収益率）・事後（現状収益率）の収益指標から検討することになろう。

第2節　不動産事業主導型コングロマリット

ファーイースト・グループ[2]（シンガポール）

シンガポールを訪れる観光客で賑わう観光スポットマリーナベイサンズとその対岸に位置するマーライオンを見下ろすようにそびえ立つホテルがある。シンガポールの有名ホテルの1つとして数えられているフラートンホテルである。夜ライトアップされたホテルは周辺の景色に同調してことのほか輝いて見える。ホテルの一角にはフラートンの歴史を紹介した小さなミュージアムも設けられており，1928年に中央郵便局などの業務を行う建物として，海峡植民地総督ロバート・フラートンの名前を冠して建造されたシンガポールの歴史的建築物の1つである。

第2次大戦後も中央郵便局として使用されており，1997年以降ファーイースト・グループによってホテルとして経営され今日に至っている。そのせいかホテルロビーのミュージアムには当時の郵便ポストが展示されている。またロビーにはファーイースト・グループの創始者シー・テンフォン（黄延芳：Ng TengFong：1928 - 2010）の胸像が鎮座している。創業者の死後，グループの経営は2人の息子フィリップ・シー（Philip Ng），ロバート・シー（Rober Ng）に委ねられている。

ホテル・不動産事業で知られているが，実はファーイースト・グループは老舗の食品飲料事業会社をその傘下に所有している。F&Nと並んでシンガポー

ルで最も有名な飲料ブランドの1つとして知られるイェオがそれである。イェオの歴史は古く1900年に福建省で設立された醤油屋が起源とされ，創業者一族のシンガポール移住後の1935年から飲料事業をスタートさせ今日の地位に至っている。

　シンガポールでの事業ではパック飲料やチキンカレー缶で市場浸透を図り，生産品目も豆乳をはじめとする各種飲料から各種ソース，食用オイル，インスタントラーメンまで生産品目を拡大し今日の姿に至っている。1969年にはシンガポール証券取引所に上場しており，2010年以降経営トップ会長には専門経営者のコ・ブーン・ウィー（Koh boon Hwee）が選任され経営の指揮を執っている。コはハーバードビジネススクールMBAホルダー，ヒューレッドパッカード，シンガポールテレコムでの役員，会長キャリアを経た典型的な専門経営者である。役員会には創業者ファミリーの1人も副CEOとして選任されているが，イェオが買収対象となってからは創業者一族の影響力は資本面だけでなく経営面でも後退したものとなっている。

　1995年にファーイースト・グループは，イェオをめぐってマレーシアのホンリョン（Hong Leong）・グループとTOB（公開買い付け）を通じた買収合戦を繰り広げ最終的に傘下に収めることに成功した。買収については東南アジアで名の知れた飲料ブランドと事業を得るというよりも，イェオが有する実物資産としての不動産が目当てだったともいわれている。シンガポールの老舗飲料メーカーだけあって一等地を保有していたからである。イェオ・グループの年間売上規模は2016年末時点において約450億円超でローカルブランドとしての知名度やレッドブル，ペプシ，ボルビック，ユニ・プレジデント（統一企業グループ）などのライセンス生産を行っているが，外資系・日系の大手飲料メーカーに比較すると規模はそれほど大きくない。

　シンガポールの飲料メーカーの規模は国際的に見ても比較的小さく，イェオの場合は専業志向が強いと思われる。同じシンガポールのもう一つの大手飲料メーカーであるF&Nについては比較的多角化が進んでいるが，タイのコングロマリットを取り上げた第4章で見たように，タイの大財閥TCCグループ傘下に組み入れられている。

このような飲料メーカーの買収に限らず，ASEAN内，特に先発ASEAN諸国内では香港を含め国境を越えた財閥間の買収合戦，M&Aが盛んに行われてきた。国境を越えた財閥同士の出資や提携もある一方，敵対的な性格を帯びている場合もあり，財閥傘下の企業の売却，グループからの離脱やM&Aをめぐる流動的な状況がビジネス界の日常となっている。

不動産開発事業とホテル事業は元々香港を拠点としており，前者はチム・シャー・チョイ・プロパティーズ（Tsim Sha Tsui Properties），後者はサイノ・ホテルズ（Sino Hotels）で，前者は売上規模が1千億円を超える香港取引所の上場企業である。また不動産開発事業と比較すると規模は小さいものの後者のサイノ・ホテルズも上場している。シンガポールではファーイースト・オーガニゼーション（Far East Organization）の傘下にファーイースト・オーチャード（Far East Orchard：不動産デベロッパー・ホテル事業），ファーイースト・ホスピタリティ信託（不動産投資信託）が不動産の総合的な事業展開において強みを発揮してきた。

シンガポールの観光名所であり賑やかなショッピング街となっているオーチャード通りはファーイースト・グループが中心になって開発事業を行ってきたという経緯があり，飲料事業の買収を除けばそれほど事業多角化が進展しておらず，他の財閥に比較すればやや専業型に近いともいえる。

ホンリョン・グループ（シンガポール，マレーシア）

ファーイースト・グループと並んでシンガポールでは不動産開発事業において双璧をなす存在がホンリョン・グループである。創業者はクエック・ホン・プン（Kwek Hong Png 1913 - 1944）で福建省から少年期に家族とともにシンガポールに移り住んだ。ホンリョン・グループは1941年に設立され，第二次大戦中の日本軍占領下において（当時，シンガポールは昭南島と命名されていた），マレーシアでゴムに関わる事業をスタートさせた。

第2次大戦前に財をなした多くの華人系事業家はゴムの販売などにかかわったケースが多い。ホンリョンの創業者もその1人であるとともに，第2次大戦後は建設資材の取り扱いを経て不動産開発・ホテル事業を中核とした今日のホ

ンリョン・グループが築かれた。クエック・ホン・プンは第2次大戦の終了を待たずに夭折しており，戦後および独立後のグループの事業拡大は専ら息子のクエック・レン・ベン（Kwek Leng Beng：1940 - ）の経営手腕によるものである。

　上場企業を含むグループ企業約300社を束ねるのが持株会社ホンリョン・グループ・シンガポールである。持株会社名にシンガポールがついているのはマレーシアにもホンリョン・グループがあるからである。これは1963年にホンプンの甥にあたるクエック・レン・チャン（Quek Leng Chan）がホンリョン・グループを創業しており，シンガポールのホンリョン同様，多角的な事業展開を行ってきたコングロマリットとして知られている。こちらの持株会社はホンリョン・カンパニー・マレーシアである。

　シンガポール，マレーシアのホンリョン・グループともに文字通りのコングロマリットであって，その事業ポートフォリオの構成は多彩である。マレーシアのホンリョンは持株会社グオコ（Guoco）・グループを通じて，ホンリョン・バンクなど銀行，投資銀行，保険などの金融機関，さらに不動産開発，ホテル・カジノ事業にはじまり，半導体，食油，二輪車，建材，製紙などの製造業も傘下に収めている。

　一見するとホンリョン・マレーシアは分家的な位置づけにあるが，国土・市場としてマレーシアはシンガポールより広大で銀行・保険など金融機関を擁していることもあって本家以上の事業規模を誇っている。グオコ・ランドなどを中心に行われている不動産開発ではマレーシアだけでなく，シンガポール，中国，ベトナムなどにも進出しており，不動産投資信託（リート）を通じたタワービルディングの運営もクアラルンプールで行っている。分裂というよりも提携や目に見えぬ協力という形で本家と分家は相乗的なビジネス効果を発揮しやすい関係にある。

　マレーシアのホンリョン同様，本家であるシンガポールのホンリョンの事業構成も多彩である。中核事業の1つが他のシンガポールの財閥と同じく不動産開発・ホテル事業であることに変わりはない。不動産・ホテル事業はホンリョン・ホールディングスとシティ・デベロップメントを通じてグループ企業が軒

を連ねている。またホンリョンの不動産投資とホテル事業については，2014年に日本のビジネス界でも話題となった東京港区白金のセイコーホールディングスの不動産取得（300億円超）や傘下のミレニアム＆コプトーンホテルズと三井不動産との提携で東京銀座にミレニアム三井ガーデンホテルを開業している。

　日系企業との提携・合弁についてはマレーシアのホンリョンも積極的で，保険事業では2011年に三井住友海上と二輪車販売ではヤマハと合弁事業を展開している。既に述べたように，このような外資・日系企業とのライセンス契約なども含む積極的な提携姿勢も事業の多角化，プロダクト・サービスのレンジ拡大につながってきた。

　シンガポールのホンリョンはマレーシアのホンリョン同様，金融事業を中核の１つとしてコングロマリットを形成している点で他のシンガポールの財閥と異なり，むしろフィリピンのコングロマリットに近いといえる。シンガポールの財閥全体としては不動産・ホテルを主軸とするか，これに金融などを加えた内需型事業に傾斜していることを特徴としている。

　たとえば，ウィー・チョーヨー（Wee Cho Yaw：1929 -）を総帥とするUOBグループは有名なタイガーバーム軟膏のハッパーも傘下に持つが，主軸はUOBによる銀行業と不動産開発のUOLグループである。他に不動産・ホテル事業に特化している財閥としては，ポンティアック・グループ（クィー・ファミリー），グッドウッドパーク・ホテル・グループ（キュー・ファミリー），さらに2007年に自動車レースのF1を招致したオン・ベン・セン（Ong Beng Seng）率いるホテル・プロパティーズ・グループがあるが，こちらはベン・センをトップとするホテル・プロパティーズ・リミテッド（HPL：シンガポール証取所上場）の傘下に多くのホテルやショッピングモールなどを抱える一方で，妻のクリスチーナ・オン（Christina Ong）はコモグループ（持株会社）を通じて英国ブランドを取り扱うマルベリー・グループなどアパレル・ファッション，健康関連事業を展開しており，妻が分担する事業を含めれば，典型的なシンガポールの財閥よりも多角化は進展しているといえる[3]。

　フォーブス（Malaysia's 50 richest）で公開されている2016年時点でのクエッ

ク・レン・チャンの資産総額は約57億ドルに達している。シンガポールのクエック・レン・ベンと対比させたものが図表6－1である。レン・ベンの方は約40億ドルである。レン・ベンが率いるホン・レン社（Hon Leong Co）の傘下に多角的な事業を担うグループ企業が結集してコングロマリットを形成している。後述するように注目すべきは彼の後継者と目される3人の子供たちであろう。

シンガポールのホンリョン・グループの事業部門を大別すれば，主に製造・貿易部門をホンリョン・アジアが統括しており，2016年で約3,000億円の売上規模となっており，同社の傘下ではトラックなどのディーゼルエンジン製造でチャイナ・ユーチャイ・インターナショナルが約2,300億円の売上規模を誇っている。家電・エアコン製造の事業会社も傘下にあり，華人系財閥としては珍しく幅広く製造事業に携わっている。ホンリョン・アジアの持株会社ホンリョン・コーポレーション・ホールディングスはヤマハ（発動機）と提携し同社のバイクのシンガポールでの販売権も有している。

製造貿易部門の最上位にある持株会社の上にさらにホンリョン・グループ・シンガポールがグループの事業・所有構造の頂点に位置している。これら持株会社は非上場のため，グループ全体での財務データに基づいた詳細な分析はできないが，傘下企業は約300社にのぼり，その内12社が上場している。上場企業の内で中核的な事業会社として不動産開発部門の代表格となっているのは，約3,400億円規模の売上を誇るシティ・デベロップメンツ（以下CDL）である。

先に見た日本への投資を除いて，CDLの海外での不動産事業として近年目立つのはイギリス，ロンドンの一等地への開発投資である。2013年以降，サウスウエスト地区など8件の物件に6億ドル近くを投資してきた。またオーストラリアではブリスベーンでオーストラリア企業と組んで2つのレジデンシャルタワーの開発を2015年に発表した。こうした事業の性格から不動産運用のプロフェッショナルであるオーストラリア国籍のグラント・ケリー（Grant Kerry）が2014年にCEOに任命され経営を指揮している。

ケリーは（2016年現在で50歳半ば）国際的コンサルタントファームであるブーズ・アレンのプリンシパルや投資ファンド立ち上げのキャリアを有しており，

ハーバードのMBAホルダーでもある。CDLの2015年までの不動産開発投資事業に関する開示資料によれば，シンガポール，海外ともに商業・ホテル用というよりもレジデンシャル用タワーなどから収益を上げており，EBITDAの約8割がこうした事業物件によるものである。

次に見るクオック・グループの場合もそうであるが，そもそも豊富な資金力を背景に持つ財閥にとっては不動産投資・開発事業は製造業部門などに比較して，技術者的な資質を必要とせず，後継候補のビジネスパフォーマンスを外部に対して知らしめる効果もあろう。この点に関連して2016年にCDL内部において注目すべき経営陣の変更があった。クエックの弟でありCDLの副CEOが突然心臓病によって急逝し代わって息子のシャルマン（Sherman）・クエックが副CEOの任に就くことが発表されたのである。

シャルマンは2016年現在40歳でCDLのCEOグラント・ケリーを補佐する立場に就くとともに，最高投資責任者（CIO），子会社CDLチャイナのCEOにも就任した。CDLはこの任命に関する公式な理由として，グループでの中国でのプロジェクト開発，そして日本・オーストラリアでの彼の実績を挙げている[4]。シンガポールと海外で築き上げてきたアセットとしての不動産を運用していく手腕が買われた結果であり，CDLの会長であるレン・ベンはボストン大学（学士）でファイナンスを専攻した若きシャルマンを明らかに次のCEO候補と見なしているようである。

既に述べたように，また図表6－1に示したように，ホンリョンGシンガポールのもう1つのコアビジネスは製造・貿易部門である。不動産開発と同様，2015年は中国経済の減速を受け両部門ともに売上高は芳しくないものとなったが，とりわけ製造・貿易部門を束ねるホンリョン・アジアの経常利益の落ち込みが激しかった。これはホンリョン・アジアの事業の約84％が中国市場からの売上に依存しているためで，今後も中国経済の鈍化傾向が長期化した場合，これまでのホンリョンG・シンガポールの成長拡大を支えてきた牽引車の1つが失われることを意味している。また中国市場内でのローカルメーカーとの競争圧力の高まりを加味するならば，収益率の低下も避けられぬものとなろう。

図表6－1　ホンリョン・グループの概要（2016年時点）

ホンリョン・グループ・シンガポール	ホンリョン・グループ・マレーシア
創業者　クエック・ホン・ブン 2代目　クエック・レン・ベン　75歳	創業者　クエック・レンチャン　74歳
純資産　40億ドル 2016年フォーブス・ビリオンネアズ638位（シンガポール5位）	純資産　57億ドル 2016年フォーブス・ビリオンネアズ248位（マレーシア3位）
（レン・ベン）学歴　LLB ロンドン大学 子供　2人	（レン・チャン）学歴　ヴィクトリアスクール，シンガポール 子供　3人
傘下主要企業 シティ・デベロップメント（CDL） 　不動産開発事業 　売上高（100万米ドル） 　2015年　　　　　2,402.53 　2016年　　　　　2,828.71 　ROE　　　　　　　7.14% 　売上高営業利益率　20.51% ミレニアム＆コプトーン・ホテルズ 　ホテル事業（CDL65%株式保有） 　シティ e-ソリューションズと共にホテルの海外事業を展開 ホンリョン・アジア 　貿易・製造業 　（中国市場への売上依存率80%以上）	傘下主要企業 グオコ・グループ（持株会社，ホンリョン・シンガポールが約75%株式所有）香港上場 　売上高（100万米ドル）6月決算 　2015年　　　　　2,257.77 　2016年　　　　　2,860.30 　ROE　　　　　　　19.23% 　売上高営業利益率　16.32% グオコランド 　売上高 　2015年　　　　　762.491 　2016年　　　　　884.83 　ROE　　　　　　　19.23% 　売上高営業利益率　20.09% ホンリョン・フィナンシャル・グループ 　2015年　　　　　2,340.59 　2016年　　　　　2,040.51 　ROE　　　　　　　9.55% 　売上高営業利益率　26.18%
その他の主なグループ企業 TID（不動産開発） CDLホスピタリティ信託（不動産投資信託） グランド・プラザ・ホテル ミレニアム・コプトーン・ホテルズ・ニュージーランド ODLインベストメント・ニュージーランド（不動産開発） チャイナ・ユーチャイ・インターナショナル（トラック・船舶用ディーゼルエンジン製造） フレステック（白物家電製造） レックス・インダストリアル・パッケージング（プラスチック容器製造） エアウェル・エアコンディショニング・テクノロジー（空調設備製造） HLビルディング・マテリアル（建設資材製造）	その他の主なグループ企業 バンク・オブ・イーストアジア（銀行） ホンリョン・バンク（銀行） ホンリョン・キャピタル（投資銀行） ホンリョン・アシュアランス（生保） MSIGマレーシア（損保） ホンリョン・MSIG・タカフル（イスラム法に沿った保険） マレーシアン・パシフィック・インダストリーズ（半導体製造） ラム・スーン・ホンコン（食用油製造） ホンリョン・インダストリーズ（二輪車・建設資材製造） ホンリョン・ヤマハ・モーター（二輪販売） サザン・スチール（製鉄） グオコ・レジャー（ホテル・リゾート） ランク・グループ（カジノ）

出所：各社年次・中間報告，開示資料，Forbes.com, Nikkei Asian Review 各企業データなどから作成。

製造貿易部門については地域市場の分散というマーケットポートフォリオの見直しが必要となってくるが，他方 CDL を中心とした不動産開発事業については経常収支の激しい落ち込みが見られず落ち着いているように見える。CDLの市場別 EBITDA を見ると，海外比率は約 27％にすぎず，海外での事業展開はこれから伸びていくものと考えられる。市場の分散化を通じたリスク分散と投資事業は，アセットマネジメント分野で鍛えられた後継者にとっては適任なのかもしれない。

　CDL は同時にレン・ベンの甥クエック・エイク・シェン（Eik Sheng, 34歳）をこれまでの最高投資責任者（CSO）の職に加えて資産運用のヘッドにも指名しており，レン・ベンの親族を中心とした若手への世襲体制が整いつつある。

　他方，ホンリョン G・マレーシアでも世襲体制は着々と進みつつあり，2015年にレン・チャンの息子クエック・コン・スィアン（Kon Sean）は e-コマースビジネスを開始し一族の事業を新たな可能性へ導こうとしている。コン・スィアンの立ち上げたゲムファイブ（GemFive）はエレクトロニクス製品から家具までほとんどすべての商品を取り扱っており，川下の小売業を立ち上げたことでグループ内の相乗効果も期待されている。30代後半の直系後継候補であるコン・スィアンは，中核事業の1つであるホンリョン・フィナンシャル・グループでは取締役として役員メンバーに名を連ねており，ホンリョン銀行などでも役員を兼ねている。老舗中核事業部門である金融ビジネスで確固たる後継者候補の地位を着々と築きつつある。

　ただしホンリョン G・マレーシアにおいても第2世代のトップの層は厚く，ホンリョン・フィナンシャル・グループなどでは父親のレンチャンが会長に鎮座し，持株会社のグオコ・グループではレン・チャンと2人の弟たちがトップマネジメントに就いている。恐らく部分的な継承が行われながら，これら第2世代のトップマネジメントによるグループ運営もしばらくは続いていくものと思われる。

第6章 シンガポール・マレーシアのコングロマリット ○── 171

第3節 食品系コングロマリットとしてのクオック・グループ（マレーシア）

▌シュガーキングからコングロマリットへ

　マレーシア国内で純資産額トップ（Forbes.com 2017年）に立つのはロバート・クオック（郭鶴年：Robert Kuok）である。1923年福建省生まれで，2017年現在で94歳と高齢である。現在までにロバート率いるケリー・グループは3名の後継候補として次男のクオック・クー・チェン（Kuok Khoon Chen），3男のクオック・クー・アン（Ean），甥のクオック・クー・ホン（Hong）が中核事業の運営に携わっており，中でも次男クー・チェンが率いる持株会社ケリー・グループはホテル事業のシャングリラ・アジア，不動産事業のケリー・プロパティーズ，物流のケリー・ロジスティクス・ネットワークを擁しており，もう1つの中核事業である食品関連事業と並んでグループ経営の中枢に位置しているため実質的な後継者と目される。

　なお2015年末までは香港紙のサウス・チャイナ・モーニングポストも傘下にあったが，同年末にジャック・マー率いるアリババ・グループが2億6,000万米ドル超で買収したことで話題になった。そもそもサウス・チャイナ・モーニングポストは1993年にメディア王と称されたルパード・マードックがロバート・クオックに売却したことで当時も話題になった。アリババ・グループ側がメディア事業の拡大と充実を図る一方で，クオック側は新聞のオンライン化に当時乗り遅れていたサウス・チャイナ・モーニングポストを手放すことで巨額の特別利益を得るに至った。

　1948年にロバートはクオック・ブラザーズを設立し食糧取引の事業をスタートさせた。食糧事業を選んだのは第2次大戦中に三菱商事の関連部門に勤務したことが契機になったようである。1959年にマラヤン・シュガー・マニュファクチュアリングを設立して以降，製糖事業に注力し国内製糖会社の買収，日系企業との提携（三井物産，日清製糖）などを通じて国内の砂糖シェアを独占するとともに，1968年には製粉・家畜飼料・食品加工などを行うPPBグルー

プを設立し1970年代後半に入るとマラヤン・シュガーをPPBグループに統合した[5]。

　ロバート・クオックのサクセスストーリーとして特筆すべきことは中国ビジネスへの早くからの関与という点であろう。とりわけ在外華人系財閥においてこれは大きな意味を持つものであった。タイの財閥CPグループのケースのように，中国が改革開放政策に乗り出した1980年代に在外同胞の中国本土への投資は，ビジネス上の関係だけでなく中国共産党幹部との友好関係を構築したことで，さらに中国での事業の下地が強固になるという好循環を生み出した。

　実は改革開放後の中国への進出以前に，ロバートは冷戦時代であったにもかかわらず，果敢に社会主義圏へのビジネス進出を目論んでアプローチを重ねていたのである。アジアの「シュガーキング」としての頭角をあらわしはじめた1950年代末にはキューバのカストロ首相（当時），中国の毛沢東に接近しビジネスの実績を残していた。中国では1970年代の文化大革命期においてさえ，ロバートは毛沢東の貿易担当役人2名と密かに接触するために香港に来るよう毛側に求められていた。この時，中国の砂糖不足に対して拠点を香港に移して対応したことによって，さらに中国側からの信頼を勝ち得ることにつながった。

　中国とのリンケージとビジネスはCPグループの事例に見られるように，華人系財閥にとって海外での成長拡大の起点となってきた。高度成長期に入った中国でクオックは1984年にアジアでラグジュアリーホテルの代名詞である最初のシャングリラホテルを開業し，翌年には中国政府と協力して北京に中国・世界貿易センターを建設しており，中国本土での足場を強固にしていった。また中国本土での事業展開とは別に東南アジアエリアでの新たな中核事業の掘り起こしもクオックは忘れていなかった。

　その後PPBグループは2007年にパームオイル事業で名高いウィルマー・インターナショナルに出資し製糖事業からは撤退（2009年売却）したが，PPBグループを統括する老舗の持株会社クオック・ブラザーズの傘下でグループの食品関連事業はさらに拡大路線を歩んできた。またクオック・ブラザーズとは別に，この他の事業としては，海運，オフショアサービス事業会社があり，不動

産事業も含めて，持株会社クオック・シンガポールの傘下にある。

　シンガポール，マレーシアの財閥はその歴史的経緯と隣接しているがゆえに，双方にまたがって事業展開するケースも多い。実際ホテル事業のシャングリラは1971年のシンガポールでの開業に端を発している。

第2世代オーナーシップ経営への移行

　フォーブス・マレーシア・リッチ・リスト2017年によれば，ロバート・クオックは12年連続トップのビリオンネアであり，推定される純資産額は110億ドル超である。なお同年の3位は後で見ることになるテレコム王アーナンダ・クリシュナン（Ananda Krishnan）で65億ドルである。ちなみに同年日本でトップはソフトバンク孫正義の約200億ドルで，2位はファーストリティリング柳井正の約160億ドルとなっている。東南アジアでの南アジア系としてはアーナンダが最大規模の企業資産家といえる。

　これだけの企業グループの規模と資産を持つ創業者であるロバートの懸念は，他のアジアの多くのトップクラスの財閥と同様に高齢であるということである。2017年時点で93歳になる彼には8人の子供がいる。また言うまでもなく子供たち同様，経営にかかわっている親戚の数も多い。

　2016年末までの主な後継者候補として，次男のクー・アンが2017年で62歳になっており，一族所有（50％株式保有）のシャングリラ・アジアのトップで中核事業のホテルチェーンの経営を束ねている。甥のクー・ホンは67歳で時価総額約200億ドルのグループ最大級の事業会社ウィルマー・インターナショナルの共同創業者兼会長，そして娘のヒュイ・クオンは40歳でアリババ・グループに売却したサウスチャイナ・モーニングポストの役員を務めていた。それぞれが現在過去にわたって経営の中枢に位置しているが，最有力な後継者は一般的には次男のクー・チェンと見なされている。

　クーン・チェンは1978年より父の事業に携わってきたキャリアを有し，2017年には63歳でケリー・グループの副会長であるとともに，過去にケリー・プロパティーズの会長としてグループの不動産開発投資事業，特に中国や香港において長年の間実績を積み重ねてきた。

> 図表6−2 クオック・グループの概要（2016年時点，100万米ドル）

創業者 純資産 学 歴 子 供	ロバート・クオック（郭鶴年）1923年〜　　92歳　香港在住 110億ドル ラッフルズカレッジ 8人
持株会社	ケリー・グループ （傘下企業　シャングリア・アジア，ケリー・プロパティーズ，ケリー・ロジスティクス） クオック・ブラザーズ （傘下企業　PPBグループ，ウィルマー・インターナショナルなど） クオック・シンガポール （傘下企業　PACCオフショア・サービス・ホールディングス，マレーシアン・バルク・キャリア（海運）など）
主要企業 会長タン・スリ・ダトク・オ・シ・ナム（Tan Sri Datuk Oh Siew Nam） 78歳，テレコム・マレーシア，PPB子会社FFMなどのキャリアを経て現職，カンタベリー大学電子工学名誉学士	PPBグループ 売上高（100万ドル） 2015年　　1,035.46 2016年　　1,010.53 ROE　　　　5.11% 売上高営業利益率　6.37% 　1968年から製糖事業を展開，買収を通じて事業規模を拡大，その後総合的な食品製造会社へと発展し映画配給や不動産事業なども展開。
会長&CEOウォン・シィユ・コン（Wong Siu Kong） 65歳，中国事業の開発を1991年より担う。 華南師範大学卒	ケリー・プロパティーズ　香港上場 売上高（100万ドル） 2015年　　1,415.96 2016年　　1,742.14 ROE　　　　7.96% 売上高営業利益率　35.82% 不動産物件のレンタル・販売など，香港，中国などで事業展開 1996年香港上場
会長&CEO クオック・クー・チェン 62歳 オーストラリア，モナシ大学経済学士	シャングリラ・アジア　香港上場 ※2016年9月クー・チェンは退任，2017年から後継は妹のヒュイ・クオン 売上高（100万ドル） 2015年　　2,122.62 2016年　　2,055.42 ROE　　　　1.72% 売上高営業利益率　27.29%
会長&CEO クオック・クー・ホン 67歳 1973年から関係業務に従事 2006年から現職，シンガポール大学経営管理学士	ウィルマー・インターナショナル（PPB18.3%保有） 売上高（100万ドル） 2015年　　38,776.63 2016年　　41,401.68 ROE　　　　6.50% 売上高営業利益率　5.12% 　食用オイル，オイル種子，穀物などの製造，インドネシアのサリム・グループと食品製造のグッドマン・フィルダーを共同買収した。
会長ジョージ・イェオ （Geoge Yeo） 62歳 シンガポール政府財政大臣などを歴任。ハーバードMBA	ケリー・ロジスティクス 売上高（100万ドル） 2015年　　2,719.03 2016年　　3,096.38 ROE　　　　12.21% 売上高営業利益率　7.23% 　東南アジア，中国，香港，台湾で物流センター・倉庫事業を展開，自社所有物件とリース用物件を併用

出所：Forbes.com，各社開示資料，桂木（2015），Nikkei Asian Review 各企業データより作成。

第 6 章　シンガポール・マレーシアのコングロマリット　〇── 175

図表 6 − 3　PPB グループの売上高に占める各事業の割合

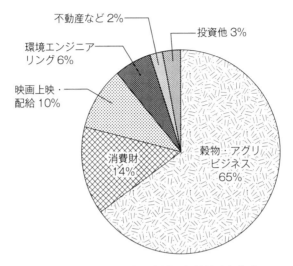

出所：PPB Group, Press and Analyst Briefing, 1 March 2016 より作成。

　Hing, Cheong and Lee（2013：p.287）によれば，既にクオックは 3 世代目への移行を見越し直系の一族だけでなく，甥なども含めた直系以外の親族もグループ内への枢要なポジションに配置しており，これは他の華人系財閥が直系一族を優遇し軋轢を生んでいる状況とは対照的であるという。こうした一族の広範な登用を可能としているのは依然としてクオック・グループの事業が成長と拡大を続けていることの証でもある。

　クオック・グループだけでなく，創業者から次世代の後継者へトップが引き継がれる場合，メディアと国内外を含めた世間の関心事となることが多く，この点についての継承は第 1 章で論及したように財閥内においてさまざまな問題を引き起こす可能性を持っており，また引き起こしてきた。長男・年長男子というのは儒教文化圏では重要視されるものの，最終的には相対的な実力主義・リーダーシップの観点から後継者が決められる傾向がある。

事業ポートフォリオの評価

　参考までに図表6-3のPPBグループの事業内訳を見てみると，製粉を中心としたアグリビジネスが主流を占めているが，食品加工を含む消費財生産や非関連事業に相当する映画配給事業なども見られる。また消費財生産には冷凍食品・パン製造，トイレタリー製品などの日用品製造が含まれている。例年穀物・アグリビジネス（製粉，飼料，小麦取引，養鶏・鶏卵・オイルパームプランテーション）が65%前後を占めるコア事業であることに変わりはない。

　PPBグループには食品関連以外の事業も含まれているが，製粉以外の売上比率は低いため，これをクオック・グループ全体の現状の事業ポートフォリオの中で上場している不動産事業（単体）と比較してみよう。一般に日本の事例でもわかるように食品飲料メーカーの場合，ROEに示されるように収益指標は決して高くない。ただし収益についてはボラティリティが低く，言い換えればリスクが低いために，株式についてはディフェンシブと評価される所以がここにある。これは一見低収益に見えるがパフォーマンスが安定しているということになる。したがって事業ポートフォリオには異なる特性を持った事業を組み込むことになろう。

　こうしたポートフォリオ上の原則と並んで，新興市場では不動産資産そのものの上昇も重なり，当該事業への参入以前に高い期待収益率・将来予想収益率を見込むことができる。いくつかの事業参入オプションがある場合，不動産事業を選択しないという余地はほとんどないと言ってよい。キャッシュフロー，ROAや利益マージンなども入れた現状（2016年12月期）の事業間比較を示したものが図表6-4である。

　両グループ共不動産事業会社の売上規模が大きいが，最も対照的なことは営業キャッシュフローの差で，ROAでは大差なくROEは不動産事業会社が上回っている。結果としてマージンで大きな差がついており，ケリー・プロパティーズはPPBグループの利益マージン（売上高利益率）の約2倍である。またファーイースト・グループの場合は約5倍の差となっている。そしてこうした傾向は複数年でも確認できる。不動産事業はボラティリティが高く安定していないというリスク面も考慮しなければならないが，既に見たように両グルー

図表6-4 クオックとファーイーストの食品関連事業と不動産事業の収益率比較（2016年12月期, 100万米ドル）

クオック・グループ（マレーシア）	
食品関連事業	不動産事業
PPBグループ（マレーシア上場）	ケリー・プロパティーズ（香港上場）
売上　4,186.37（百万ドル）	売上　13,523.31（百万ドル）
営業キャッシュフロー 683.01（百万ドル）	営業キャッシュフロー 3,236.22（百万ドル）
ROA　　　　　　　4.68%	ROA　　　　　　　4.03%
ROE　　　　　　　5.11%	ROE　　　　　　　7.96%
売上高営業利益率　46.37%	売上高営業利益率　35.82%
売上高利益率　　　24.96%	売上高利益率　　　48.34%
ファーイースト・グループ（シンガポール）	
イェオ・ハップ・セン（シンガポール上場）	サイノランド（香港上場）
売上　296.98（百万ドル）	売上　1,473.69（百万ドル）
営業キャッシュフロー 29.26（百万ドル）	営業キャッシュフロー 1,256.56（百万ドル）
ROA　　　　　　　3.93%	ROA　　　　　　　2.47%
ROE　　　　　　　4.53%	ROE　　　　　　　5.59%
売上高営業利益率　3.32%	売上高営業利益率　34.94%
売上高利益率　　　7.06%	売上高利益率　　　31.67%

出所：Nikkei Asian Review，各企業データより筆者作成。

プともに不動産事業は香港を拠点にしており，海外での地域分散ポートフォリオを構築しリスクを減らした投資を行ってきた。こうした収益指標はグループにとって不動産事業を最も魅力的な事業にして，コア事業として事業ポートフォリオに組み込む最大の誘因となっている。

第4節　シンガポール・マレーシアの南アジア系
　　　　　コングロマリット

▍ウサハ・テガス（Usaha Tegas）・グループ

　華僑に対して印僑という呼び名は日本での造語にすぎない。また華僑の場合も，中国政府による定義に従えば，中国国籍を有する者のため，いわゆる現地国籍を有する東南アジアの財閥は「華人系」という呼び方が適当である。華僑・印僑の人口に関する正確なデータはなく，推計では香港・マカオ・台湾を除くと世界全体での華僑人口は約 3,000 万人もしくはそれ以上である。これに対して一般に印僑はインド国籍を有する NRI（Non-Resident-Indian），および現地国籍を有するインド系移民である PIO（People of Indian Origin）を合計すれば約 2,000 万人といわれている。

　ただし香港・マカオ・台湾を加えれば華人系は軽く 6,000 万人を突破することになり，それだけ世界・アジアにおける量的なプレゼンスという点では印僑は相対的に見劣りするかもしれない。また「印僑ネットワーク」という言葉も定着していない。経済・ビジネスにおける「華人系ネットワーク」の存在に関心が集まりだしたのは 1990 年代以降で比較的早かったが，印僑についてはややミステリアスな影がつきまとってきたというイメージがあろう。

　いわゆる華僑・印僑といっても中国・インドのそれぞれの出身地によって分断化されたビジネスコミュニティを形成してきたという経緯があり，特にインドの場合，商人カースト系という出自の狭さも関係しており，移民先において目立ったネットワークが形成されてきたわけでない。シンガポール・マレーシアのインド系財閥のルーツはマレー半島での 19 世紀後半以降のプランテーション開発と労働力需要によって引き起こされた南部タミル地域からの移民に端を発してはいるが，タミル系ということで強い紐帯がビジネス面で効果的に発揮されてきたというよりも，むしろ商人的特性を発揮して異文化ビジネスに対応できるインド系の柔軟性のようなものを見いだすことができよう。

　インド本国が 1960－70 年代に輸入代替的な政策と公企業セクターを優遇し

民間セクターに規制をかけていた時代に，米国などに移り住んだ世代，および1991年以降の本格的な経済自由化以降に欧米諸国やグローバル経済の中で台頭してきたミッタル・スチールのラクシュミ・ミタルなどのような新世代の在外インド系財閥が注目される一方で，比較的古くから東南アジアに根を下ろしたインド系財閥も存在している。

　ここで検討対象とするマレーシアのウサハ・テガスとタクラルの両創業者のルーツはスリランカ，インドであるが，2人とも東南アジアで生まれ育っている。なおスリランカも含まれるため，ここでは印僑系でなく南アジア系財閥という名称に統一しておくことにしたい。

　シンガポール，マレーシアでは非華人系のインド系，マレー系などの企業家・経営者も多数存在するわけだが，売上高や資産規模から見る限り，見劣りすることは否めない。既に東南アジア地域全体で述べたように，先発ASEAN諸国であるタイ，フィリピン，マレーシア，シンガポール，インドネシアの売上高上位10企業に非華人系財閥が顔を出すこと自体がまれである。大企業・財閥ランキングについては順位の変動はあるものの，華人系優位の構造は長い間維持されているのが現状である。

　マレー半島にはインド南部からの移民の子孫が多く，現スリランカを含め主としてインド南部タミル系の移民からなっている。この出自として最も成功した財閥はアーナンダ・クリシュナン（Ananda Krishnan）率いるウサハ・テガス・グループである。アーナンダの両親はスリランカからのタミル移民で，自身は1938年クアラルンプール生まれである。いわゆる裸一貫型の創業者ではなく，ハーバードビジネススクールのMBAホルダーという典型的なビジネスエリートに属しており，グループの中核事業はテレコム事業となっている[6]。

　アーナンダは当初はコンサルティングなどさまざまなビジネスを手掛けていたが，1990年代以降携帯通信最大手のマキシス（MAXIS）に出資，2001年にはマキシスの共同出資者であるブリティシュ・テレコムから株式33％分（約650億円）を買い取り，2007年にはスリランカの携帯通信会社スリランカ・テレコムのパートナーである日本のNTTコミュニケーションズから株式35％分（約380億円）を買い取っている。こうしたM&Aと出資強化を通じてアーナ

ンダは当時急成長していた携帯通信事業を拡大していった。

　持株会社ウサハ・テガスを通じてマキシス，スリランカ・テレコム（スリランカ証券取引所上場），衛星テレビ事業のアストロ・マレーシア・ホールディングス，イギリスのメディア事業ジョンストン・プレス，オフショアサービスのブミ・アルマダ，不動産開発のタンジョン PLC，油田開発事業のペクスコ NV などを傘下に擁して，その事業内容と構成は多彩でコングロマリットにふさわしい事業ポートフォリオとなっている。不動産開発や油田などの大型プロジェクトを手掛けてきたこともこの財閥の特徴である。

　クアラルンプールのランドマークであるとともに，竣工後は一時世界一の高さを誇ったビルとして有名になったペトロナス・ツインタワーの計画から運営にもアーナンダは中心的にかかわってきた。政府系石油会社のペトロナスタワーとの共同事業であったが，タワーの立地する土地そのものはウサハが開発を手掛けたもので，マレー系優遇措置をとっていた政府による共同事業措置であった[7]。

　新興国市場への事業展開・直接投資はウサハのケースにも当てはまる。スリランカに系譜を持つことを利用しスリランカ・テレコムを傘下に置きつつ，先のマキシスを通じてインドでは現地法人としてエアセル（AIRCEL）が通信事業に参入している。地域的には近隣 ASEAN 市場よりもインド，スリランカに投資の重点を置いているようである。

　バールティ・エアテルを筆頭に携帯電話サービスの競争が熾烈なインド市場ではエアセルは携帯電話サービスで5位であったが，アニル・アンバニ（ムケシュ・アンバニの弟）が率いる第4位のリライアンス・コミュニケーションズ（RCOM）との統合を 2016 年 9 月に発表しており[8]，今後の動向が注目されるところである。

▍タクラル財閥　グローバルビジネスを通じた成長と拡大

　シンガポールもマレーシアも国内市場は決して大きくない。したがって財閥が形成発展する上で内需型産業，特に資産価値上昇率の高い不動産などだけでなく，国境を越えたビジネス展開も早期的に行われるケースは多い。特に卸売

第6章 シンガポール・マレーシアのコングロマリット ○── 181

りなどの業種はグローバル展開が要請されることになる。こうしたビジネスに傾倒してきた財閥がシンガポールのタクラルである。

創業者のカルタール・シン・タクラル（Kartar Singh Thakral）はインド生まれでもシンガポール生まれでもなく，1933年年9月にタイで誕生した。父親のソハン（Sohan）・シンは知人の繊維関係のビジネスを手伝うためにパンジャブからタイに渡り，1905年に自身の店を立ち上げ「パンジャブストア」という小さな繊維の小売店を開業した。ここでタクラルが誕生しこの小売店が今日のグループの源流となった。タクラルは地元のカレッジ卒業後，父親のビジネスを手伝いながら，徐々に今日のグループの特徴であるグローバルな取引とビジネス感覚を身につけていった。1930年代後半に日本に繊維を買い付けるビジネスに乗り出したのがその嚆矢であった[9]。

当時の日本はアジア最大の綿製品の輸出国であり，戦前から貿易事業に携わるために来日して神戸などに事業所を設立するインド系のビジネスマンも少なくなかった。また現在でもタイには約1万人のインド系住民がいるといわれ，繊維関係のビジネスに携わる者も少なくない。戦前の1930年代においてインドは巨大な消費市場であるとともに，生産国でもあったためにインドの老舗財閥は当初貿易以外に綿紡織業を中核事業とするケースが多かった。こうしたことを背景として，若きタクラルにとってのビジネスは繊維取引を中心とするものであった。

第2次大戦後タクラルはタイでなく，シンガポールにファミリービジネスの支店を設立しビジネス活動の拠点を移した。1952年に設立されたタクラル・ブラザーズは彼の経営感覚と手腕を試す試金石となり，シンガポールでの事業はすぐに軌道に乗り繁盛した。特に新興市場を有望と見なすと，1970年代前半に香港にオフィスを設け中国市場への進出を狙うようになった。

この時，中心となった事業が家電・エレクトロニクスの卸売りだった。日本メーカーの製品販売権を獲得し，1970－80年代にはインド，中国をはじめとしたアジア市場で日本ブランドの家電卸売りを通じて巨額の利益を得ることができた。特にこの時期には日本のテレビとビデオレコーダーが飛ぶように売れ，家電・エレクトロニクスの輸出商として今日のグループの礎を築くに至っ

た。当然ながらタクラル・ブラザーズの海外オフィスも増え，中国市場では北京をはじめ杭州，上海，成都に次々と開設された。中国の改革開放後から高度成長期にちょうど差し掛かった1990年代半ばまでに，タクラルは中国市場での卸売ネットワークを完成させていた。

　中国市場だけでなく，タクラルは次々と新興市場をそのビジネスの懐の中に入れていくことに成功した。1990年代には隣接するマレーシアだけでなく，フィリピン，ベトナム，カンボジア，バングラデシュ，スリランカ，UAE，米国などを自社の市場に付け加えていった。1990年代には同時にクロスボーダーM&Aも推進し，シドニーの高級ホテルとして知られるオールシーズンズやオーストラリアの不動産事業への投資を行った。この時の投資によってタクラルのグループ企業は，オーストラリア有数の不動産事業会社の1つにまで成長していった。

　不動産開発，特に高級物件としてのコンドミニアム運営を通じてシンガポールは言うに及ばず，オーストラリアをはじめとした不動産投資とその運営がタクラルの事業ポートフォリオのもう1つの中核事業へと発展していった。中心的な事業会社としてタクラル・ブラザーズとタクラル・ホールディングス，タクラル・コーポレーションは1995年にシンガポール証券取引所に上場を果たしており，2014年半ばまでに従業員数12,000人超，32カ国にわたって事業展開を行う多国籍企業となっていた。

　タクラルとアジアの一般的な財閥の後継者養成方法と異なる点は，大学教育をそれほど重要視していないことである。後継候補の子供の誰も大学へ行かず，早い段階からファミリービジネスに従事させており，究極のOJTを実践している点である。

　長男のインデベサール (Inderbethal) は，1990年代から父親の下で家電の卸売ビジネスに従事してきた。この時，パナソニック，ソニー，シャープなどの製品を主に取り扱っていた。伝統的な中核事業に携わってきたことから後継候補となっている。次男のリクヒパル (Rikhipal) は1990年代後半からタクラル・ホールディングスの役員に名を連ね，不動産事業部門でのオペレーションに従事してきた。2つの中核事業をめぐって長男と次男によって現時点で棲

み分けが行われている状況である。

　グループの事業に中核メンバーとして携わっている者は以上の2名を含む息子たち4名にタクラル会長の甥3名，兄弟1名の計8名であり，ファミリーの紐帯に基づいた経営が貫かれている。タクラル会長の経営哲学として強調されていることは，生存競争の鉄則として，「ビジネスにおいて最も重要なことの一つは創造的でなければならないという点である。そうでなければ，成長のための機会を見逃すことになる」(グループのウェブサイトより)，というやや抽象的な言葉ではあるが，小売り・卸売流通業界の中で厳しい競争にさらされ早期的に海外での拠点づくりを迅速に進めたタクラル会長ならではの経営哲学といえよう。

　海外の拠点づくりとともに，やはり時機を見た多角化と事業拡大はグループの成長発展のための第2の鍵だったといえる。事業多角化の契機となったのは1973年であったことをグループは公表しており，それは伝統的な繊維ビジネスから家電製品ビジネスへのシフトであった。1960年代に築いていた中国でのネットワークを活かし，1974年に中国に家電事業を行うベンチャー企業を設立した。この時期以降は日本製品の卸売りを通じた成長期が続くが，1992年には上海タクラルの設立を通じて中国での家電製造販売に乗り出した。翌年には合弁で成都タクラル・エレクトロニクス・インダストリアルコーポレーションが設立され，タクラルブランドとしてのテレビの製造販売を行うようになった。

　また同じ1990年代前半には江蘇省で不動産事業の合弁企業を設立しつつ，インド北部では物流事業に参入し Gateway Distriparks Limited (GDL)を設立した。この後，既に述べたようにグループはオーストラリアにおいて不動産事業で確固たる基盤を築きあげていったが，伝統的な繊維，そして家電製品の取引でビジネスの基盤を築き上げた日本もグループにとって重要なビジネス拠点であった。

　2014年10月にはタクラル・ジャパン・プロパティーズが投資持株会社としてシンガポールに設立されており，アジア・オセアニアでの不動産事業は2010年代に入ってさらに加速する様相を見せている。2017年には日本の不動

産(ホテル)を既に3件取得したことも報道されている[10]。繊維・家電というシンガポールではやや異彩を放った事業領域からシンガポールの伝統的な財閥の事業路線を歩んでいるようである。

現在グループの中枢にあるタクラル・コーポレーションは1995年にシンガポール証券取引所に上場しており、投資部門とライフスタイル部門の2事業を持ち、家電・スマホ・美容健康関連製品などは後者に入っている。取り扱うブランドはアップルをはじめ大宇、ボース、フィリップ、パナソニックなど幅広い。ライフスタイル部門は中国、インド、東南アジアを主な市場としているが、投資部門はオーストラリアと日本に焦点を絞っている。

傘下のグループ企業は図表6-5のとおりである。

図表6-5 タクラル・コーポレーション傘下の主要企業

ライフスタイル部門
Thakral China Ltd, Shanghai,PRC
Thakral Corporation (HK) Limited,Hong Kong
Thakral Brothers Limited, Osaka,Japan
Singapore Sourcing & Technology PvtLtd,Noida,India
Thakral Lifestyle Pte Ltd,Singapore
投資部門
Thakral Capital Holdings Pte Ltd,Singapore
Thakral Capital Australias Pty Ltd.Brisbane and Sydney,Australia
Thakral Japan Properties Pte Ltd, Singapore

出所:Thakral Corporation, ウェブサイト開示資料より。

もう1つのフラッグシップカンパニーであるタクラル・ブラザーズは1952年創業の老舗企業でありながら、常に新規参入するのに有望なビジネス領域を模索する姿勢を貫いてきた。現在の事業ポートフォリオを構成する主要なものは、マーケティング・流通、製造サービス・物流、ITシステムインティグレー

第6章　シンガポール・マレーシアのコングロマリット　〇——185

ション・IT コンサルテーションサービスなどである。この中でも IT 関連のビジネス領域は印僑系グループらしさを示している。同時に製造サービス（製造受託）も行っていることから事業部門間に IT 技術を基盤としたシナジー効果が見込まれることと，顧客に対するコンサルタント業務など，よりビジネス面で付加価値の高い領域に踏み込んでいる。インドの TCS（タタ・コンサルタンシー・サービシーズ），ウィプロ，インフォシスのような，あるいは米国系で言えば IBM やアクセンチュアのように IT コンサルティング業務に今後注力していくと考えられる。

　2000 年問題としてコンピュータの誤作動が世界的に危惧された 1990 年代後半インドの多くの IT 企業は，世界的な IT エンジニア需要の増加を受けて成長発展の機会を得ることができた。タクラル・グループも例外なくこの分野に注力するために，1997 年にタクラル・ワンを設立した。タクラル・ワンが最初に受注した仕事はシンガポール政府からの国防システムの運営だった。スタートアップ時から最も望ましいクライアントとキャリアを重ねることができた点で IT 系企業としては非常に幸運であった。今日では人材派遣，戦略的なコンサルティング業務，ウェブ戦略，e ラーニング開発などに従事し民間部門だけでなく政府系機関などをクライアントに持っている。また IBM，レノボ，マイクロソフトなどの外資系企業との連携も重視してきた。

　本社はシンガポールであるが，事業の性格上海外での事業とクライアント獲得は欠かせないものとなっている。日本や欧州などでも顧客を獲得してきたことは言うに及ばず，香港，スリランカ，ネパール，バングラデシュ，マレーシア，フィリピン，UAE，ベトナム，カンボジア，ブータン，ブルネイ，ミャンマーなど東南アジア，南アジアの新興国市場をターゲットにしてきた。ワンの技術チームは IT インフラの構築運営，企業向けアプリケーション・ツール，リスク対応などを通じてクライアントを長期にわたってサポートしていく体制を整えてきた。その結果として 2012－13 年までに 204 のクライアント，11 カ国 407 事業に達するパフォーマンスを達成してきた。

　図表 6－6 は同じ南アジア系の 2 つのコングロマリットを対比させたものである。ウサハ・テガス・グループが通信，油田，不動産などの大型事業の運営

図表6-6　南アジア系財閥タクラルとウサハ・テガスの比較

グループ名	タクラル・グループ	ウサハ・テガス・グループ
創業者	カルタール・シン・タクラル	アーナンダ・クリシュナン
創業者の年齢	84歳（シク教徒）	78歳
事業拠点	シンガポール	マレーシア・クアラルンプール
主要事業	家電販売，ホテル，不動産，繊維など	テレコム，メディア，油田，不動産など
海外進出	オーストラリア，中東，中国，ロシアなど	英国，スリランカなど
純資産	約20億ドル以上（推定）	約65億ドル
教育	アサンプション・カレッジ，バンコク	ハーバードMBA
家族	子供5	子供3

出所：Forbes.com, Billionaires Newswire, Malaysia's Richest Ranking, 2017 Richest Rankingより作成。

を行ってきたこともあって，資産規模では2010年以降上位グループからはずれているタクラルとアーナンダの差はかなり開いていると考えられる。タクラルの場合，主として流通事業にかかわっており，新興国市場をターゲットとした機動的かつ中小企業的な泥臭い商社ビジネスを展開してきた。両グループの事業特性を含めて，2世代目からの事業多角化にどのような変化が生じるのか，インド，スリランカへの回帰的な投資動向も含めて今後注目されよう。

第5節　結　論

　コングロマリットしての形態については，シンガポール，マレーシアではファーイースト・グループ，ホンリョン・グループに典型的に見られるように不動産事業系コングロマリットが主流であった。不動産事業そのものは内需型事業であるが，実際にはアジア・オセアニアを事業投資対象としており，総じて不動産事業の収益指標は高く，こうしたコングロマリットは，事業ポート

フォリオの管理運営においてアセットマネジメントとしての要素を強めていく傾向は避けられない。

　他方，通常の FMCG とは異なり川上に近いものの食品系コングロマリットとして，製糖業と製粉をスタートアップ・コア事業としたクオック・グループの成長発展には特筆すべきものがあった。グループの規模・資産ともにマレーシアを代表するトップクラスのコングロマリットでありながらも，Hing, Cheong and Lee（2013：p.286）が釘をさしているように，マレーシアの財閥創業者は今日のビジネス環境とは異なった時代を生きてきたのであって，スタートアップ時のコモディティビジネスは政府の規制によって守られていたため，独占的な事業によってその後の多角化が可能になったことである。むろんこうしたケースは東アジアの財閥に広く見られるものの，総じてマレーシアの財閥が 2 世代目に入りつつある中で，突出してクオックが創業者として古株であるためであろう。

　ホンリョン，クオックともに経営陣の配置を見る限り，次世代後継者への準備はほぼ済ませている。創業者の意思は世襲であるが，クオック・グループの場合も，かつての独占的事業ではなく，市場に左右されやすい不動産，物流などへ事業領域を拡大しており，新世代の後継者と専門経営者層もそうした事業領域やアセットマネジメントに適合的なキャリアを有した人材で組織が固められている。オーナー経営者と専門経営者の融合的な経営が事業ポートフォリオの運営・管理面で試されているのである。

◇注◇

1）SMU（Singapore Management University）の BFI（Business Families Institute）はアカデミックな研究集積に加えて後継者育成も含めた研究教育機関の役割を担っている。www.bfi.smu.edu.sg
2）以下，子会社を含むファーイースト，ホンリョン，クオック，ウサハ，タクラルの各企業グループの沿革，動向については年次報告などを含む IR 開示資料，ウェブサイト公開情報，Nikkei Asian Review 各企業データによる。また Forbes.com（シンガポール，マレーシア），桂木（2015：pp.110-127, pp.134-149）も参考にした。

3) 新興の財閥として元証券マンのピーター・リム（Peter Lim）の事業も不動産事業以外に病院，アパレルなどに出資しているが，中核となるローズリー（Rowsley）・リミテッド（上場）などへの出資比率は50％を超えるものではなく，経営者というよりも事業投資家としての性格が強いように見受けられる。先に登場したマレーシアのロバート・クオックの甥クオック・クー・ホンはピーターの証券マン時代の顧客で，現在クオック・グループのパームオイルの統合事業を手掛けるウィルマー・インターナショナルの創業期の投資家の1人であった。当時，クー・ホンのアドバイスに従い，ピーターは後に株式売却で財を成した。ピーターはヨーロッパのサッカーチームの買収やF1チームへの投資に熱心で，あくまでも好事家的な投資家として位置づけられるため，ここでの財閥の範疇からははずしておくことにする。
4) Ann Williams, Kwek Leng Beng's son, Sherman Kwek, becomes CDL deputy CEO, The Straits Times, Apr11, 2016（オンライン版）．
5) クオックに関する記述については，Cf. SuccessStory.com, Robert Kuok Success Story（www.successstory.com/people/robert-kuok 2016.5.15閲覧）．Billionaire Robert Kuok retains top spot on 2016 Forbes Malaysia rich list, New Straits Times Online, 25 Feb, 2016（www.nst.com.my/news/2016/02/129462/billionare-robert-kuok-retains-top-spot-2016-forbe...）．
6) ウサハ・テガス・グループの概要については，桂木（2015）pp.112-113. What is it about billionaires T Ananda Krishnan that India has so much interest, The Economic Times, Jun 19, 2011（オンライン版）．The World's Billionaires Ananda Krishnan（2010）（www.forbes.com/lists/2010/10/billionaires-2010_Ananda-Krishnan_YK1N.html）
7) ペトロナス・ツインタワーは1998年に完成したが，タワー1は日本のハザマが，タワー2は韓国のサムスン物産建設部門が請け負ったことでも当時話題になった。国際的な事業としてはエレクトロニクス事業のイメージが強いが，サムスン物産はこの1990年代のペトロナス・ツインタワー建設以降，国内では仁川国際空港（2001年完成），国際的な事業としては世界一の高さを誇るUAEドバイにブルジェ・ハリファを，ベルギーのベシックス（Besix），UAEのアラブテック社（Arabtec）とジョイントで建設している。余談になるが高度成長時代（1970～80年代）の現代財閥の現代建設の軌跡を再現したかのようなサムスンの建設事業における国際的な攻勢であるとともに，新興国の財閥にとってはインフラ事業が重要な位置にあることを物語っているようである。
8) 『日本経済新聞』2016.9.15。リライアンス・グループについては第7章を参照のこと。
9) 以下タクラルに関する記述は，Cf. Thakral Corporation IR, 開示資料，Sikhentrepreneur, Kartar Singh Thakral（2014）（http://www.sikhentrepreneur.com/kartar-singh-

thakral-2) original source : billionairesaustralia.com. Forbes.com. Singapore's 40 Richest Kartar Singh Thakral (2008) (www.forbes.com/lists/2008/79/biz_singaporerichest08_Kartar-Singh-Thakral_UEZJ.html).

10) 日経不動産マーケット情報,2017.4.28(www.kenplatz.nikkeibp.co.jp/atcl/nfmnews/15/042102557/).

◆第7章◆
インド FMCG型コングロマリットと財閥の分裂・継承
―財閥の多角化戦略と継承をめぐって―

第1節 コングロマリット・FMCG・多角化, そして財閥

▌コングロマリットと多角化

　インドには群を抜いて古い歴史を誇る財閥が多い。経営史という側面からも興味の尽きない研究対象であることは確かである。植民地時代からの商人にルーツを持つケースは多く，タタやビルラなどもこうした範疇に属している。他方で独立（1947年）後，1950年代から1980年代にかけては公営セクター企業を優遇し民間セクターを冷遇する経済体制が長らく続いたために，既存の財閥や民間企業が国際市場に登場する機会が少なかった。

　1950年代以降，大規模製造業を中心とした事業領域は政策的にパブリックセクター（国営・公営企業など）に委ねられ，既存財閥・民間部門は生産設備拡張などの面で厳しい制約下に置かれる状況が長く続き，本格的な規制緩和は1991年のラオ政権の誕生を待たなければならなかった。こうした民間セクターに対する規制は公営セクター優位の構造を長期間温存させることにつながり，民間セクターの成長は規制緩和・経済自由化に至るまでは著しく制約されていたのである。

　規制の揺れ戻しが見られたインディラ・ガンディー政権期の1970年代においても，民間セクターにおいては，Shanker（1989）によれば，大企業で積極的な関連事業多角化が行われ成長と収益改善の追求は決して止むことがなかったという。他の新興国市場同様，大企業部門の事業多角化の意欲は経済自由化

以降ますます強まっていくことになり、2001－2011年期の536社をサンプル調査したBhatia Aparna and Anu Thakur（2016）は、とりわけ関連多角化への志向が強いことを計量分析結果から示して見せた。

　産業・業種による関連多角化・非関連多角化とパフォーマンスの違いを追求したPurkayastha（2013）によれば、化学と関連製品産業においては、非関連多角化はROEを指標としてネガティブ、逆に輸送機器産業ではポジティブな結果が得られ、他方で関連多角化においては、化学産業でポジティブ、輸送機器産業でネガティブという結果が得られたという。ここから産業・業種別、さらに関連型か非関連型かで収益指標から見た場合のパフォーマンスが異なるという成果が提示された。この他にも多角化の効果は多角化そのものというより、グループ内の協力や役員兼任などを通じてもたらされるというKali and Sarkar（2005）の指摘のようなグループ内の組織的対応に注目する研究もある。

　複数の収益指標を用いながら計量的分析（1995－2004年）を試みたMohindru and Subhash（2010）は、特に関連多角化戦略の場合、パフォーマンスに影響する可能性が高く、多角化コストを上回り損益分岐点を達成していくことで、多角化戦略は有益な結果を生み出すであろうとしている。多角化戦略を肯定しているものの、関連した先行研究においては、異業種をグループ内の事業ポートフォリオに組み込んだ場合の、関連多角化＋非関連多角化を通じたコングロマリットのポートフォリオの収益性や安定性―あるいはその逆―を検証する試みは現在までのところない。

　図表7－1はインドの代表的な財閥コングロマリットを示したものである。これまで取り上げてきたアジア諸国の財閥同様、自国のGDPの60~70％を占めることと、その歴史の長さにおいて、インドの財閥はアジア全体における財閥の持続性と展望を図る上での試金石的な分析対象となりえよう。経済自由化以降のインド経済においては遅れた形で上位財閥がさらに異業種へ参入を遂げ、コングロマリットが巨大化する傾向が顕著になっているからである。

　2014年に発足したモディ政権後、モディ首相が地盤とした西部グジャラート州を拠点とするニルマ（Nirma）やアダニ（Adani）などの新興財閥の成長が顕著で、これらはFMCGをスタートアップとするか、それら事業を傘下に置

図表 7-1 インドの主要な財閥・コングロマリット

グループ名 創業年	スタートアップ事業	中核事業会社	分裂の場合×
タタ・グループ 1877年～	綿紡績業	TCS, タタ・モーターズ, TISCO（鉄鋼）, タタ・パワー, タタ・ティー, タタ・ホテルズなど	
リライアンス・グループ 1950年代末～	商社・化学繊維製造・小売り	兄ムケシュ・アンバニ, リライアンス・インダストリーズ（持株会社兼石油化学事業会社）, リライアンス・リテール, リライアンス・ペトロリアム, リライアンス・トレンズ（アパレル） 弟アニル（リライアンスADAグループ）リライアンス・ミュニレーケーションズ（通信）, リライアンス・インフラストラクチュア	× 2002年～兄弟間で分裂
ビルラ・グループ 1857年～（マルワリ） 中心は直系のアディティヤ・ビルラグループ	阿片, 綿花などの商取引, ジュート製造	非鉄金属・セメント部門が中核, 他に化繊, 保険, 通信, アパレル, 肥料など ヒンダルコ（アルミ）, ウルトラテック（セメント）, ノベリス（アルミ）, グラシム・インダストリーズ（化繊）, アディティヤ・ビルラ・ヌーボ（金融, 通信, アパレルなど）など ※国民車アンバサダーで知られるヒンドゥスタン・モーターズはCKビルラ・グループに属す	× 中興の祖GDビルラの死後, 1980年代前半に6～7グループに分裂, 中核はアディテイヤ
エッサール（ルイア）・グループ 1950年代～	鉄鋼	エッサールス・ティール, エッサール・オイル, エッサール・テレコム・ホールディングス	
バジャージ・グループ 1919年～	保険, 製糖	バジャージ・オート（二輪, 三輪車） フォース・モーターズ（三輪車, 商用車）, バジャージ・フィンサーブ（その他新規事業）	
ゴドレジ・グループ 1890年代～	錠前・石鹸・家具・食品製造	コドレジ＆ボイス, ゴドレジ・インダストリーズ	
ヒーロー・グループ 1944年～	自転車部品・自転車製造	ヒーロー・モーターズ（二輪）, ヒーロー・サイクル ヒーロー・ホンダ（ホンダと合弁, その後解消）	
ジンダル・グループ 1952年～	織物, 帯鉄鋼製造	JSWスティール（鉄鋼）, ジンダル・ステンレス, ジンダル・スティール＆パワー 鉄鋼が主力事業	× 2005年創業者オム・ブランケシュ死去後, 四人の息子によって4グループに分裂
ラルバイ・グループ 1897年～	綿紡織業	アービンドミルズ（繊維, デニム） 主力は繊維事業	

UBグループ 1947年～	酒造	ユナイテッド・ブリュワリーズ（ビール），ユナイテッド・スピリッツ（ウイスキー），他に不動産，肥料，IT，バイオ，エンジニアリング事業を展開	
DCMシュリラム・グループ 19世紀はじめ～	製菓，繊維，製糖	DCMシュリラム・コンソリディデッド，DCMシュリラム・インダストリーズ 1980年代にトヨタと合弁（DCMトヨタ），その後解消，ホンダとも四輪で合弁	× 1980年代に後継をめぐって3グループに分裂
マヒンドラ・グループ 1945年～	鉄鋼輸入，自動車製造	マヒンドラ＆マヒンドラ，マヒンドラ・サティヤム（IT） トラクターの生産販売では世界有数，国内乗用車生産販売シェアでも上位	
オベロイ・グループ 1934年～	ホテル	EHI（ホテル事業）	
ITC 非財閥 2010年～	タバコ	食品，日用品，ホテル，製紙，包装，アグリビジネス，IT	
ワルチャンド・グループ 1919年～	海運	プレミア・オートモービル（自動車），ワルチャンドナガル・インダストリーズ（製糖，防衛機器など），マイソール石油化学など	
アダニ・グループ 1988年～	貿易	アダニ・エンタープライズ（鉱山，貿易，ガス販売など），アダニ・ポート・アンド・SEZ（港湾施設運営），アダニ・パワー（発電），アダニ・トランスミッション（配電）など。インフラ，資源，エネルギービジネスを主力とする新興財閥	
バールティ・エンタープライズ 1976年～	自転車部品	バールティ・エアテル（携帯通信），バールティ・リアルティ（不動産），バールティAXA（保険，JV），フィールドフィッシュ（食品加工）など	
ベダンタ（Vedanta）・グループ 1976年～	非鉄金属	ベダンタ・リソーシーズ（非鉄金属，鉱山，ロンドン証券取引所上場），ヒンドゥスタン・ズィンク（亜鉛），ベダンタ・アルミニウム	
ラーセン・トゥブロ (Larsen & Toubro) 1938年～	建設	L&Tエンジニアリング，L&Tパワー（発電），L&Tインフォテック（ソフトウェアサービス），L&T造船など。三菱重工，コマツと提携	
ニルマ（Nirma） 1969年～	洗剤	トイレタリー製品，化学製品，塩，セメント	
ムルガッパ（Murrugappa）・グループ 1900年～	金融	金融，エンジニアリング，水処理，研磨剤，自転車，三井住友海上火災とJV	

出所：各グループウェブサイト開示資料，須貝（2011）より作成。

いている。今後インフラ関連や重化学・資源関連への参入や，そうした事業を主力とするか組み込んでいる財閥の拡大発展の余地はきわめて大きいと思われる。

　本章では前半で食品飲料系事業をスタートアップとするか主力事業として組み込んでいる代表的な財閥・ビジネスグループを取り上げ，コングロマリットへ向かう多角化への軌道をたどりつつ，それが経営者による戦略的意思を伴ったものであることを確認していくことにする。ここで取り上げるコングロマリットは，国内有数の製菓メーカーであるブリタニアを傘下に持つワディア・グループ，インドのビール，ウィスキーメーカーとしての最大手UBグループ，タバコ・食品の大手ITC，新興のニルマの4グループである。

　後半では所有と経営の未分離，世襲体制の持続という点からリライアンスとタタという2つの代表的な事例に焦点を当てることにする。経営面での文化・制度などの特有な事情を除けば，インドがアジアや新興国の財閥の先験的姿を映し出してきたことは間違いない。そこに見られるのは市場経済の拡大に伴う事業ポートフォリオと規模の拡大であるとともに，第1章で言及したファミリー自体の外延的な拡大，これに伴う後継争い・事業資産の分割後の分裂という現象である。分裂は単体としての財閥を必ずしも弱めるものではなく，直系を中心として再編拡大が進んだり，分裂した傍系もコングロマリットとして再編成長していくことはインドに限らず韓国の事例においても観察された。

　インドの企業の95％がファミリービジネスといわれるため，経営研究という点ではインドの財閥の世襲制の持続に関心が集中してきた。ファミリービジネスであることが企業経営の歴史・特徴として取り上げられることが多かったが，近年においてタタ・グループや当初から財閥化を避けてきたインフォシスなどの代表的な企業に見られる専門経営者の台頭から，世襲制の持続に疑問符が付くように論調が変わりつつある。老舗財閥のビルラ・グループの分裂によって血縁トップのいない傍系グループが形成されたことやグループ企業トップには専門経営者が不可欠であることからも，企業「王朝」（Dynasty）は転換期の変化に直面しているのかもしれない。

　インドのファミリービジネス一般ということであるならば，世襲制の直系後

継者は世代を経ることで，1世代目の創業者直系から2世代目は兄弟姉妹とのパートナーシップ，3世代目で3親等付近の姻戚の範囲内にまで拡大するという段階的発展がSapovadia（2012）によって提示されており，3世代目のところでファミリービジネスという特徴が血族内の多様性を通じて非ファミリービジネスに接近するとしている。ただしここには規模の大きさ・事業多角化という観点から専門経営者の役割は入っていない。インドのファミリービジネス研究の泰斗Ramachandran（2005）は，企業経営の実践上からも5つの財閥のケース（ムルガッパ，ダブール，ワディア，ゴドレジ，キルロスカ）を検証しながら3世代以上の存続に課題が発生することを指摘しつつも，総じてファミリーメンバーと専門経営者の調和，多様な事業ポートフォリオの構築，ファミリーのリーダーシップの発揮がなされてきたと説く。

実際ファミリービジネスオーナーをクライアントに持つコンサルタント会社PwC（2016）の100名以上のインドのビジネスオーナーに対する2016年のアンケート調査によれば，将来専門的経営者に委ねたいとする比率は48％で世襲を望む35％を上回っていた（残りは売却するか不明）。しかもこれらの比率は世界50カ国約2,800名のオーナーリーダーの「専門的経営者に委ねたい比率」34％より高かった。また「世襲を望む」39％より低かった。むろん規模別分類が欠けているため財閥に限定したものを確認できないが，インドのファミリービジネスが相対的に継承者に専門経営者を選ぼうとする意欲が高いことはうかがわれよう。

いずれにしても所有と経営の分離，コーポレートガバナンスの観点からすれば，財閥の分裂も世襲制のネガティブな側面が持続していることを示しているのにすぎない。財閥は破たんするか経営の失敗によって外部資本によって吸収されない限り世襲制を終焉することができないのであろうか。分裂による代表的な事例としてリライアンス・グループをここでは取り上げるが，他方で分裂を経験しなかった2017年初頭のタタ・グループは，150年の歴史の中で初めて「完全な非血縁者」をトップとして選出した。この意味するところは老舗財閥によって形成されてきた経営組織は，世襲を度外視してトップ選出を行うオートノーマスな能力を備えている可能性を示唆していることである。この点

からタタ・グループのトピックを最後に取り上げることにする。

第2節　FMCG型コングロマリットの4事例

▌FMCG型コングロマリットとインド

　東・東南アジア同様，インドにおいても大手食品飲料系メーカーはコングロマリットへの道を歩むことが多い。ただし，インドの場合，19世紀半ば以降，イギリス統治時代の期間を含め，貿易，繊維などの事業領域をスタートアップとして今日の財閥を形成した事例が多く，老舗財閥であるタタやビルラなどはこの系統に属している。また第2次大戦後，トップクラスの財閥に成長したリライアンスもスタートアップは繊維製造（合繊）である。植民地期の貿易などを除けば，基本的に消費財・内需型産業をベースにしている点では他のアジア諸国と共通している。その点では製薬事業（市販薬など）などもこうした産業に含まれる。

　ここで問題となるのは，東・東南アジア諸国でこれまで取り上げてきたFMCG型事業を中核とするインドの企業がコングロマリット化への道を同様に歩んできたのかという問題である。この点は東アジアの事例において言及したように，コングロマリット，異業種への参入は法則性を伴うものではなく，最終的には経営者による戦略的意思決定にかかっている。この戦略的意思決定とは経営者個人の哲学も含むもので，逆の専業化も選択肢の1つである。また特定の異業種が潜在的に有望な成長市場であったとしても，敢えてその特定事業領域には参入しないという選択もありうる。アン・グラハム（2010）が指摘するように，ボリウッド（インドの映画産業）が組織犯罪と結びついているケースが多いため，倫理規範からタタ・グループが映画などのエンターテイメント産業への不参入を決めているのはそうした例の1つに過ぎない。

　製造業としての「モノづくり」志向が強いため非関連多角化は避けるということもありうるが，相当規模のグループ事業を行っている場合，こうしたケースは日本を除けばむしろそれほど多くない。二輪のTVS，バジャージ，鉄鋼のジンダルなどの財閥には関連多角化志向がみられるが，上位財閥になるほど

非関連多角化,異業種参入を目指すということでは他のアジアのケースと共通している。

さて食品飲料関連の事業会社がコングロマリットへ向かうという事例を挙げるならば,インドの場合,限定条件を最初に述べておく必要があろう。インドの起業・アントレプレナーの歴史は決して第2次大戦後でも独立後のことでもない。東アジアでは韓国が相対的に長い歴史を誇っているように見えるが,インドの場合は英領時代,さらには19世紀以前のムガル朝期にまでさかのぼることができる場合すらある。そうした歴史的長さを考慮に入れながら,以下4つのFMCG型コングロマリットの事例を見ていくことにしよう。

ブリタニアとワディア・グループ

インドの老舗財閥の1つであるワディア(WADIA)・グループは,タタやゴドレジ財閥と同じゾロアスター教徒であるパールシィのビジネスコミュニティから形成されたものであるが,中でもワディアの歴史の長さは群を抜いたものとなっている。ボンベイ(現ムンバイ)を拠点としていた創業者であるロエジ・ヌサワンジィ・ワディア(Loeji Nussorwanjee Wadia)までグループの歴史をさかのぼるのであれば,その歴史は約280年に達しタタ・グループさえも凌駕してしまう[1]。

2017年現在ワディア・グループを率いるのはグループ会長ヌスリ・ワディア(Nusli N wadia)72歳である。ヌスリは国内において卓越した経営者として知られており,父親がイギリス国籍を取ったためにイギリス系のパールシィとしてそのパスポートをビジネスにも活用しているが,居住地はグループの拠点であるムンバイである。彼の名が国内でよく知られているもう1つの理由は,母方の祖父がパキスタン建国の父ジンナーだからである。同じパールシィということも関係してタタファミリーとも遠縁の関係にある。そのため1980年代からタタ・ケミカルなどタタ・グループの複数の事業会社の独立取締役も務めてきた。後述するようにタタ・グループの中でヌスリはグループの経営に間接的に影響力を持っており,2016年のサイラス会長の解任後,彼を擁護したことでも知られている。

ワディアの財閥としての歴史は18世紀までさかのぼることができる。1736年に創業者のL・N・ワディアは，当時の英国の船舶需要に対応してマリン・コンストラクション・カンパニーを設立し船舶建造を開始した。この船舶メーカーは今日においては世界的にも老舗として知られている。船舶建造で成功を収めていたワディアは，かなり時間が空いていたがノルウオジィ（Norwojee）の時に綿紡織業への参入を遂げることになる。1879年のボンベイ・ダイイング（Bombay Dyeing）の設立は19世紀後半以降のボンベイを中心とした綿紡織業の興隆に沿ったものであった。通例内需型事業として見なされる繊維事業であったが，外需型の側面を含んでおり[2]，ほぼ同時期の1863年には茶・コーヒーのプランテーション事業（Bombay Burmah）もスタートさせていた。この頃までの事業構成にはコロニアル色が反映されていたといえる。

　20世紀に入ると今日の国内菓子・食品ブランド（ビスケット，クッキーなど）として名高いブリタニア（Britannia）が創業を迎える。創業年は1918年でこちらは本格的な内需型事業のスタートアップといえるものであった。独立後，20世紀の後半に移行すると重化学志向が強くなり，1954年に化学事業としてナショナル・ペロキシド（National Peroxide），1960年にはエンジニアリングのワディア・テクノエンジニアリング・サービシーズ（Wadia Techno-Engineering Services）を設立している。これは言うまでもなく重化学工業の輸入代替政策に対応したものであった。そして経済自由化が進展していくことになる1991年以降にはヘルスケア，不動産，航空事業（Go Airlines）へと内需・消費といったキーワードに沿った事業参入を遂げている。

　菓子・食品事業はワディア・グループのスタートアップ事業ではないが，歴史の古さからすればそうした性格に近いコア事業である。カルカッタ（現コルカタ）でスタートしたビスケットの製造販売事業は，当初は在印英国人向けのイングリッシュティータイム向けの需要を見込んだものであった。それから120年以上を経て，食パン，ケーキなどブリタニアは製品レンジを広げるとともに，インド全土で知られる菓子・食品ブランドとしての地位を築き上げた。いわばインドを代表する食品メーカーであり，2000年にはフォーブスの「世界の300スモールカンパニーズ」にも選出されている。また1989年にはバン

ガロール(ベンガルール)に本社を移転させている。

2016年時点での売上規模は約880億ルピー、日本円換算で約1,500億円の規模を誇っており、この売上規模に近い日本の食品メーカーはSB食品、森永製菓などを挙げることができる。インドにおいてはフォーブスの選出した「スモール」という範疇には明らかに属していない。グループ内で化学事業のナショナル・ペロサイドが約4,000億円、プランテーション事業のボンベイ・ボーマンが約300億円、老舗のボンベイ・ダイニングもほぼ同じ規模であることから、重化学部門に次ぐ位置づけとなっている[3]。

ブリタニアはビスケット類とし、グッドディ、マリーゴールドなど国内において多くのブランド品を有しており、傘下の子会社はサンライズ・ビスケット、マナフーズ、インターナショナル・ベーカリー・プロダクトなど5社となっている。外資系企業との提携によって製品レンジを広げていることは言うまでもない。代表的な提携外資はフランスのダノン・グループで、ダノンはブリタニアおよびワディア・グループとの提携を通じて2000年代に入っていち早くインド市場で足場を築いてきた。なお日本のヤクルトもワディア・グループと関係の深いダノンと2005年以降合弁会社を設立しインド市場への進出を遂げている[4]。

インド最大のビールメーカー　UBグループ（インド、ベンガルール）

「キングフィッシャー」はインドで最も著名なビールブランドとして知られており、暑いインドで外資系企業の現地駐在員ののどを潤すビールとしても定番となっている。この「キングフィッシャー」を製造販売しているのが、国内ビール市場シェアの半分近くを持つUB (United Breweries) グループである[5]。

2016年のグループの売上は年間約4,400億円（40億ドル）を超え、株式時価総額は約1.3兆円（120億ドル）に達している。ビール、蒸留部門においてはインド最大のメーカーであるとともに、他のビジネスグループ同様、UBも例外なくコングロマリットの形態をとっている。あくまでもベースとなる事業はビールなどのアルコール飲料であるが、その事業範囲はエンジニアリング、化学、肥料製造、バイオテクノロジー（製薬）、ITサービス、航空、ピザ・チェー

ンなど幅広いものとなっている。

　中でも特筆すべきは，2006年にビジェイ・マリヤ会長（Vijay Mallya：1955年生まれ）の決断によって設立されたキングフィッシャー・エアラインズ（以下KA）であろう。設立後のKAは国内30都市以上を結び，LCC（Low Cost Carrier）のエア・デカンを買収した後，同社をキングフィッシャー・レッドに改称した。マリヤ会長は2008年10月にライバルのジェット・エアウェーズとの提携も発表しており，いわば国内航空業界の風雲児的な存在であった。しかしながら，後述するようにKAは深刻な経営問題に直面することになる。

　同グループの起源は1857年に南インドのニルギリに設立されたキャスル・ブルワリーにまでさかのぼることができ，1915年には現在の社名であるUBL（United Breweries Limited）としてマドラス（現チェンナイ）でスコットランド人によって再編設立された。1947年（インドの独立した年）にビッタル・マリヤ（Vittal Mallya）が22歳の若さで取締役会に入ると数年後には会長に就任し，1952年にはオフィスをバンガロール（現ベンガルール）に移した。事業多角化はビッタルの時に既に推進されており，1950年代にはアルコールの製造品目に新たに蒸留酒が加わるとともに，ポリマー，バッテリー製造，食品，製薬といった事業にまで手を広げていた。

　ビッタルは軍医の3男として生まれ，当時エリート校として最も知られていたドーン・スクールとプレジデンシー・カレッジを修了していた。また家系はブラーマン・カーストに属した，いわば上流層ファミリーであった。1983年のビッタルの死去後，当時28歳だった息子のビジェイがグループを率い今日に至っている。ビジェイはカルカッタのカレッジを終了後，製薬メーカーのアメリカン・ヘキスト・コーポレーション（現サノフィ・アベンティス）で働き，ドバイやアラブ首長国連邦などで精力的にベンチャービジネスを立ち上げてきた経験も持っており，早くから父親の事業を支援してきた。

　M&Aについても積極的な姿勢を崩さず，コア事業であるアルコール飲料については，2007年にはスコットランドのスコッチウィスキーメーカー，ホワイト＆マッケイをはじめ，国外のメーカーを買収し多数のアルコール飲料ブランドを擁するまでになっている。事業以外でもF1レースチーム，国内サッ

カー，クリケットチームのスポンサーとしても，UB グループとビジェイの知名度は非常に高かった。なおビジェイはインド上院議員も務めていた。2010年時点で，UBL は公開持株会社として傘下に海外子会社を含め 20 社のグループ企業を統括しており，UBL の取締役会（9 名）にはビジェイの息子シドハルサが入っていた。

　鳴り物入りでスタートしたにもかかわらず，航空会社の経営は早い段階で挫折することになる。ビジェイ自身の華麗なキャリアも手伝い，多額の負債を抱えた KA をインド政府が救済するか，債権団である銀行とビジェイ会長との協議の行方などがメディアを賑わせ，結局のところ政府が救済に乗り出すことはなく，2012 年に遂に KA は破たんした。この時の負債は 13 億ドルに上り，2016 年 3 月にはフィナンシャルタイムズがロンドンに頻繁に渡航する会長に対して，債務不履行の心配をするインドの債権団（銀行）が会長の海外渡航を禁止する裁判所決定を求めるという記事を掲載していた[6]。破たん後もビジェイ会長と UB グループには負債処理の問題がつきまとったままとなっている。

　財閥による航空会社の経営はそれ自体フラッグシップカンパニーとなりえるが，航空業界の競争の厳しさはインド国内においても同様である。国営のエアインディア—1948 年以前はタタ・グループが経営—でさえも高コスト体質に悩まされてきた経緯がある。国際的にもジェット燃料が高く，国内の着陸・駐機税が高いなどの問題がある他に，KA の場合，インドの高所得者層をターゲットとし大型旅客機を中心に運行していたため，国内の LCC であるインディゴやスパイスジェットなどにシェアを奪われてしまった[7]。

　2004 年に創業した KA は翌年より運行を開始し国内線から国際線への拡張も視野に入れていたが，当初から経営不振に陥り最終的に UB グループの中核事業会社になることはできず，ビジェイ会長の経営体制下での大きな失敗となった。これは事業ポートフォリオに花形として想定した異業種を組み入れた時のリスクの高さの大きさを示す例といえよう。

非財閥系コングロマリット　ITC

　総合的な食品系ブランドとしてインドで最もよく知られているのが ITC の擁する食品，日用品などのさまざまな消費財ブランドである。ただし，他のコングロマリットと大きく異なる点は ITC は財閥ではなく，元国営企業であったという点である。新興国の場合，過去国営企業の民営化が進んだ時点で財閥グループの傘下に入り，それが当該財閥の中核事業となるケースは少なくないが，国営企業自体が民営化され専門経営者集団によってコングロマリット化するケースもある[8]。

　このことは財閥に限らず，新興国市場では民間大企業はコングロマリットへの志向が強いことを示している。ITC（インペリアル・タバコ・カンパニー）の名前が示す通り，スタートアップとコア事業はタバコの製造販売である。言うまでもなくタバコという商品に対する世界的な規制強化は，タバコ会社に対して事業転換ないしは事業多角化への直接的な動機となりやすく，日本の JT が冷凍食品事業分野などを拡大しているのもそうした外部環境の変化への対応といえる。近年では ITC の場合もそうした外部環境への対応の一環として多角化を推進してきた側面がある一方で，長期的に見て経営者の意思決定として，すなわち戦略として推進されてきた側面が強い。

　元国営のタバコ会社ということから日本の JT 同様，かつて独占企業であったことと，典型的な消費財（タバコ）生産製造の内需型事業であったことから，既にコングロマリット化する基底的な条件はそろっていた。タバコが元々ポピュラーな消費財であったインドネシアでは既に第 5 章で見たように，グダンガラムに代表されるようにタバコ製造をスタートアップとした財閥の事例も複数存在した。ITC の場合，特定消費財の独占企業であるから経済自由化以前の段階においても他の民間企業に比較して，多角化・新規事業の機会は企業ブランド・信用・資金面から恵まれた環境下にあった。

　2016 年時点での ITC の売上規模は日本円換算で約 7,600 億円なので，同年の日本の JT 売上規模 2 兆 2000 億円の 3 割ほど，アサヒグループホールディングスの半分以下である。一般消費財・食品系企業の規模として ITC は国内トップクラスとなっている。国内のタバコ消費量は国別では WHO（世界保健機

関)の過去のデータではトップ10中8位(2009年)に入っていたが,中国,日本,米国など他の諸国と比較した場合,その人口規模からすればそれほど消費量は多くない。またビディと呼ばれる伝統的に安価なタバコも流通しており,喫煙規制が強化されていく中でインドのタバコ会社にとっては現状においても多角化戦略は欠かせないものとなっている。

ITCの歴史は古く元々は1910年にコルカタ(当時カルカッタ)で設立された民間企業であった。設立当時の会社名はImperial Tobacco Company of India Limitedで,独立後の1954年に国営化され,その後1974年に民営化されている。この民営化の時期まではITCはほぼタバコの製造販売を専業としていた。そして1970年代の民営化を契機に事業多角化が急速に進展していくことになった。

ITCの多角化は全社戦略として,早い段階から広い範囲の一般消費財を事業として包含していくことを掲げていた。インドにおいても巨大な内需に狙いを定めたFMCGという産業分類がよく用いられている。FMCGは食品飲料,日用品など非常に幅広い消費財を含むものだが,実際にFMCGと呼ばれる企業グループも不動産,ホテル,重化学工業などにも進出しているケースが多く,ITCも例外ではない。

現在のコングロマリットとしてのITCの発展をけん引してきたのは,IIT(インド工科大学)とハーバードビジネススクール卒で1968年にITCに入社した生え抜きのY・C・デベシュワール(Y.C.Deveshwar,69歳)をはじめとした専門経営者陣である。会社名にタバコという名が冠せられているにもかかわらず,ITCは国内トップクラスの食品メーカーであり,数多くの食品ブランドを有している。そして食品原料となる農産物を直接農村部から仕入れる広域的なサプライチェーンを国内で真っ先に構築したことでよく知られている。

このサプライチェーンは,e-チョウパル(e-Choupal:ヒンディー語で集合の意)と名付けられたインターネットのシステムを用いて,しばしば伝統的に農村部生産者が不利益を被ることが多かった中間業者との取引を排除してITCと農村部生産者が直接取引を行うものである。大規模なサプライチェーンと川下の自社小売り200店舗以上のネットワークを駆使して劇的にコストを引き下げる

とともに，迅速な食品販売を通じて短期間での食品事業分野での成長と発展を可能にしてきた。2016年現在で直接雇用の約32,000人だけでなく，ITCが築き上げたバリューチェーンによって農村部を中心に約600万人の生計が支えられている。

e-チョウパルはITCが専用プログラム搭載のコンピュータを生産者側に提供し，生産者側のコンピュータを通じて周囲10程度の村が利用できるようになっている。リーダーは運営費を負担する一方で電子取引のサービス料を受け取ることができ，ITCはさらに取引・サービスの提供を医療，教育サービス，水管理などの分野にも広げつつある[9]。e-チョウパルは多角化を進めるITCにとってアグリビジネスや食品事業の原料調達だけでなく，他の事業分野にも横断的に応用でき，ITビジネス自体の強化にもつながるものとして大いに期待されており，過去には世界銀行やハーバードビジネススクールのケーススタディでも紹介されてきた。

ITCの掲げる七項目の全社戦略の内，コーポレートガバナンスの強化と優秀なトップマネジメントチームの育成とリーダーシップの涵養を除けば，最初の5項目（要約）で，1）国内外のビジネス機会に対応した，最適の組織能力を通じたワールドクラスのビジネスポートフォリオの開発およびそれを通じた複数の成長ドライバーを創ること，2）FMCG，ホテル，製紙，段ボール・包装，アグリビジネス，ITの事業間での選別的なポートフォリオに焦点を当て続けること，3）各事業間で市場重視・収益性などの指標を用いたベンチマークを設定すること，4）各事業がワールドクラスとなって国際競争力を有すること，5）各事業間の多様な技術・能力を通じたシナジーによってポートフォリオを強化すること，というように多角化戦略とポートフォリオの管理運営が全面に出たものとなっている（傍点は引用者）。海外市場を意識した側面も強く，こうした傾向はインドの大手食品系企業にかなり共通したものとなっている[10]。

ITC会長のデベシュワルを中心にして戦略的に今日の複数の事業ドライバーが創られたわけであるが，そうした事業多角化の歩みを時系列的に示したのが図表7-2である。各事業とポートフォリオの管理運営は通常の役員会に加えてコーポレートマネジメント委員会，事業別マネジメント委員会を通じて

図表7-2 ITCの事業多角化への歩み

① 1925年…包装事業への参入（内製化，関連多角化）

1910年の設立から60年間はほぼタバコの製造販売専業だった。1925年にタバコ製品のためにITCパッケージング・プリンティングを設立。

↓

② 1975年～　本格的な事業多角化への出発点（非関連多角化）

1975年ホテル事業への参入，チェンナイのホテルを買収しITC-ウェルカムホテル・チョーラ（現マイフォーチュン・チェンナイ）を開業，以後4つのホテルブランド事業を展開
近年ではコロンボ（スリランカ），ドバイなどでもホテル事業を展開。1979年からはITCバドラチャラム・ペーパーボードを設立，製紙（厚紙）事業へ参入，拡大した同事業は2000年代に入るとM&Aなどを通じて拡大発展へ向かう。

↓

③ 1985年～1990年　国境を越えた事業展開とコア異業種事業（製紙とアグリビジネス）の拡大強化

1985年隣国ネパールに英国・インド・ネパールのJVでタバコ会社（Surya Tobacco）を設立，2002年に子会社化Surya Nepalに名称変更，1990年特殊紙製造会社買収，製紙事業部門へ統合。1990年アグリビジネス部門設立，農産物輸出を開始する。同部門では今日インド最大の輸出業者になっている。MP州の大豆生産農家を皮切りに2000年に導入したe-チョパルはその後拡大，400万人以上の生産者との取引をカバーするようになる。

↓

④ 2000年～　加速する事業多角化　アパレル・IT・文具・パッケージ食品，マッチ製造

2000年～ファッション・アパレル事業（ライフスタイル・リテーリング），ITサービス会社設立（ITC Infotech India），2002年～教育文具の製造，ノート，ペーパークラフトで最も知られたブランドとなる。食品関係ではパッケージ食品，菓子ブランド，インスタント麺を強化

↓

⑤ 2005年～　日用品　市場対応型のポートフォリオ構築へ

トイレタリー・日用品事業の急成長，タバコ製品の高級ブランド化

出所：ITCウェブサイト開示資料より筆者作成。

行われている。

　基本的にITCの多角化は専門経営者によって1970年代に開始され，経済自由化がスタートした1990年代からネパールへの進出に示されるようにタバコ事業の拡張も企図していた。農産物などの取引システムをIT化したe-チョパル導入を契機として，2000年代以降さらに多角化が加速化していくことになる。1925年の包装事業は最初の多角化というよりも，これまでの事例で見てきたように内製化に近いものである。また製紙は紙巻タバコの補完製品であったことと関係しているが，現在では厚紙製造からペーパークラフト，ノート，ティッシュなどの日用品・文具製造へとつながっている。食品製造と並んでこうした日用品もコア事業として成長発展を遂げており，インド国内ではFMCGの最大手の1つとなっている。

　ITC自体の複数の事業部門以外に同社の傘下にある事業会社はJVも含めれば，図表7-3に見られるとおりである。食品，製紙，日用品，アグリビジネスなどのコア事業をITC本体が取り込む一方で，子会社にはIT，投資会社

図表7-3　ITCのグループ企業とブランド

グループ企業	ITC保有のブランド
ITC infotech（ITサービス） Surya Nepal（タバコ，ネパール） Landbase India（ゴルフ場運営，不動産） Russel Credit（投資会社） Srinivasa Resorts（リゾートホテル） Fortune Park Hotels（ホテル） WelcomeHotels Lanka（ホテル，スリランカ） Gujarat Hotels（ホテル） International Travel House（旅行代理店） JV（合弁企業） Maharaja Heritage Resorts（リゾートホテル，インド企業と合弁） ITC Essentra（濾過器製造，英国企業と合弁）	食品（菓子）「ダークファンタジー」 文具（ノート）「クラスメート」 マッチ「テンプル」「モグラ」 タバコ「ゴールドフレーク」「クラシック」 パーソナルケア製品・日用品「エンゲージ」「サンフィースト（Sunfeast）」「ビベル（Vivel）」 アパレル「ジョンプレイヤーズ」 アパレル小売り「WILLS LIFESTYLE」 レストラン「Bukhara」（インド料理）

出所：ITCウェブサイト開示資料，プレゼン資料（2016），グループ各社ウェブサイトより筆者作成。

(Russel Credit)，不動産会社，ホテルなどが並んでいる。

　ITC 本体の主力事業はタバコを含めた FMCG であるが，タバコとその他の FMCG，ホテル，アグリビジネス，製紙の主要事業の売上内訳を見ると，2015 － 16 年時点で多角化しているものの，FMCG の 74％ はタバコでありタバコは全体の売上でも 57％ を占めており，前年比でも，また過去においても減少傾向にはない。むしろ主力事業・主力商品として見直されている。FMCG 以外の事業ではアグリビジネスの売上が最も高く，これには葉タバコの生産販売がかなり含まれている。インドは世界的な葉タバコの産地であるとともに輸出国である。またインドの 1 人当たりのタバコ消費量がパキスタンやネパールなどと比較しても 4 分の 1 以下（年間，2012 年）にもかかわらず，売上が伸びているのは全体の消費水準の向上に伴い，伝統的なビリーなどのインフォーマルなタバコ（非課税）からフォーマルなタバコへの消費のシフトが起こっているからだと考えられる。

　タバコを含む FMCG を除いた主な事業（ホテル，アグリビジネス，製紙）の割合は全体の 45％ 以下だが，最も比率が高いのはアグリビジネスの 13.6％ である。タバコ事業をベースとしながらインドの主要な輸出品目（農産物）に関係するアグリビジネスの伸びしろが高いものとなっている[11]。

　次に同社の投資動向を見ると，2016 年時点で約 4,200 億円，65 プロジェクト，建設中の投資対象の広さは 2,800 平方メートルに及んでいる。その主な投資案件を挙げれば，ウッタラルカンドの食品加工工場，テランガナの製紙プラント，カルナータカの食品加工・物流の統合施設，さらに建設中の食品加工工場が全土に複数あり，ホテルも複数が完工もしくは建設中である。ホテルはハイデラバード，ベンガルール，グルガオンなどのビジネス需要の高い都市をターゲットとしており，生産施設への投資は食品加工事業に集中しているようである。

　このような不断の国内市場の動向に対応した投資戦略に伴い，ITC は物的資産（生産施設，不動産）を積み上げてきた。そうした積極的な過去 20 年間の投資を通じてポートフォリオの事業は 13，所有製造施設は 250（アウトソーシング含む），102 のホテル，90 カ国以上への輸出を達成するまでの規模となった。

主力事業の性格上，知的資産も積み上げており，インドの優秀な研究者を人材として抱えている。350人以上の研究者，480件以上の知的所有権の申請，3,500平方メートルの生命科学テクノロジーセンターを擁することで，アグリビジネスや食品事業への応用が図られている[12]。

以上で挙げなかった事業以外にも，ITCはリサイクル，風力などの代替エネルギーなどの環境関連事業も戦略的な事業分野と見なしている。主力事業と国内市場の成長が連動したポートフォリオと経営組織の管理運営が連動していく限り，長期的な視点で見たこのコングロマリットの発展はさらに続くものと考えられる。とりわけ非財閥であることから次期経営陣の承継も注目されるところであろう。

ニルマ　日用品から重化学工業まで

FMCGをスタートアップとした事業会社がコングロマリットとなった事例として，もう1つ挙げるとすれば，西部グジャラート州アーメダバードを拠点とするニルマが適切かもしれない。ITCとその複数ブランド同様，ニルマもその知名度・ブランドは国内消費者にはすっかり浸透したものとなっている。スタートアップ事業は洗剤の製造販売である。1969年創業で18,000人を雇用する（日本円換算では）直近売上高約1,200億円超規模のメーカーである。この売上規模は日本の代表的な同業メーカーライオンの約3分の1である[13]。

カルサンブハイ・パテル（Karsanbhai Patel）が同社を創業したとき，国内市場は外資系メーカーが幅を利かせ，国内メーカー間の競争は今日ほど熾烈なものではなかった。低成長・低消費の経済下で，パテルは当時最も安い粉洗剤がキロ13ルピーであったときにキロ3ルピーの衝撃価格で自社製品を売り出した。このことは老舗財閥ではないニルマを短期間で成長発展させる最初の原動力とした。ニルマの製品は低価格でローカライズされたものであったため，インドの家庭に洗濯革命を起こしたのである。

小さなオフィスから出発したニルマの粉洗剤は1980年代には国内で最も有名なブランドの1つになっていた。ちなみにニルマという製品名はパテルの娘の名前からとったものだった。経済自由化が推進された1990年代には製品レ

ンジを広げていき，石鹸，トイレタリー用品など消費財で多くのブランドを構築するだけでなく，川上の原料・中間財生産にも進出しており主として化学製品・原料で幅広い生産施設を擁するまでになっている。

こうした消費財から川上の化学原料・中間財への多角化はパテル自身が化学者であったことと大きく関係している。そして，製造品目は食用・工業用塩，砂糖，香水油，シームレスチューブ，医療用品，紙・プラスチックコップ，アルカリベンゼン，硫酸，グリセリン，セメントなど実に多彩である。M&Aを通じてはソーダ灰，ヘルスケア，ホウ素などの生産拡大を重視しており，パテルの息子2人も既に経営の中枢に入っており，財閥としての2世代目のステージに入りつつある。化学関連の多角化に焦点を絞りつつ，ITC同様，FMCGからコングロマリットへ向かった典型的な事例の1つといえる。

第3節　FMCGからコングロマリットへ

ここではFMCGからコングロマリットへの道を歩んだ典型的な4つのビジネスグループの例を取り上げた。注意をしなければならないのは食品飲料系もしくはFMCG企業であってもすべてがコングロマリットへ向かうわけではないことである。たとえばブリタニアと双璧をなすビスケットなどの製菓製造で知られるパール・プロダクト（Parle Products）はチャウハン（Chuhan）ファミリーを創業家とする1929年創業の老舗であるが，1950年代から1970年代にかけて3つの企業に分裂しており，基本的にパール・プロダクト，パール・アグロ，パール・ビスレイリは3社ともに製菓企業である。また1930年創業のダブール（Dabur）は歴史が古く典型的なFMCG企業として，生産品目は「日用品」の範疇にとどまっている[14]。パール・プロダクトの場合，ファミリーによる経営が分裂したことも一因であろうが，非関連多角化，コングロマリットへ向かう決定因はあくまでも経営者の意思決定と戦略にかかっていることを示している。むろんこれは将来的に意思と戦略の変更がありうることも含んでいる。

多角化への方向や事業転換，事業ポートフォリオの大幅な見直しを行うこと

は，オーナー経営者か専門経営者かに関係なく経営者の専決事項，すなわち意思決定に委ねられている。FMCGではないが，経営者に技術者・技術志向性が強ければ，たとえばIT企業のインフォシスのように専業志向の中で製品・サービスの進化・拡大を目指す場合もある。

しかしながら同じIT系企業として名高いウィプロは，食品系のウィプロ・コンシューマケア・アンド・ライティングやGEとのヘルスケアの合弁企業を事業ポートフォリオに組み込んでいる。これは逆に言えば，食品飲料またはFMCGをスタートアップやコア事業としない財閥・ビジネスグループが食品飲料やFMCGに進出することも新興国市場では珍しいことではないことを示している。二輪・三輪車製造で知られるバジャージ・グループもグループ内に食品加工のバジャージ・ハーバル（Bajaj Herbals）やバジャージ・ヒンドゥスタン・シュガー（製糖）を擁しているのである。そうした事例は財閥・ビジネスグループの中に広く見られる。

潜在的な市場成長率が高い新興国市場の場合，多くの産業・事業が広域的かつ共時的に上昇することが見込まれるため，事業ポートフォリオが適正に管理されるならば，他業種への進出・投資は相対的絶対的に優位な資本力を有する企業にとっては合理的な行動である。この際，多角化しコングロマリットへ進む当該企業の業種は特に関係ない。本書で食品飲料系会社もしくはFMCGとしたのは，新興国の成長に最も適応した内需型事業の1つであり，通常先進国市場ではコングロマリットになることがイメージしにくい業種・企業だからである。

カンパニーズ・イン・インディアが毎年取り上げているFMCGトップ10企業（売上，時価総額，資産など）を見るとさらに興味深い事実が判明する[15]。上位企業の内，外資系はヒンドゥスタン・ユニリーバ（1933年創業），ネスレインディア，P&Gなどは，本国同様一定の関連多角化や製品レンジの幅広さは見られるものの，これらの外資系多国籍企業は現地で戦略的にコングロマリットへ向かう選択をしてこなかった。現地法人の戦略は本国と世界でのFMCGのブランド優位性を活かしたもので，ヒンドゥスタン・ユニリーバのように農村部市場での石鹸，シャンプーの販売促進向けに一定のローカライズがなされる

ものの，現地の同業他社とは明らかに異なった存在である。

　FMCG に限らず，規制緩和によっても財閥やビジネスグループは異業種への参入を加速させてきた。長い間零細小売業を保護してきた中央政府は，近年小売業の外資への解禁を実施したが，同時に小売業の参入はローカル企業にも参入の機会を広げてきた。タタ，ビルラ，リライアンスなどの上位財閥をはじめとした 2010 年代以降における小売業への参入がそれである。上位財閥の最川下の小売業への参入意欲は強く，インドの場合もこれまで見てきたアジアの財閥と同様小売業が事業ポートフォリオに欠かせなくなっている。同様のことは保険などの金融業でも起きているのである。単独出資にせよ，合弁形態のいずれにせよ，特定業種の規制緩和は既存の財閥・ビジネスグループのさらなる多角化，コングロマリット化を推進する 1 つの契機となっている。

　財閥・ビジネスグループを構成するグループ企業もグループ企業同士のカニバリズム（共食い）や重複投資を避けるために，専業化と一部関連多角化にとどまることも多い。タタ・グループの TCS，食品飲料系ではタタ・グローバルビバレッジがそうである。タタ・グローバルビバレッジは 1964 年創業であるが，半世紀を経てもなお茶，コーヒー，食料品，プランテーション経営（アルコール飲料を除く）など関連多角化を行ってきたが，FMCG の範疇にとどまっている。またグローバルという名前が冠せられているように，内需型事業の性格を超えたインドの大手食品系会社に共通する海外事業展開に対する積極性も強く見受けられる。

　タタ・グローバルビバレッジのブランド（紅茶など）はテトレイ（Tetley）として英国，カナダ，米国でよく知られている。ちなみにテトレイは 2000 年にタタが買収した英国企業であり，タタ・グローバルビバレッジに限らずクロスボーダー M&A はグローバル化を目指すグループ企業にとって大きな武器となってきた。特に当時のラタン・タタ会長在任時の 2000 年代にタタ・グループは，インディアンホテルズ，タタ・コミュニケーションズ（通信，旧 VSNL），TCS，タタ・モーターズ，タタ・スチールなどグループの主力企業のほとんどが積極的なクロスボーダー M&A を敢行し，グループ全体のグローバル化を推し進めてきた。その中でも食品系企業としてのタタ・グローバルビバレッジ

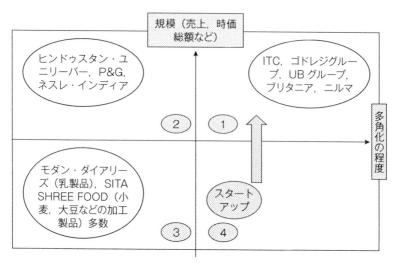

図表7-4 FMCG企業の多角化と規模の分布状況（インド）

（注）第4象限は2017年FMCG企業売上12位以下（www.companiesindia.net/fmcg）
第1象限＝コングロマリット，第2象限＝大規模専業（外資系），第3象限＝中小規模専業志向，第4象限＝中小規模以上多角化志向。
出所：筆者作成。

はグループの中ではやや異彩を放つ存在といえよう。なお国内ではスターバックスとの合弁も行っている。

　図表7-4はインドのFMCG企業の規模と多角化の関係をイメージしたものである。これまで見てきたように多角化の推進力は経営者による「戦略的意思決定」(strategic decision)であることを強調してきた。専業化にとどまるのも同様に「経営者の意思」の問題ということになる。規模が大きくなればどうであろうか？　技術や国際的ブランドにおいて優位性がある外資系FMCG企業は，現地の財閥のように多角化へ乗り出すようなことはなく，むしろローカライズされた製品開発を含めた製品レンジの拡大に重きを置く傾向がある。そして何より重要なことは先進国本社がそうした意思を持っているということであろう。

第 7 章　インド　FMCG 型コングロマリットと財閥の分裂・継承　〇── 213

外資系多国籍企業は第 2 象限にとどまり，多数のローカル企業も専業化を選択し第 3 象限にとどまっている。第 3 象限の FMCG 企業が第 1 象限，すなわちコングロマリットへのコースを歩む可能性がなくはないが，むしろコングロマリット化する FMCG 企業はスタートアップの早い段階から多角化を自社の成長戦略に組み込んでいるケースが多く，コングロマリットへのコースは第 4 象限 → 第 1 象限へ向かうと見た方が妥当であろう。

　ITC の場合はタバコ製造をスタートアップとしており，第 4 象限 → 第 1 象限ととらえることができよう。実際には市場において一定規模に達した多角化志向の企業が複数のコア事業の規模を拡大させ，全体として規模と多角化が並行しコングロマリットになっている。むろんすべての食品飲料系企業あるいは FMCG 企業がこのようなコングロマリットへの道をたどるわけではない。それらの大半は第 3 象限にとどまる多数の規模の小さな専業化志向の FMCG 企業―若干の関連多角化か製品レンジの拡大を限度とする―として市場に存在するのである。

　第 4 象限はコングロマリットとしての規模が欠けており，第 2 象限は規模という条件を満たしてはいるものの，自らの FMCG の範囲内における競争優位性を備えているため，敢えて非関連多角化・コングロマリット化への選択肢を持たないのである。このような傾向はインド市場だけでなく新興国市場全般に見られる傾向であるとともに，必ずしも FMCG 企業だけに当てはまるものでもないのである。

第 4 節　財閥の次のステージは？

▌分裂と継承

　インドの財閥の起源は東・東南アジアの財閥以上に歴史が長い場合もあるため，日本を除くアジア系財閥のプロトタイプと言っても決して過言ではあるまい。実際，老舗財閥に至っては 4〜5 世代目に突入しているケースも稀ではない。東・東南アジアの上位財閥の中には依然として創業者が長寿で存命中に加えて，実質的な経営実権や次期後継者の指名権を握っていることも珍しくな

い。2世代以降についても同じ傾向があり，東アジアの上位財閥は老舗クラスでも創業が20世紀，とりわけ20世紀半ば前後に集中しているケースが多いため，その時間経過の短さから財閥の世襲型経営，所有と経営の分離状況について未だその帰趨を見いだすことはできない。

　これら上位財閥にとってはスムーズな経営トップの交代は，第2，第3創業期に向けた財閥グループのさらなる成長発展期につながる反面，後継者をめぐる争いや相続によるグループ分割によって，規模と範囲が狭まりグループは縮小されたものとなる。そうした現象は早ければ2世代目のところで現れることになる。韓国の現代グループは創業者の死によって，2000年代に入ってから4グループに分裂したし，サムスンも2世代目のところで分家的なCJグループが独立している。インドにおいても現代と同様にリライアンス・グループは兄弟間で2つのグループに分裂している。こうした分裂は対立を内包していることが多く，多くは分裂した状態のままとなっている。

　前掲図表7-1でも示されているように，インドの場合，複数の相続者によって分裂するケースが多く，いずれにしても数世代を経てグループでは分裂もしくは一定のスピンオフが生じる傾向は強い。こうした傾向を回避してきた稀有な例としてタタ・グループの名前を挙げることができる。時間を経ることによってグループ本体が求心力を失う傾向があるのに反して，逆にグループ本体の求心力を弱めることなくコングロマリット・ディスカウントを回避するグループ内組織が存在していることを第1章，第2章で指摘してきた。いずれにせよ財閥の歴史の長さからすれば，インドのケースはアジアの財閥の所有と経営の未分離を前提としたままの行く末を見ていくうえで，参考になり示唆するものが大きいことは明らかである。

　財閥の新旧を問わず後継をめぐって事業資産の分割が起こることは，歴史の長いインドの財閥においては決して珍しいことではない。次に見るリライアンスは第2次大戦後形成された財閥であるが，タタやビルラは英領時代からの老舗財閥であるとともに，規模の面でも元々2大財閥と見なされていた。タタとは対照的にビルラは後継問題で1980年代に分裂し，現在では非鉄金属（アルミ，銅），セメントなどを中心としアパレルを除くと消費財関連の事業を伝統的

に避けてきた。6グループほどある傍系を除けば，直系のアディティヤ・ビルラグループは重化学部門を強みにしているだけに現在においてもその売上規模は約4.5兆円に達し，海外売上高比率も約50％でタタ・グループ同様海外事業にも重きを置いている[16]。

他方で同じ老舗であるタタ・グループは，これまで分裂を回避し後継問題においては専門経営者の台頭という新たなステージに移行しつつある。この違いは後述するように経営組織の違いに求められよう。歴代オーナー経営者による各財団が大株主となっているタタ・サンズなどの持株会社とグループ企業を統括するグループセンターの存在が大きかったことを挙げることができよう。こうした組織構造を有する場合，直系，血縁に関係なくグループ企業の中から最も卓越した専門経営者が選出される可能性を示したものであるといえる。

▌リライアンス・グループのケース　分裂

第2次大戦後生まれた新興財閥の中でも，伝統的な綿紡織業でなく化学繊維をスタートアップ事業としたリライアンス・グループは，タタ・グループに匹敵するほどの大発展を遂げたが，2世代目の世襲において2つに分裂した有名なケースである。1966年にディルブハイ・アムバニ（Dhirubhai Ambani）によって設立されたリライアンス・インダストリーズ（RIL）は，グジャラート州を拠点にポリエステルなどの繊維製造で大きな成功をおさめた後，原料となる川上の石油化学部門に進出し，1982年には社名をリライアンス・テキスタイル・インダストリーズから現在のリライアンス・インダストリーズへ変更し，20年足らずで名実ともにインドを代表する重化学工業型財閥へと発展した[17]。

政府による化繊製造輸出の奨励に対応しデュポンとの合弁による技術導入，アパレル（化繊製品）ブランドの全土的な浸透が初期の成功要因であったが，石油精製・石油化学事業だけでなく，1970年代には金融業にも進出しており，非常に速い段階でコングロマリット化したことは注目に値しよう。2002年に創業者のディルブハイが死去した後，グループは兄のムケシュ（Mukesh）のRILグループと弟のアニル（Anil）のリライアンスADAグループの2つに分裂し，2人の仲たがいはその後のインド実業界だけでなく広く世間一般にも知

られるようになった。

　父親の死去後，家族会議で兄がリライアンス・インダストリーズとIPCL (Indian Petrochemical Corporation) などの主力事業を継承し，弟がエネルギー，通信，金融などの事業を継承し当初は兄弟間で事業の棲み分けが図られた。しかし，後にそうした棲み分けも通信事業などをはじめとして崩れていき，分裂したグループ間での競合関係が生じるようになった。ただ分裂前においてムケシュは後継候補筆頭としてRILの発展拡大を推進しつつ，2006年には既に26％の出資を行っていた国営のIPCLの完全民営化に伴い，グループの傘下子会社としていた。

　こうした事情から分裂後は規模的に兄のムケシュ側が優位であったものの，分裂直後の2005年にはRILを中心としたグループの時価総額とアニルのグループの時価総額はそれほど離れてはおらず拮抗していたが，5年後の2011年にはRIL側の時価総額は4兆円以上に達しアニル側の4倍以上となっていた。ともに通信・重化学・インフラ部門を中心に拡大を続けてきたが，規模と市場シェアでは完全に本家（兄）の側に軍配が上がった格好になっている[18]。このように短期間にリライアンス・グループが老舗のタタ・グループと双璧をなすまでになったのは，やはり資本構成比の高い重化学工業セクターに早い段階で重心を移行させたことにあろう。

　リライアンスは，こうした「重化学工業財閥」という面だけでなく，既に言及したようにリライアンス・リテールを中心に2010年代以降小売部門にも攻勢をかけてきたという特徴を合わせもっている。RIL側の状況を見るならば，2016年末現在においてインド全土で3,500を超える小売店舗網を有している。リライアンス・リテール，リライアンス・フレッシュ，リライアンス・マートなど多くの小売事業を運営し外資系とも数多く提携してきた。小売部門は稼ぎ頭の石油精製部門の9％ほどの売上にすぎないが，潜在的な成長部門として位置づけられている。元々化繊製造からアパレルまでをスタートアップとして成長してきただけに，アパレル部門ではローカルブランド，提携ブランド（ブルックスブラザーズ，ディーゼルなど）を数多く擁し日本の無印良品とも提携している[19]。この他にデジタルサービス（ブロードバンド），ニュース18などのTV

チャンネルの運営・映画製作などのメディア・エンターテイメント事業も事業ポートフォリオに組み込んでいる。

　石油精製・石油化学事業を主力とするため原油・ガソリン価格の下落はRILの単年度売上に大きな影響を与えやすいので，2011 - 2016年の5年平均で見るとその売上規模は日本円換算で約6兆5千億円の規模となる。2016年現在，この売上規模において石油関係の日本企業はなく，東京電力の6兆円を上回る規模となっている。財閥の拡大発展において国営企業の買収は，タタ・グループの国営通信企業のVSLNの買収（現タタ・コミュニケーションズ）に見られるように，また他の新興諸国のケースに見られるように規模の拡大に大きく寄与することになった。

　とかく兄弟間の仲の悪さがメディアに取り上げられやすいが，分裂したままアニル側も相当規模の財閥となっており，分裂後の財閥の事例としては韓国の現代やサムスン同様，非常に規模の大きいものとして今後の後継問題が注目されよう。

タタ・グループのケース　継承

　財閥の継承事例として，老舗かつ最上位財閥で経営的に安定と発展を保ってきたタタ・グループは，新興諸国の財閥の未来を展望する上で最も示唆的なものであろう。1991年から2012年まで，すなわち経済自由化から2000年代を通じて，グループのグローバル化と発展に貢献してきた会長ラタン・タタは2012年の引退を表明していたために，当時内外で多くの後継候補の名前が挙がっていた。グループの持株会社であるタタ・サンズの会長こそがグループの総帥ということになるわけで，当時43歳のサイラス・ミストリー（Cyrus P. Mistry）が会長に選出されたことは，これを予測したメディアがほとんどなかったため，内外から意外な抜擢と受け止められていた。

　当時70歳代前半だったラタンから経営トップの若返りが図られるとともに，サイラス自身もタタの名を冠しない初めての会長であった。サイラスはインド国内ではゼネコン，インフラ建設で有名なシャプルジ・パロンジー（Shapoorji Pallonji）・グループの後継者であったため，両グループのシナジーも当初は期

待されていたようであった。厳密にはサイラスはラタンの異母弟ノエル・タタの夫人の実弟であるため，外戚と位置づけられる。ワディア・グループもタタ・グループとは遠縁にあたるといわれており，血の紐帯は第1章で見たように姻戚・外戚を外延部に築きそのサークルは世代を経ることで大きくなるが，最後の外延部には専門的経営者が位置することになり，外へ向かう円周ほど血は希薄になる。サイラスが会長に指名された当時，彼の親世代からタタ・グループとは親密な関係にあり，サイラス側はタタ・サンズの株式を18％保有していたことも指名の背景にあった。

ラタン・タタは当時，後継候補についてタタファミリーにこだわらず，外国人も含む専門経営者層の可能性も示唆していた。その後，2016年にサイラスとタタ・サンズの経営陣の間で内紛が生じ，10月には再びラタンが会長職に復帰しサイラスはタタ・サンズの会長を解任されるに至った。そしてラタンは暫定会長として，7代目の会長としてグループの中核企業の1つであるTCSのCEOであったナタラジャン・チャンドラセカラン（Natarajan Chandrasekaran：53歳）を指名した。この指名はタタ・グループにとってまったく創業家とつながりのない専門経営者をトップに据えたことと，インド特有の同じビジネスコミュニティ，パールシィでなかったことで画期的であるとともに，グループの歴史において象徴的な出来事となった。

こうした所有と経営の分離，専門経営者の登用は既にサイラス指名前にも予兆があった。アジアでも最も古い財閥の1つであるタタ・グループは5代目を経て新たなステージに入ったわけであるが，それでももはや財閥ではないと断定することはできない。そのためにはファミリーによる多数所有が終焉を迎える必要があることは言うまでもない。バリー・ミーンズ流に条件を付けるとしたら株式所有の分散化，さらには持株会社の公開化が大きな指標となろうが，実はこうした方向に一気に進むことは考え難い。むしろ先進諸国で見られるような創業家の影響力を残したまま，専門経営者化が定着した企業のような形態を今度は続けていくと考えられる。

サイラスが解任された理由はタタ・サンズを中心とした周辺経営陣との不和とされているが，決定的な出来事としては事業資産の売却やM&AとJV事業

を通じての失敗が大きく響いたとされている。鉄鋼事業における複数年にわたる中国の過剰生産の影響を受けて，サイラスは英国のタタ・スチールに早めに見切りをつけて売却を進めようとしたこと，同じくNYのインディアホテル，インドネシアの石炭鉱山の売却についても，もう1つの持株会社であるタタ・トラストの経営陣が不信感を抱いたことやタタ・パワーを通じて国内のウェルスパン（Welspun）・グループから買収した代替エネルギー事業が高すぎたという疑念が生じていたことである。

　もう一つ致命的だったのは日本のNTTドコモとのJVの失敗である。バールティ・エアテルを筆頭にして国内の通信キャリア間での競争の激しさに起因したものであったが，当初は成長市場でのJVとしてNTTドコモ側は2008年に22億ドルの投資を行い，約25％の出資でタタ・テレサービシーズ側とタイアップし「タタドコモ」のブランド名で2009年に通信サービスの提供を開始した。しかし，当初の目論見ははずれ業績は赤字が続いた。この事業にはドコモ側が2014年3月期にタタ側が所定の業績を達成できない場合，株式の取得価格の50％または適正価格でドコモの保有株売却の仲介をタタ側に要求できるというオプションが備わっていた。

　しかしながら，実際には国内の複雑な手続き上の障害が重なって，ドコモ側は損失を被りながらオプション行使ができなかったため，この問題はドコモ側によるロンドン国際仲裁裁判所への仲裁申し入れにまで至った。JVが紛争案件になったこととタタ側による解決能力への疑問が，サイラスの経営手腕に対する経営陣の疑念をさらに高めることになった。

　サイラスがトップに就任した後の2016年には，グループ全体の売上は12兆円近くに上り，海外売上高比率は70％に達するグローバルなコングロマリットであった。ラタンの会長就任期間（1991 - 2012）の年間売上高成長率19.2％に対して，サイラスの就任期間（2012. 12 - 2016）の同 8.5％を比較すれば見劣りすることは避けられないが，時価総額（上場企業分）の成長率（前者は14.3％，後者は15.1％）からすれば，グループ全体のパフォーマンスに大きな差はなかった。サイラスの場合，短期の就任期間であったが，個別の事業案件を通じた既存経営陣のサイラスに対する不信感が拭えなかったことだけは確かであろ

う[20]）。

　他方サイラス側はタタ・グループの独立取締役を兼任しているワディア・グループの会長ヌスリ・ワディアとタタ・グループに対する経営の透明性，コーポレートガバナンスの改善を要求しており，こうした内部からの声を含めてタタ・グループがどのように次のステージに踏み出すのかはサイラス後の新会長の手腕と経営体制に委ねられることになった[21]）。

　多くのメディアが伝えてきたように，2017年の専門経営者トップの誕生は，グループ内で最も貢献し高いパフォーマンスを達成したチャンドラセカランを選出した。グループへの貢献度を見ると，TCS自体はチャンドラセカランが2009年にCEOに就任する以前から既にグループ内のITサービス・ソフトウェア企業として花形（スター）的な存在であった。その花形な位置をさらに躍進させる功績を上げたのが同氏であった。

　チャンドラセカランは会長指名前の2016年にはタタ・サンズの役員に指名されるとともに，中央銀行であるインド準備銀行（Reserve Bank of India）の役員にも指名されていた。この年までにTCSは約1.8兆円（165億ドル）の売上を達成し37万人以上のITコンサルタントを雇用し，その時価総額は約7.7兆円（700億ドル）にのぼっていた。そしてグローバルITサービス企業としてTCSは世界のトップブランドとなっていた。またグループの生え抜きとしてチャンドラセカランは南部のタミルナドゥ，トリチィのリージョナルエンジニアリングカレッジにおいて応用コンピュータを専攻し修士を得た後，1987年にグループ企業に入社しており，約30年のキャリアを有していた[22]）。

　このようにタタ・グループを代表する会長として，チャンドラセカランはファミリー以外の候補者として既に年齢・グループ内のキャリアと実績では条件を満たしていたといえる。ただしタタ・グループの所有と経営の分離はまだ最初のステージであり決して安定的ではない。コングロマリット内のグループ経営をうまくとりまとめているといわれるグループセンター（タタの場合，グループ・コーポレートセンター）が今後も経営トップとの関係から安定的で効率的な組織としてコングロマリットを運営していけるか否か，という問題もある。複数のタタ財団が持株会社のオーナーである以上，経営トップはオーナー支配

下においてファミリー内から再び選出される可能性もある。したがって，今回の継承は，あくまでも「財閥」内における経営改革の一環として見なすことができよう。こうした傾向と新しいステージは世襲に基づいた世代交代の後，アジアの財閥の次のステージを予見させるものでもあろう。

第5節　結　論

　前半で焦点を当てたのは，FMCG型企業のコングロマリットへ向かう多角化の戦略性の有無の問題であった。ワディア，ITC，UBグループ，ニルマのいずれにおいても異業種を組み込むことで，戦略的意思決定があったことを確認することができた。UBグループのような戦略的な失敗も見られるものの，ITCのように規模と範囲がきわめて広い戦略的，ポートフォリオ的に見ても成功した事例は東・東南アジアの上位財閥に匹敵し，しかもITCは財閥ではなかった。

　後半で取り上げたリライアンスでも，川上部門への垂直的統合とシナジーを目的とした関連多角化だけに限らず，（将来期待を含む）利益指標の高さに基づいた非関連多角化による規模と範囲の拡大を確認することができた。多角化戦略を通じて世界有数のビジネスグループへと発展したものの，継承という点では2世代目で分裂しており，分裂の可能性はこのステージでも可能性があるということをタタ・グループの継承ケースの対極として見てとることができよう。

　最後にタタという老舗財閥における所有と経営の分離を通じた専門経営者トップの登場に至るケースを取り上げた。タタの事例を新興国財閥の帰結と見るならば，いわばアングロサクソン型といえる所有と経営の分離の進展にはなお一定の留保が必要とされよう。持株会社や所有構造をベースに創業者一族・オーナー一族が「所有権」を確保している限り，トップ経営者の選出からそのモニタリングに至るまで，第一義的に株主であるオーナー一族とトップマネジメント間での利益相反を含むエージェンシー問題の潜在的発生の可能性が残っているからである。

オーナー所有（資本）と専門経営者（経営）という体制は，むしろ2つの側面でのオーナー一族の経営への関与の持続を担保していることを意味している。上述の利益相反が発生した場合，トップマネジメントの解任は実質的には専門的経営者集団としての役員会によってなされるのではない。トップマネジメントの指名選出権も解任権も事実上オーナー一族が掌握していることが1つ目の意味するところであり，オーナー所有（資本）と専門経営者（経営）という「コンビネーション経営」はオーナーシップ経営の持つ強みを維持させることが2つ目の意味するところである。したがってオーナー一族からのトップの選出というオプションも残されたままとなっている。

◇注◇

1) 以下沿革，企業情報についてはワディア・グループのウェブサイト，年次報告書を含むIR資料による。
2) 19世紀後半のボンベイにおける綿紡織業の勃興と起業ブームについては複雑な歴史的背景があり，単純に輸入代替型・内需型産業であったとは言い難い側面があった。幕末期に日本に大量に流入した外国産綿布は英国産ではなくボンベイ産が多かったことに示されるように，当初から外需向け生産が多くを占めていた。詳細はCf. 澤田（2003）。
3) データは関係各社2016年の年次報告書より。
4) ヤクルトニュースリリース 2005.4.26 より。
5) 以下沿革，企業情報についてはUBグループ，グループ企業ウェブサイト，年次報告書を含むIR資料による。
6) Indian banks seek to dethrone King of the Good times, Financial Times Weekend, March 13, 2016.
7) 『ウォール・ストリート・ジャーナル』日本版，オンライン「キングフィッシャーの苦境，インド航空業界のリスクを露呈」2012.3.23．
8) 以下沿革，企業情報についてはITCウェブサイト，年次報告書を含むIR資料による。なおITCの株式の1／3以上は政府系保険会社などが保有している。
9) 帝羽ニルマラ純子（2014）「インド老舗たばこ企業のサプライチェーン革命　100年企業の「ITC」が成し遂げた大変革！」東洋経済オンライン版, 2014.10.30（www//toyokeizai.net/articles/-/51958?page=2).

10) たとえば ITC, ブリタニア以外にもタタ・グローバルベバレッジ, パール・プロダクツなどの大手食品系メーカーは早くから中東, 欧州へ進出しているケースが多く, 海外展開は共通の成長戦略となっている。新井編（2015）p.125。
11) ITC Limited, One of India's Most Admired and Valuable Companies, 2016 年プレゼンテーション資料より。
12) 以上 ITC, *Report and Accounts 2016* より。
13) 企業沿革と情報はニルマのウェブサイトより。
14) Fundoodata.com の FMCG 各企業リストより（www.fundoodata.com/grounddata）2017.2.24 閲覧。
15) Companies in India, top 10 FMCG companies of India 2017（www.companiesinindia.net/fmcg）2017.2.24 閲覧。
16) アディティヤ・ビルラのウェブサイトより。
17) 以下 RIL ウェブサイト, 澤田（2011）第 4 章による。
18) The Return of Brotherhood, *India Today*, p.23.
19) 以上 RIL, *Annual Report* 2016, プレゼンテーション資料より。
20) 以上グループデータを含めサイラスをめぐる記述については, Cf. Prosenjit Datta and others（2016）pp.20-30. 「NTT ドコモの誤算, インド投資撤退に難航」東洋経済オンライン, 2015.1.10（www//toyokeizai.net/articles/-/57643）
21) 代表的なインド経済紙エコノミックタイムズは, ヌスリをタタ・グループ企業の役員会に長い間君臨してきた「ご意見番」として, 鎧をつけた侍の恰好（合成写真と思われる）をしたヌスリの写真を掲載し, タタ・スチール, タタ・ケミカルで 30 数年以上, タタ・モーターズでの 20 年近くの独立役員としてのキャリアの長さを紹介している。過去のタタ・グループ企業の経営危機時, たとえばタタ・スチールの経営トップの後継争いのときにラタン・タタをサポートしたなどの複数の功績もあって, ヌスリはタタ・グループの中で特別なポジションを得ているという。Corporate samurai : Has Nusli Wadia been on Tata boards for too long? Economic Times, Dec 13, 2016, オンライン版。
22) 『日本経済新聞』2017.1.14, 「新生タタ, 多難の船出」チャンドラセカランに対する評価はグループ内では高いが, いわゆるグループ経営への関与ということでは, タタ・サンズへの役員就任が会長就任の前年であったことからもわかるように, 「大きな挑戦」と報道されている。

◆ 参考文献 ◆

Achi Zafer, Chipper Boulas, Ian Buchanan, Jorge H. Forteza and Lando Zappei (1998) "Conglomerates in Emerging Markets : Tigers or Dinosaurs?", *Strategy+Business, Second Quarter, Issue 11*.

Amran noor Afza, Ayoib Che Ahmd (2010) "Family Succession and Firm Performance among Malaysian Companies", *International Journal of Business and Social Science, Vol.1 No2;November*.

Amsden Alice H. (1989) *Asia's next giant : South Korea and late industrialization*, New York, Oxford University Press.

Barney Jay B. (2002) *Gaining and Sustaining Competitive Advantage*, Pearson Education Inc.（岡田正大訳『企業戦略論【下】全社戦略編　競争優位の構築と持続』ダイヤモンド社，2003年）.

Berle, A. A. & G. C. Means (1933) *The Modern Corporation and Private Property*, New York, The Macmillan Company（北島忠男訳『近代株式会社と私有財産』文雅堂書店, 1958年）.

Bertrand Marianne, Simon Johnson, Krislert Samphantharak and Antoinette Schoar (2008) "Mixing family with business : A study of Thai business groups and the families behind them", *Journal of Financial Economics 88*.

Bhatia Aparna and Anu Thakur (2016) "Diversification strategies in the changing environment : empirical evidence from Indian firms", *Transnational Corporations Review, Volume 8, Issue 2*.

Brahmana Rayenda Khresna, Doddy Setiawan and Chee Wooi Hooy (2014) "Diversification Strategy, Ownership Structure, and Firm Value : a study of public-listed firms in Indonesia", MPRA (Munich Personal RePEc Archive) paper 64607 (https://mpra.ub.uni-muenchen.de/64607/1/MPRA_paper_64607.pdf#search=%27diversification+strategy+ownership++indonesia%27).

Brown, R. A. (2004) "Conglomerates in contemporary Indonesia: Concentration, crisis and restructuring", *South East Asia Research, Vol.12, No3*.

Chandler, Alfred D. Jr. (1990) *Scale and Scope：The Dynamics of Industrial Capitalism*, Cambridge, Harvard University Press（阿部悦夫他訳『スケール・アンド・スコープ 経営力発展の国際比較』有斐閣，1993年）.

Chanyaporn Chanjaroen and William Mellor (2013) "Billionaire Kuok Says His Empire Can Last Generations", Bloomberg Markets, February 1, 2013 (http://www.bloomberg.com/news/articles/2313-01-31/billionnaire-kuok-says-his-empire-can-last-g).

Christiningrum MF. (2015) "Effect of Diversification Strategy, Leverage and IOS on Multi Segment Corporate Performance in Indonesia", *Mediterranean Journal of Social Sciences, Vol6 No 5 S5*.

Coase, R. H. (1937) "The Nature of the Firm", *Economica, Nov*（宮沢健一，後藤晃訳『企業・市場・法』東洋経済新報社，1992年）.

Gerschenkron Alexander (1962) *Selection of Essays from Economic Backwardness in Historical Perspective and Continuity in History & Other Essays*, Cambridge, Harvard University Press（絵所秀紀他訳 『後発工業国の経済史―キャッチアップ型工業化論―』ミネルヴァ書房，2005年）.

Gutierrez Ben Paul B.and Rafael A.Rodriguez (2013) "Diversification Strategies of Large Groups in the Philippines", *Philippine Management Review Vol.20*.

Hemmert Martin (2012) *Tiger Management:Korean Companies on World Markets*, Routledge（林廣茂，長谷川治清監訳『俊敏・積極果敢なタイガー経営の秘密　グローバル韓国企業の強さ』白桃書房）.

Hing, Lee Kam, Cheong Kee Cheok and Lee Poh Ping (2013) "Robert Kuok：Family, Dialect, and State in the Making of a Malaysian Magnate", *Australian Economic History Review, Vol.53, No3*.

Hoskisson, Johnson, Tihanyi and White (2005) "Diversified Business Groups and Corporate Refocusing in Emerging Economies", *Journal of Management, Vol.31. No6, December*.

Huei Ng Sin (2014) "How does group affiliation affect the diversification performance of family controlled firms in Malaysia? ―A Governance Perspective", *Asian Academy of Management Journal of Accounting and Finance, Vol.10, No.2*.

Johansson,A.C. (2014) "Political Change and the Business Elite in Indonesia", Stockholm School of Economics, Asia Working Paper, No.34.

Ibrahim Haslindar, and Fazilah Abdul Samad (2010) "Family Business in Emerging Markets：The Case of Malaysia", *African Journal of Business Management, Vol.4 (13)*, 4 October.

Kali Raja and Jayati Sarkar (2005) "Diversification, Propping and Monitoring : Business Groups, Firms Performance and the Indian Economic Transition", IGIDR, Working Paper Series No.WP-2005-006.

Koichi Kato (2016) "Lotte group faces its biggest crisis since entering South Korea", Nikkei Asian Review, June 16, 2016.

Kotler Philip, Kevin Lane Keller (2005) *Marketing Management*, Prentice Hall, 12th edition (恩藏 直人監修, 月谷直紀訳『コトラー＆ケラーのマーケティング・マネジメント』第12版, 2014年).

KURTOVIĆ Safet, Boris SILJKOVIĆ and Boban DAŠIĆ (2013) "Conglomerate Companies as Emerging Markets Phenomenon", *Fascile of Management and Technological Engineering Issue #2, September*.

Landes David S. (2006) *Dynasties : Fortunes and Misfortunes of the World's Great Family Businesses*, New York, Viking (中谷和男訳『ダイナスティ　企業の繁栄と衰亡の命運を分けるものとは』PHP研究所, 2007年).

Lingga, V. (2014) "How Salim Group reemerged from near bankruptcy to vast conglomerate", The Jakarta Post, June 9, 2014.

Lins Karl V. and Henri Servaes (2002) "Is Corporate Diversification Beneficial in Emerging Markets?", *Financial Management, Summer*.

Mohindru Aparna and Subhash Chander (2010) "Diversification Strategy and Corporate Performance in India : An Empirical Investigation", *Asia-Pacific Business Review, Vol. VI, No.3*.

Pananond Pavida (2004) "Mitigating Agency Problems in Family Business : A Case Study of Thai Union Frozen Products", IDE (www.ide.go.jp/English/Download/working/pdf/2004_thai.pdf).

Prasad, S and others (2010) "Indian Family Business", *Forbes India, Oct 22*.

Prosenjit Datta and others (2016) "The Cyrus Mystery", *India Today, November 7*.

Purkayastha Saptarshi (2013) "Diversification Strategy and Firm Performance Evidence from Indian Manufacturing Firms", *Global Business Review 14 (1) 1-23*.

Purkayastha, Manolova and Edelman (2012) "Diversification and Performance in Developed and Emerging Market Contexts : A Review of the Literature", *International Journal of Management Reviews, Vol.14*.

Ramachandran, Manikandan, Pant (2013) "Why Conglomerates Thrive (Outside the US)", *Harvard Business Review*, December (ダイヤモンド・HBR編集部訳「新興国の企業グ

ループに学ぶ　コングロマリット経営を再評価する」『Diamond Harvard Business Review』May 2014).

Rama Marie dela (2010) "The Dominance of Family-Owned Business Groups in the Philippines", 24th Annual Australian and New Zealand Academy of Management Conference (ANZAM) (https://opus.lib.uts.edu.au/bitstream/10453/16647/1/2009008646.pdf#search=%27the+dominance+of+familyowned+business+groups++++++++Marie%27).

Ramachandran, K. (2005) "Indian Family Businesses: Their Survival Beyond Three Generations",Working Paper Series, Indian School of Business.

Rumelt, R. P. (1974) *Strategy, Structure and Economic Performance*, Harvard Business School (鳥羽欽一郎他訳『多角化戦略と経済効果』東洋経済新報社，1977 年).

Sapovadia Vrajlal (2012) "Corporate Governance Issues in Indian Family-Based Businesses", MPRA (Munich Personal RePEc Archive) Paper No.55226. April.

Sato Yuri (1993) "The Salim Group in Indonesia: The Development and Behavior of the Largest Conglomerate in Southeast Asia", *The Developing Economies, XXXI-4*.

— (2004) "Corporate Governance in Indonesia: A Study on Governance of Business Groups", Yasutami Shimomura (edited) *The Role of Governance in Asia*, Institute of Southeast Asian Studies, Singapore.

Schlothauer Manuel, Wilhaus Denise (2016) "Lotte: A Case Study on Market Entries Through Acquisition", Segers, Rien T. (ed), *Multinational Management, A Casebook on Asian's Market Leaders*, Springer.

Schwass Joachim (2005) *Wise Growth Strategies in Leading Family Business*, Macmillan (長谷川博一他訳『ファミリービジネス　賢明なる成長への条件　傑出した世界のベストプラクティス』中央経済社).

Shanker Kripa (1989) "Characteristics of Diversification in Indian Industry", *Economic and Political Weekly, Vol.24, No.22*.

Siagian, F. T. (2011) "Ownership Structure and Governance Implementation: Evidence from Indonesia", *International Journal of Humanities and Technology, Vol.1, No.3*.

Stewart Alex and Michal A. Hitt (2015) "Why can't a family business be more like a nonfamily business? Modes of professionalization in family firms", P. Sharma and L.Melin (ed) *Family Business, Volume IV, Governance and Behavioral Issues in Family Businesses*, Sage reference, Los Angeles.

Stewart Thomas A. and Anand P. Raman (2008) "Finding a Higher Gear", *Harvard Business Review, July-Aug* (松本直子訳「マヒンドラ＆マヒンドラ　連邦経営のビジョ

ン」『ダイヤモンド・ハバード・ビジネス・レビュー』ダイヤモンド社，2008年12月）．
The World Bank（1993）*The East Asian Miracle:Economic Growth and Public Policy*, A World Bank Policy Research Report（白鳥正喜監訳『東アジアの奇跡―経済成長と公共政策』東洋経済新報社）．
Tongli, L., Ping, E. J. and Chiu, W. K. C（2005）"International Diversification and Performance：Evidence from Singapore", *Asia Pacific Journal of Management, Volume, 22, Issue 1.*
Untoro Wisnu, Reza Rahardian（2015）"Firm Size and Diversification Strategies：Does Labor Intensity Matter?", *Corporate Ownership & Control, Volume 12, Issue 4.*
Yudiyatno, Dwi Irfan and Ratna Wardhani（2015）"The Effect of Business Diversification on the Level and Volatility of Future Performance with Agency Cost as Moderating", Conference Paper: Simposium Nasional Akuntansi XVIII, At Universitas Sumatera Utara-Medan, Volume：XVIII
(http://lib.ibs.ac.id/materi/SNA%20XVIII/makalah/071.pdf#search=%27business+diversification+indonesia+pdf%27).
Yabushita Natenapha Wailerdsakl, Akira Suehiro（2014）"Family business groups in Thailand：coping with management critical points", *Asia Pacific Journal of Management, Volume 31, Issue 4.*
青木葉子（2006）「インドネシア華僑・華人研究史―スハルト時代から改革の時代への転換―」『東南アジア研究』京都大学東南アジア研究所，43巻4号。
安倍誠（2011）『韓国財閥の成長と変容　四大グループの組織変容と資金配分構造』岩波書店．
新井ゆたか編著（2015）『Next Marketを見据えた食品企業のグローバル戦略』ぎょうせい。
アン・グラハム（2010）富永和利，唐木明子監訳「善良すぎて潰せない―タタ・グループの歴史」*Booz & Company Management Journal Vol.14, Summer.*
石井淳蔵，加護野忠雄，奥村昭博，野中郁二郎（1996）『経営戦略論』有斐閣。
岩崎育夫（2013）『物語　シンガポールの歴史　エリート開発主義国家の200年』中公新書。
桂木麻也（2015）『ASEAN企業地図』翔泳社。
木原高治（2012）「フィリピンにおける企業支配構造と企業統治問題―財閥制度の検討を中心に―」『東京農大農学集報』57（1）。
小池賢治（1993）「フィリピンの財閥―財閥の政治化現象とその帰結―」小池，星野妙子編『発展途上国のビジネスグループ』第5章，アジア経済研究所。
小西鉄（2016）「インドネシア経済史におけるバクリーグループの合理性―金融自由化の進

展と政治コネクションの変容による作用―」京都大学東南アジア研究所，『東南アジア研究』54巻1号．
小西史彦（2017）『マレーシア大富豪の教え』ダイヤモンド社．
齋藤純（2014）「フィリピン企業金融における財閥グループの役割―財閥経済としてのフィリピン―」一橋大学博士（経済学）学位論文．
齋藤卓爾（2006）「ファミリー企業の利益率に関する実証研究」『企業と法創造』早稲田大学21世紀COE≪企業法制と法創造≫総合研究所．
澤田貴之（2003）『アジア綿業史論 英領期末インドと民国期中国の綿業を中心として』八朔社．
― （2011）『アジアのビジネスグループ―新興国企業の経営戦略とプロフェッショナル―』創成社．
― （2013）「「超多角化」と台湾のビジネスグループ」名城大学総合研究所『紀要』No.18．
― （2017a）「食品飲料系事業会社のコングロマリット化について―ロッテグループの事例を中心にして―」『名城論叢』第17巻第4号，名城大学経済・経営学会（本書第2章に該当の初出論文，本書では大幅改定している）．
― （2017b）「台湾の食品系コングロマリットと日本企業のアライアンス」佐土井有里編著『日本・台湾産業連携とイノベーション』創成社，所収．
― （2017c）「フィリピンのコングロマリットと多角化戦略―JGサミット・グループとサンミゲル・グループを中心にして―」『名城論叢』第18巻第1号，名城大学経済・経営学会（本書第3章に該当の初出論文，本書では大幅改定している）．
鍾淑玲（2005）『製販統合型企業の誕生 台湾・統一企業グループの経営史』白桃書房．
鍾淑玲（2009a）「台湾市場における小売国際化―流通の近代化との関連性」向山雅夫他編著『小売企業の国際展開』中央経済社．
鍾淑玲（2009b）「食品流通チャネルの生成と発展 台湾系2社の比較事例研究」矢作敏行他編著『発展する中国の流通』白桃書房．
末廣昭，南原真（1991）『タイの財閥 ファミリービジネスと経営改革』同文舘．
末廣昭（2006）『ファミリービジネス論 後発工業化の担い手』名古屋大学出版会．
末廣昭編（2002）『タイの制度改革と企業再編 危機から再建へ』アジア経済研究所．
須貝信一（2011）『インド財閥のすべて 躍進するインド経済の原動力』平凡社．
鈴木有理佳（2015）「フィリピンの企業グループ」柏原千英編『フィリピン企業の投資・資金調達行動に関する実証分析』調査研究報告書，アジア経済研究所．
タニン・チャラワノン（2016）「私の履歴書」⑮㉒㉔『日本経済新聞』．
鄭安基（1999）「韓国の30大財閥と「企業グループ」」京都大学経済学会『経済論叢』第164

巻第3号。

ハ・ジへ著, ハ・ジョンギ訳 (2012)『ロッテ 際限なき成長の秘密』実業之日本社。

半田博愛 (2016)「タイ小売企業の海外展開と日系企業への影響」三菱UFJリサーチ＆コンサルティング, グローバルレポート, 2016年6月24日。

東茂樹 (2005)「アジア企業の海外投資－タイのCPグループ, 中国華源集団を事例として」日本国際経済学会第64回全国大会共通論題第2報告論文。

久松亮一 (2012)「アジア市場の一体化を見据えた華人企業―ロバート・クオック（郭鶴年）グループを例に―」『アジ研ワールド・トレンド』No.201, JETROアジア研究所。

増田辰弘, 馬場隆 (2013)『日本人にマネできないアジア企業の成功モデル』日刊工業新聞社。

三上敦史 (1993)『インド財閥経営史研究』同文館出版。

湊照宏 (2015)「台湾宅配便市場の創造と拡大」橘川武郎他編著『アジアの企業間競争』第1章, 文眞堂。

森川英正 (1980)『財閥の経営史的研究』東洋経済新報社。

山本博史 (2004)「タイのブロイラー産業―FTA交渉と鳥インフルエンザ問題のなかで―」『農林金融』2004.4。

吉原英樹・佐久間昭光, 伊丹敬之, 加護野忠雄 (1981)『日本企業の多角化戦略』日本経済新聞社。

社 史

株式会社ロッテ (1998)『ロッテ50年の歩み』

各ビジネスグループのウェブサイト, IR資料（JVは省略）など, 旗艦企業のみ

第1章

マヒンドラ・グループ（インド）

 Mahindra (www.mahindra.com)

統一企業グループ（台湾）

 Uni-President（統一企業）(www.unipresident.com)

第2章

ロッテグループ

 Lotte (www.lotte.co.kr/eng103_invest/inv_financial_statement.jsp)

農心グループ
　　Nongshin（www.jp.nongshin.com/main/index）
CJ グループ
　　CJ Group（www.english.cj.net/ir/notice/pt/pt.asp）

第3章
JG サミット・グループ
JG Summit（www.jgsummit.com.ph）
Cebu Pacific（www.cebupacificaircorporation.com）
Robinsons Land Corporation（www.robinsonsland.com）
URC（www.urc.com.ph）
Manila Electric Company（MERALCO：Manila Electric Railroad and Light Company ※旧名）（www.meralco.com.ph）
サンミゲル・グループ
San Miguel Corporation（www.sanmiguel.com.ph）
San Miguel Brewery（www.sanmiguelbrewery.com.ph）
Ginebra San Miguel（www.2015.ginebrasanmiguel.com）
San Miguel Pure Foods（www.sanmiguelpurefoods.com）
Petron Corporation（www.petron.com/web/）

第4章
サハ・グループ
　　Thai President Foods（www.mama.co.th）
セントラル・グループ
　　Central Group（www.centralgroup.com）
シンハー・グループ
　　Singha corporation（www.boonrawd.co.th/singha-corporation/en/singha-home.php）
TCC グループ
　　TCC Group（www.tccholding.com）
　　Thai Beverage（www.thaibev.com）
　　Frasers Centrerpoint（www.fraserscentrepoint.com）
タイユニオン・グループ
　　Thai Union group（www.thaiunion.com）

ミトポン・グループ
 Mitr Phol Group（www.mitrphol.com）
CPグループ
 CP Group（www.cpgroupglobal.com）
 CPF（www.cpfworldwide.com）
 CP All（www.cpall.co.th）
 True（www3.truecorp.co.th）

第5章
サリムグループ
 First Pacific（持株会社）（www.firstpacific.com）
 Indofood（www.indofood.com）
 Metro Pacific（www.mpic.com.ph）
 First Pacific Company Limited, Annual Report, Presentation 資料各年。
 Indofood, Annual Report, Presentation 資料各年。
ウィングスグループ
 Wings Corporation（www.wingscorp.com）

第6章
ファーイースト・グループ
 Far East Organization（www.fareast.com.sg）
 Yeo Hiap Seng（www.yeos.com.sg）
 Tsim Sha Tsui Properties（www.sino.com）
ホンリョン・グループ
 Hong Leong Group Singapore（www.honleong.com.sg）
 Hong Leong Group Malaysia（www.hongleong.com）
クオック・グループ
 Kerry Group（www.kerrygroup.com）
 First Pacific（www.firstpacific.com）
 PPB Group（www.ppbgroup.com）
ウサハ・テガス・グループ
 Maxis（www.com.my）

タクラル・グループ
    Thakral Corporation（www.thakralcorp.com）

第7章
ワディア・グループ
    Wadia Group（www.wadiagroup.com）
    Britannia（www.britannia.co.in）
UBグループ
    UB Group（www.theubgrouo.com）
ITCグループ
    ITC（www.itcportal.com）
ニルマ
    Nirma（www.nirma.co.in）
リライアンス・グループ
    RIL（www.ril.com）
タタ・グループ
    Tata（www.tata.com）

企業データ

Nikkei Asian Review（www. asia.nikkei.com/Company）

◆ 索　引 ◆

A－Z

BCA ……………………………… 139
BCG ……………………………… 49
BDO ユニバンク ………………… 63
CDL ……………………………… 167
CJ E&M …………………………… 43
CJ グループ …………………… 8, 38
CJ 第一製糖 ……………………… 42
CPF ……………………………… 118
CP オール ……………………… 123
CP グループ …………………… 25, 93
CP フーズ ………………………… 36
CT コープ・グループ ………… 134
e-チョウパル …………………… 203
E マート ………………………… 26
F&N ………………………… 107, 108
FMCG …………………………… 20
FMCG 型コングロマリット … 29, 65, 197
GT キャピタル・グループ …… 62, 86
ITC ……………………………… 202
JG サミット・グループ ………… 62
JG サミット・ホールディングス … 66
LG 生活健康 ……………………… 44
LT グループ ……………………… 62
MNC グループ ………………… 132
NAIC …………………………… 92
NRI ……………………………… 178
P&G ……………………… 152, 210
PLDT …………………………… 86
PPB グループ ………………… 171
PPM …………………………… 137
SAB ミラー ……………………… 82
SK テレコム ……………………… 15
SM グループ …………………… 5, 63
strategic decision ……………… 212
TCC グループ ………………… 93, 105
TCS …………………………… 211
TPF ……………………………… 99
True …………………………… 122
TSC ……………………………… 19
TUF …………………………… 112
TUF グループ …………………… 93
TVS …………………………… 196
UB グループ …………………… 194
UOB グループ ………………… 166

ア

アサヒグループホールディングス …… 28
アジア・パシフィック・ブリュワリー … 108
アジア NIEs ……………………… 91
アジア通貨金融危機 …………… 129
アストラインターナショナル … 132
アーナンダ・クリシュナン …… 179
アーナンド・マヒンドラ ………… 17
アモーレ・パシフィック ………… 23
アヤラ …………………………… 61
アヤラランド …………………… 61

アリババ	126	キャピタランド	110
アリババ・グループ	171	キリン	21
アリペイ	126	キリンHD	82
アルファマート・グループ	132, 133	キングフィッシャー	199
アンソニー・サリム	133, 134, 135	キングフィッシャー・エアラインズ	200
アンハイザー・ブッシュ・インベブ	82	クェック・レン・チャン	165
イオン	72	クェック・レン・ベン	165
伊藤忠	126	グダンガラム・グループ	133
インテグレーション方式養鶏	117	グッドマン・フィールダー	151
インドセメント	139	グリコ	21
インドフード	36, 101	グループ・コーポレートセンター	220
インドマレット	146	グループ経営	22
インドラマ・グループ	134	グループセンター	54, 220
インフォシス	8	クローニー	63
インペリアル・タバコ・カンパニー	202	グローバルパワー	83
ウィプロ	19, 210	グローブテレコム	150
ウィングス・グループ	133	グンゼ	97
ウサハ・テガス・グループ	178	現代グループ	8
エアインディア	201	高清愿	27
エージェンシー問題	11	後発性の利益	16
エディ・カツアリ	152	コカ・コーラ	20, 21
エデュアルド・コファンコ	79	ゴコンウェイ	65
オイシ・グループ	107	ゴードン・ウー	6
オイルパーム	137	コングロマリット・ディスカウント	12
オクトジェネリアン	6	コングロマリット・プレミアム	34
		コンビネーション経営	222

カ

華人系ネットワーク	178		
金の生る木	138		
カリマニス・グループ	137		
カルタール・シン・タクラル	181		
カルビー	36, 152		
カルベ・ファーマ・グループ	133		
康師博(カンシーフー)	30, 101		
官治金融	59		

サ

サイアムセメント	14
サイアムモーター	96
サイラス・ミストリー	217
サウス・チャイナ・モーニングポスト	171
サハ・グループ	40, 93
サミット・グループ	22
サムスン	8

サムスン電子	16
サリサリストア	153
サリム・グループ	14, 40
三星物産	16
サントリー	21, 153
サントリー食品	28
サンプルナ・グループ	135
サンミゲル・グループ	62
サンミゲル・コーポレーション	77
サンミゲル・ブリュワリー	79
サンヨー食品	41
シティ・デベロップメンツ	167
シナルマス	129
シナルマス・グループ	133
ジャガー	18
ジャック・マー	171
ジャーディン・マセソン	24, 132
ジャルム・BCAグループ	133
シャングリラホテル	172
シュガーキング	172
ジョン・ゴコンウェイ	66
印僑ネットワーク	178
新世界グループ	26
シンハー・エステート	105
シンハー・グループ	93, 104
眞露	38
スタンレー・ホー	6
住友商事	62
政策金融	59
セコム	97
セブエア	69
セブ・パシフィック	69
セブンイレブン	25
セーレン	97
鮮京グループ	16
セントラル・グループ	94
戦略的意思決定	212
ソリアノ	61

タ

第一毛織	16
大王製紙	97
タイガービール	104
タイクーン	6
ダイソー	72
タイ・プレジデント・フーズ	99
タイベブ	106
タオ・グループ	5
タクラル・グループ	186
タクラル・ワン	185
タタ・グローバルビバレッジ	211
タタ・コミュニケーションズ	15
タタ・スチール	211, 219
タタ・モーターズ	18, 211
タニン	117
ダノン	65
煙草事業	134
チェボル	34
チャルーンポーカパン	117
チャレンジャー企業	25
中国平安	126
中信	126
頂新グループ	26
超多角化	11, 26
ティアム・チョクワタナ	98
ティアン・チラチバット	98
ディルブハイ・アムバニ	215
テクスケム・グループ	24
テマセック	108
トイザらス	72

統一企業グループ 25
統一速達 27
統一超商 28
ドゥテルテ 85, 87
東洋食品 41
ドコモ・NTT 86
取引コスト 21

ナ

日清食品 21, 25
ニルマ 208
ヌスリ・ワディア 197
ネスレ 20
ネスレインディア 210
農心 38, 142

ハ

ハイアール 23
バクリー・グループ 133, 134
バジャージ・グループ 210
花形 138
バリトー・パシフィック・グループ 133
パールシィ 197
バールティ・エアテル 219
ハルトノ 134
バンク・セントラル・アジア 139
ビジェイ・マリヤ 200
ビルラ・グループ 9
ヒンドゥスタン・ユニリーバ 210
ファースト・パシフィック 140
ファミリーマート 26
フィリピン航空 64
フィリピン長距離通信 86
フォロワー企業 25
ブリタニア 197

プリブミ 134
フレーザー＆ニーブ 107
フレーザーズ・センターポイント 106
プロダクト・ポートフォリオ・
　マネジメント 137
平安保険 159
ヘテ製菓 44
ペトロン 83
ベーリーユッカー 107
ヘンリー・シー 62
ボストンコンサルティング 49
ボリウッド 196
ホンリョン・アジア 167

マ

マカティ地区 61
マスィム・マスグループ 133
マッキンゼー 120
マニュエル・パンギリナン 143
マヒンドラ・グループ 17
マヒンドラ・サティヤム 19
マリー・グループ 103
マルコス政権 62
三井 4
ミッタル・スチール 178
三菱 4
三菱商事 61
三菱東京UFJ 62
ミトポン・グループ 93, 112
ミニストップ 72
ムケシュ 215
モフタル・リアディ 133
森永 21
森永製菓 154
問題児 151

ヤ

ヤマト運輸················27
雪印乳業················25
ユーチェンコ・グループ················62
ユニバーサル・ロビーナ···········36, 65
ユニ・プレジデント・エンタープライズ········28
ユニラブ・グループ················62
ユニリーバ················152
四大財閥················38

ラ

ライオン················42
ラクシュミ・ミタル················178
ラジャワリ・グループ················133
ラモン・アン················80
ランドローバー················18
李嘉誠···········6, 77

リ

リーダー企業················25
リッポー・グループ················133
リライアンス・インダストリーズ········215
リライアンス・グループ················8
ルシオ・タン················62
ローソン················97
ロッテ・グループ················36
ロッテ・ケミカル················52
ロッテ・マート················26
ロッテホテル················56
ロバート・クオック···········6, 171
ロビンソンズ・ランド················70
ロペス・グループ················61

ワ

ワコール················97
ワルン················153

《著者紹介》

澤田貴之（さわだ・たかゆき）
　　　名城大学経営学部国際経営学科　教授　博士（経済学）

主要著書
単著『アジア綿業史論　英領期末インドと民国期中国の綿業を中心として』
　　　八朔社，2003年。
単著『アジア経済論　移民・経済発展・政治経済像』創成社，2004年。
単著『インド経済と開発　開発体制の形成から変容まで』（第2版）創成社，
　　　2003年。
単著『アジアのビジネスグループ　新興国企業の経営戦略とプロフェッショ
　　　ナル』創成社，2011年。
編著『アジア社会経済論　持続的発展を目指す新興国』創成社，2010年。
共著『日本・台湾産業連携とイノベーション』創成社，2017年。
共著『新版　経営から視る現代社会』文眞堂，2014年。
共著『現代経営と社会』八千代出版，2004年。
共著『インドを知るための50章』（改定版）明石書店，2006年。

（検印省略）

2017年10月20日　初版発行　　　　　　　　略称 ― コングロマリット

アジアのコングロマリット
―新興国市場と超多角化戦略―

　　　　　　　著　者　澤　田　貴　之
　　　　　　　発行者　塚　田　尚　寛

発行所　東京都文京区　　株式会社　創　成　社
　　　　春日2-13-1
　　　　電　話　03（3868）3867　　ＦＡＸ　03（5802）6802
　　　　出版部　03（3868）3857　　ＦＡＸ　03（5802）6801
　　　　http://www.books-sosei.com　振替　00150-9-191261

定価はカバーに表示してあります。

©2017 Takayuki Sawada　　組版：トミ・アート　印刷：Ｓ・Ｄプリント
ISBN978-4-7944-3185-1 C3033　製本：宮製本所
Printed in Japan　　　　　　　落丁・乱丁本はお取り替えいたします。

―― 経済学選書 ――

書名	著者	種別	価格
アジアのコングロマリット ― 新興国市場と超多角化戦略 ―	澤田貴之	著	2,500 円
アジア社会経済論 ― 持続的発展を目指す新興国 ―	澤田貴之	編著	2,600 円
中国企業対外直接投資のフロンティア ―「後発国型多国籍企業」の対アジア進出と展開―	苑 志佳	著	2,800 円
地域発展の経済政策 ― 日本経済再生へむけて ―	安田信之助	編著	3,200 円
「日中韓」産業競争力構造の実証分析 ―自動車・電機産業における現状と連携の可能性―	上山邦雄 郝 燕書 呉 在烜	編著	2,400 円
マクロ経済入門 ― ケインズの経済学 ―	佐々木浩二	著	1,800 円
現代経済分析	石橋春男	編著	3,000 円
マクロ経済学	石橋春男 関谷喜三郎	著	2,200 円
ミクロ経済学	関谷喜三郎	著	2,500 円
需要と供給	ニコラス・タービー 著 石橋春男 関谷喜三郎 訳		1,500 円
福祉の総合政策	駒村康平	著	3,000 円
グローバル化時代の社会保障 ― 福祉領域における国際貢献 ―	岡 伸一	著	2,200 円
入門経済学	飯田幸裕 岩田幸訓	著	1,700 円
マクロ経済学のエッセンス	大野裕之	著	2,000 円
国際公共経済学 ― 国際公共財の理論と実際 ―	飯田幸裕 大野裕之 寺崎克志	著	2,000 円
国際経済学の基礎「100項目」	多和田眞 近藤健児	編著	2,500 円
ファーストステップ経済数学	近藤健児	著	1,600 円
財政学	望月正光 篠原正博 栗林 隆 半谷俊彦	編著	3,100 円

(本体価格)

―― 創成社 ――